穷人的理财经

PORTFOLIOS
OF
THE
POOR

乔纳森·默多克
(Jonathan Morduch)

斯图尔特·拉瑟福德
(Stuart Rutherford)

达瑞尔·柯林斯
（Daryl Collins）

奥兰达·鲁思文
(Orlanda Ruthven)

著

袁阳 等译

中国出版集团　东方出版中心

图书在版编目（CIP）数据

穷人的理财经 /（美）达瑞尔·柯林斯等著；袁阳
等译. －上海：东方出版中心，2018.1（2019.11重印）
（微型金融丛书）
ISBN 978-7-5473-1223-0

Ⅰ.①穷⋯ Ⅱ.①达⋯ ②袁⋯ Ⅲ.①私人投资－
研究 Ⅳ.①F830.59

中国版本图书馆CIP数据核字（2017）第276444号

上海市版权局著作权合同登记：图字09-2013-572
Portfolios of the Poor: How the World's Poor Live on $2a Day by Daryl Collins,
Jonathan Morduch, Stuart Rutherford, Orlanda Ruthven
Copyright © 2009 by Princeton University Press
Simplified Chinese Translation copyright © 2017
By Orient Publishing Center, China Publishing Group
Published by arrangement with Bardon Chinese
All rights reserved. No part of this book may be reproduced or transmitted in any form or
by any means, electronic or mechanical, including photocopying, recording or by any
information storage and retrieval system, without permission in writing from the Publisher.

穷人的理财经

出版发行　东方出版中心
地　　址　上海市仙霞路345号
邮政编码　200336
电　　话　021- 62417400
印 刷 者　上海万卷印刷股份有限公司

开　　本　890mm×1240mm　1/32
印　　张　9.375
字　　数　224千字
版　　次　2018年1月第1版
印　　次　2019年11月第2次印刷
定　　价　45.00元

目　录

PORTFOLIOS
OF THE POOR
How the World's
Poor Live on $2 A Day,

愤怒的公民团体、记者、政治家、国际组织和摇滚明星们让公众对全球不平等有了越来越清晰的感知。报刊经常会对全球贫困率和全球旨在降低这个比率的各种运动进行报道。人均日收入低于 2 美元已经成为公认的界定贫困的标准。世界银行在 2005 年的统计称有 26 亿人属于这个范畴——占到人类的五分之二。在这 26 亿人中，最贫困的 9 亿人每天收入还不到 1 美元。

对于不处在这种境况中的我们来说，很难想象得出要怎样靠这么微薄的收入来生活。我们甚至也没有试图去想象。我们只是假定，依靠低得如此不可思议的收入，穷人们除了糊口之外也没法做其他事了。我们认为，他们摆脱贫困只能指望国际上的慈善支持，或者自身逐渐融入全球化的经济。于是，有关全球贫困的最激烈的争论，就是围绕援助款的流向和债务减免，围绕全球化的好处与坏处。[1] 而穷人到底如何自力更生，这方面的讨论却很少听到。你怎么才能依靠每天 1 美元或 2 美元维生呢？如果这很难想象，那身处这样的环境中你要怎么富起来，就更难想象了。

请设想一下，你家的收入确实只有人均每天 2 美元甚至更少。如果你也处在这样的境地，那几乎可以肯定你是处在非正式经济部门，只偶尔找得到工作，或者是兼职，或者是自雇。关于怎么靠每天 2 美元来生活，得到讨论最少的一点是，实际上你每天连这个数目也拿不到。每天 2 美元只是一个均值。有时候你赚得比这个多，有时候你又赚得比这个少，通常可能你一整天一分钱也没赚到。此外，政府能提供的帮助很有限，就算有，程度也很低。你最大的支持后盾是你的亲戚和邻居，不过大多数时候你只能依靠你自己。

你的大多数钱都花在了必需品上，最大头的是食品。那么你怎么做预算呢？你怎么能保证每天都有吃有喝，而不是赚了钱那几天才能填饱肚子呢？如果这已经够难的了，那你又怎么应对突发的紧急状况呢？你怎么能保证在孩子生病的时候能付得起医药费呢？就算没有这样的紧急状况，那你怎么才能慢慢存起钱来以便有朝一日用来应对大笔的支出，比如房子和家具，孩子的教育和结婚费用，以及你自己的养老费用呢？总而言之，你怎么才能靠这么少的钱来理财过日子呢？

这些都是几十亿人们每天都在面对的现实问题。如果想要创造新的商业模式，建立新的市场来服务于这个每天只能靠 1~3 美元生活的人群，那么这些问题也正是思考的起点。对于想要抗击越来越严重的经济不平等状况的政策制订者和政府部门来说，这些问题显然也是他们的出发点。

尽管这些都是关于穷人的理财状况的基本问题，但令人惊讶的是，你却很难给出答案。现存的资料来源提供的见解有限。不论是政府或者诸如世界银行等机构所作的大规模、覆盖全国的那种经济调查，还是小规模的人类学研究或专业的市场调查，它们想要获取的都不是这些问题的答案。大规模的调查能让我们一瞥生活状况，能帮助分析者统计全球的穷人数量，衡量他们一般每年消费多少。但穷人们一天天到底怎么过日子呢？他们怎么制定生活策略，衡量得失，把握机会呢？关于这些问题，这种调查就所获有限了。人类学研究和市场调查能更近距离地观察行为，但却极少提供一段时期内有关严格定义的经济行为的量化证据。

考虑到我们知识中的这种缺陷，以及我们自己遇到的越来越多的相关问题，几年前，我们启动了一系列详细的、跨年度的调查来搞清楚这些收入极少的家庭是怎么生活的。有些调查追踪的是农业社区的村民；有些是城市贫民。第一项发现最为根本：不管我们调查的是哪些人，我们发现大多数的家庭，即使是人均日收入少于 1 美元的家庭，也极少一赚到钱就花掉。相反，他们试图"打理"自己的钱，能存就存，能借就借。他们不是总能成功达到目的，但随着时间的推移，甚至连最贫困的家庭也能以这种方式积累起一笔让人吃惊的款项，会转成存款或者用来偿还贷款。在这个过程中，他们运用了多种多样的方法：在家里存钱，存钱到别人那里，或者放到银行；加入储蓄互助会、存借互助会以及保险互助会；从邻居、亲戚、雇主、放贷人或金融机构借钱。不论是在哪个时间点上，一般的贫困家庭都会对外同时建立多种理财关系。

当我们看着这个过程一步步的展开时，有两种思想让我们感到震惊，并改变了我们对于世界贫困，以及市场响应贫困家庭需求所拥有的潜力的看法。其一，我们认识到，对穷人来说，理财是日常生活中非常基本的一部分，他们也很清楚这一点。这对贫困家庭在多大程度上能改善自己生活，是有决定意义的。当然，理财并不必然比健康、受过良好教育或有钱更重要，但却是实现这些更重要的目标的基本手段。其二，我们发现，在每个关键点上，贫困家庭都因为他们用来打理自己微薄收入的手段不大可靠而备受打击，倍感沮丧。这让我们认识到，如果确保贫困家庭能够享受到一系列更好的金融工具，那他们改善自己生活的机会就肯定会大大增加。

我们所说的工具是指用以理财的工具——金融工具。它们是这样一些急需的工具：能让日均收入 2 美元的人们不仅能每天填饱肚子，还能应对生活摆在他们面前的其他各项支出。值得信赖的金融工具凸显出的重要性，与人们通常对贫困家庭的生活方式和倾向的假定正好相反。它要求我们重新思考我们关于银行和金融业的观念。这种重新思考已经部分通过全球"微型金融"运动而启动了，但前面的路还很长。本书中的发现为寻求推动社会和经济变迁的慈善家和政府机构，以及寻求扩展市场的商业机构指出了新的机会。

穷人与其他群体一样，是一群非常多元的公民，但他们的一大共同点、使他们归入穷人范畴的是，他们没有多少钱。如果你很穷，好好打理你的钱财就绝对是你生活的不二重心——或许对比任何其他人群则更是如此。

理 财 日 志

想要发现金融工具对穷人的极端重要性，我们必须花时间和他们待在一起，从日常细节中去了解他们的理财方法。我们利用一种特定的研究手段来达到这个目的，即"理财日志"。我们在三个国家（首先在孟加拉国和印度，稍后又在南非）访谈贫困家庭，一年里每月至少两次，然后利用得来的资料编制他们怎么处理手中的钱的"日志"。我们总共收集到了 250 多份完整的日志。[2]随着时间的推移，我们对于贫困家庭如何理财这个问题的答案开始逐渐累积，并且互相印证——更重要的是，它们能够与我们过去的那么多年里在其他地方（拉丁美洲以及亚洲和非洲的其他地方）工作时的所见所闻相呼应。[3]

我们了解到，收入会在什么时候得来，怎么得来的，也知道了钱是什么时候花出去，怎么花出去的。观察贫困家庭几乎就像观察一家小企业一样，我们编制了家庭资产负债表（balance sheet）和现金流量表（cash flow statement），最主要关注的是他们的**理财**举动——关于他们借钱和还钱，借出钱和收回钱，存钱和取钱，以及这些举动的成本。我们对这些抉择的理解，因当时就得到了家庭成员自己的解释而更加立体。我们聆听他们对自己的理财生活的想法：他们为什么这么做，哪些事情很艰难，哪些比较容易，以及他们觉得自己做得好不好。令人惊讶的是，正是公司的财务工具——资产负债表和现金流量表提供了我们能开始理解如此贫困的家庭每天怎么生活的框架。[4]

购买力与穷人的理财法

到目前为止，我们讨论了每天依靠 1~2 美元生活（按照联合国千年发展计划所设定的广为人知的贫困标准）将遇到的挑战。[5]这种人均每日美元标准经过了特别的测算，需要进行一定的解释。

各国的生活成本相差很大，贫困标准要据此进行调整。也就是说，1 美元在德里、达卡或约翰内斯堡可比在纽约有用得多。银行或机场使用的美元对卢比、塔卡或兰特的标准"市场"汇率通常并没能充分把握这一点。因此联合国利用一套被称为"购买力平价（purchasing power parity，PPP）"汇率来作出调整。依据 PPP 调整后的美元标准试图解释为何我们所研究国家的购买力大于基于市场利率所得的购买力。

PPP 转换系数本身的计算就是一个大的研究项目，由世界银行国际比较项目负责，具体数值一直在修正。[6]在我们的研究环境中，

PPP 系数的一个局限是，它们是基于一系列商品和服务的单子确定的，意在反映各国总人口的消费模式，既包括穷人也包括富人。这个单子中包括了购买小汽车、电脑，外出就餐，等等。可是，我们感兴趣的只是穷人的购买力。考虑到南非的贫富分化相当大，这一点就变得很关键了。

幸运的是，一组新的集中关注低收入家庭购买的典型商品和服务的"穷人 PPP"转换系数正在编制中，不过目前还不能使用。因为我们不能使用穷人 PPP 系数，所以我们还是决定在本书中采用市场汇率。在孟加拉国、印度和南非理财日志项目开展的那段时期内，平均市场汇率为：50 孟加拉塔卡兑换 1 美元，47 印度卢比兑换 1 美元，6.5 南非兰特兑换 1 美元。

经 PPP 调整后的美元价值与本书中使用的市场汇率美元价值是有区别的，为了让读者对此有所认识，表 1 - 1 提供了两组平价系数的对比情况。

表 1 - 1　购买力平价系数对比

样本（研究年份）	比　较　年　份	
	1993	2005
孟加拉国（1999—2000）	2.67	2.88
印度（2000—2001）	3.69	3.75
南非（2004—2005）	1.96	1.72

注：表中比率指的是 PPP 系数下 1 美元的价值与市场汇率下 1 美元价值的比值。

例如，右边最上方一格的比率显示，在书中我们讨论孟加拉国家庭拥有 1 美元，而这 1 美元实际上可以买在美国需要花 2.88 美元才能买到的东西（在 2005 年）。记住这个比率是有用的——不过，将这种以国为单位进行的平价运用到我们访谈的具体样本家庭身上到底有多合适，对此我们还是持保留态度。

利用市场汇率能够避免另外两层麻烦。其一，千年发展计划是根据 1993 年的美元汇率水平来制定的。联合国文件里面谈论的日均 1 美元贫困线，通常指的是 1993 年时 1 美元的购买力。让事情更复杂的是，国际贫困线是根据世界上十个最贫困国家的中位贫困线来确定的，确切地说不是 1 美元，而是 1.08 美元（按照 1993 年以美元计价的平价系数美元）。因此，为了评估各个家庭是高于还是低于这条贫困线，我们必须拿他们经过通胀系数调整后的 PPP 收入与 1.08 美元进行比较。同样，日均 2 美元线的确切值应该是 2.15 美元。

为了让大家对如何转换理财日志记录家庭的收入，使之与日均 1 美元线具有可比性有更好的理解，我们将举一个具体的例子，来看看哈米德（Hamid）和卡德嘉（Khadejas）家的情况（后文会讨论到）。按照当时塔卡对美元的市场汇率——2000 年 50 塔卡兑换 1 美元，他们家三个人每个月挣 70 美元，也就是每天 2.33 美元，每人每天 0.78 美元。乘以表 1-1 左边最上方的比率（2.67），那 0.78 美元就相当于 1993 年平价系数中的 2.08 美元。因此哈米德和卡德嘉家的收入就刚刚好比国际公认的 2 美元贫困线低一点。

尽管我们在书中用的是市场汇率来将当地货币转换成美元，但在附录一中我们举出了更多的例子来说明理财日志中提到的收入是怎样与千年发展计划确立的标准进行比较对应的。

为了感受一下理财日志能揭示些什么，让我们来看一下哈米德和卡德嘉的例子。这对夫妻在孟加拉国一个贫穷的沿海村庄成婚。对一个像哈米德这样没受过什么教育、也没什么技能的年轻人来说，那里没什么活儿可以干。第一个孩子出生后不久，他们搬离乡村，如同成百上千位先人曾做过的那样，搬到了首都达卡，住进了一处贫民窟。哈米德的身体不是太好，他先是当了一段时间的人力车夫和建筑工人，然后有一段时间找不到工作，最终做起了一辆电动三轮车的备用车夫。在1999年底我们遇见他们一家人时，这就是他的营生。而卡德嘉则待在家里做家务，养育孩子，还接点缝补的活儿赚点小钱。他们的家是一排低矮小屋中的一间，水泥墙，铁皮屋顶，是房东在非法占地上搭建起来的。房子有一个公用厕所和厨房，由住在那里的八户人家共用。

平均算来，他们每月就靠相当于70美元的收入生活，这笔钱几乎全是哈米德挣来的。而他每天的收入并不可预计，总是在变动，完全取决于那一天他是否有活儿干（因为他只是备用车夫），或者他拉到了多少生意，他能用车几个小时，以及车是不是坏了。70美元中有五分之一用来交房租（并不总能按时支付），剩下的钱中大部分都用来满足生活的必需——食物和加工食物需要的东西。据这对夫妇自己的估算（我们的证据也与此一致），按收入水平来看，他们算是孟加拉国的穷人，但不是最穷的。按照国际标准，他们属于全球收入分配表中最穷的五分之二。

这真是一个乏善可陈的穷苦家庭：一对没受过什么正规教育的夫妻依靠着每天并不稳定的人均0.78美元的收入，努力维持生计，养育着一个孩子，住着只有一间房的租屋，还要确保哈米德的身体不出问题。你实在想象不出他们还能理财。可是，他们的年度家庭资产负债表（表1-2）显示出了多种多样的理财手段，说明哈米德和卡德嘉仍然在积极地理财，这是他们利用仅有的手段挣扎着谋生的组成部分。

表1-2 哈米德和卡德嘉的期末资产负债表，2000年11月 （单位：美元）

金融资产	174.80	金融负债	223.34
小额储蓄账户	16.80	小额贷款账户	153.34
在揽储人那里存钱	8.00	私人无息借款	14.00
在家里存钱	2.00	预支工资	10.00
人寿保险	76.00	替他人保管存款	20.00
寄回家乡的汇款*	大于30.00	商店赊账	16.00
借给别人	40.00	拖欠房租	10.00
手头现金	2.00		
		金融净资产	-48.54

注：单位为美元。美元对孟加拉塔卡的汇率为1美元＝50塔卡，市场汇率。

* 在孟加拉国和印度的理财日志里，寄回家乡的汇款被当作资产，因为这些汇款大多数相当于是借给收款人，收到的家庭会用它来产生资产。在南非，汇款被当作负债，因为它们大多数被用来支持远方家庭成员的生活。

他们根本没有把钱全部用来糊口，一有钱就花掉，而是用六种不同的手段来建立储备，包括存2美元在家里以备日常不时之需，拿30美元交由哈米德父母安全地保管，借了40美元给一个亲戚，用76美元购买了一份人寿保险储蓄保单。此外，哈米德还总是确保自己兜里能有2美元，以防自己在路上发生什么事情。

他们积极进行财务管理也体现在了资产负债表的负债栏里。他们借款，从一家微型金融机构借了153美元，还从亲戚、邻居和雇主那里总共借到私人无息借款共计24美元。他们在当地的杂货店赊账，还拖欠房租。卡德嘉甚至还充任非正式的银行家，或者叫作"揽储人"，帮两位邻居保管了20美元，放在自己家。这两位邻居的丈夫和儿子们花钱无度，所以她们希望找个安全的地方存点钱。但这并不意味着男人总是比女人更轻慢地对待钱财。哈米德自己也找了一位揽储人，在等待机会把钱送回家乡的时间里，把8美元存在了自己的雇主那里。[7]

哈米德和卡德嘉的金融参与行为并不意味着他们最后会陷入自己没法应付的债务中去。尽管他们的"净资产（存借款的差值）"是负的，但相对于他们的年收入来说，这个数额并不大，而他们的"借贷服务"比例——月收入中用于支付债息的比例并不是不能承受的。而且事实上，在我们的样本当中，净资产为负的例子极少：我们在南非研究的152户家庭中，只有3%是这种情况。所以，我们不能假设穷苦人家总是债务缠身，总是净资产为负。这种现象出现的原因，以及像哈米德和卡德嘉这样的资产负债表的其他方面，在后面的章节里会得到更细致的讨论，在附录二的理财日志选摘中也会得到展示。

不过不论多么有启迪作用，像这样的资产负债表并不能完全讲述哈米德和卡德嘉是怎样在日常生活中一点点打理他们的钱财的。这个故事要通过研究现金流而不是资产负债表才能浮现出来——要通过追踪现金怎么流入和流出储蓄、贷款和保险工具。在资产负债表所涉年份里，哈米德和卡德嘉将收入中的451美元或"存入"储蓄或买了保险或还了贷款，从存款中或贷款或替别人保管存款共计"提取"514美元。流水总额为965美元，这可比他们的年收入（每月70美元）840美元还要多。因此，挣到的每1美元都经过了相当于1.15美元的流通操作——曾经进入某种金融工具或相应流出。本书分析了我们的250个日志记录家庭记录下的理财行动和相关评论，从而表明他们如何和为什么对钱财进行打理，以及更好、更值得信赖的金融工具能够是如何帮助他们更好地进行理财的。

除了存钱、借钱和还钱之外，哈米德和卡德嘉像几乎所有的穷人和一些不那么穷的人家一样，也以某种方式存过、借过和还过其他东西。卡德嘉与其他七个家庭的主妇共用一间简陋的厨房，会常常与邻居们互借一点米、小扁豆或盐之类的。她会在脑子里记住大概的量，和她交换的伙伴们也会记得，这样的话就能确保长期来看她们的交换是公平的。事实上孟加拉国所有的城市家庭都遵循着约定俗成的马斯提查尔（musti chaul）传统——每次做饭的时候都留出一小把米，以备缺米的时候用，以防乞丐来讨，以及为响应寺庙或清真寺号召做捐助时用。对印度和孟加拉国城市中的日志记录者们来说，物品和服务的流通比现金的流通更为常见，其中包括借粮食等到收获之后归还，用劳力还贷款，或用劳力来换取农用物资等。我们记录了大量这样的活动。但因为我们的故事主要集中关注贫困家庭如何**理财**，所以我们将讨论仅聚焦于涉及现金的交换往来上。

我们也追踪了有形资产的变化，如牲畜和土地，并发现它们在穷人的理财方法当中非常重要。不过，我们注意到，大多数跨年的财富变化都是在金融而非有形资产方面。对于大多数样本家庭，我们都追踪到了经年的"净资产"，包括有形资产和金融资产。我们计算出了南非的日志记录家庭在 2004 年 2 月研究开始，以及 2004 年 11 月研究结束时金融资产和有形资产之间的比率。由于各家在家中都储存了相当多的物资和牲畜，有形资产自然在净资产中占了更大的比重。[8]

可是，我们发现，有形资产在整年中**变化**很小。牲畜可能会添置或出生，但同时也会死亡或被卖掉、吃掉，家里的物资变化很小，因此有形资产总量实际上没什么变化。变动主要在金融资产方面。[9]如果仅仅浮光掠影地看一下家庭资产总量的话，我们会忽略掉金融资产的剧烈变化，于是错误地把有形资产当作总资产中最重要的部分。资料显示，尽管这些家庭能够也确实积累了一些有形资产，但金融资产的管理才是理解他们如何积累净资产的基石。

每两个星期追踪一次哈米德和卡德嘉的理财活动，使得我们得以发现大规模、全国性取样的调查中没办法揭示的行为、限制和机会。这部分是因为这些日志累积的材料非常难得，都是关于非常难以数量进行衡量的内容。我们发现的很多活动，哈米德和卡德嘉可能没想到要对那些来调查一次就走的团队提起——比如，他们在商店里赊账啦，从邻居那里借钱啦，还借了点钱给别人啦，并且还在家里的某个隐秘地方藏了点钱啦，等等。因为这些行为都是"非正式的"，也没有记录下来，所以很容易就被忽略或隐藏起来，但哈米德和卡德嘉的日志资料却表明，这些活动其实构成了他们理财生活的很大一部分。

因此，事实很清楚了，如果我们对每户家庭只做一次单独的访谈，那我们就会遗漏掉大部分的活动。利用南非的日志资料，我们作了一次"资金流动"分析，即比较每户人家在某个时间段里现金的流入和流出情况。我们发现，在前期的访谈中，我们通常错过了一星期里面一个家庭一大半的理财活动。要一直到进行了六轮访谈和走访之后，我们才有自信觉得自己已经比较接近掌握整个故事了。[10]让信息提供者们相信我们需要时间，而完全理解各种碎片信息的意义，以及在我们起初并不知道的前提下说的话的意义，都需要花时间。

但那些信息片段终于逐渐融合成了一段长达一整年的"放映影片"，并改变了我们的认知。一帧帧的镜头揭示出了比大规模调查所发现的更加丰富的金融活动，以及远为活跃的理财活动。没有这些片段资料提供的信息，我们很容易就会认为哈米德和卡德嘉肯定并不善于打理财务，因为他们没受过什么教育，或者会认为他们没办法有规律地存钱，因为他们太穷了。我们可能会盲目地接受这样的论断：他们非常渴望能得到贷款做点小生意，或者，如果得到贷款的话，他们很快就会债务缠身。或者我们又会假设，因为手头实在太紧了，他们贷款肯定总是希望拿到最低利率。

所有这些假定在某些时候是成立的，但大多数时候却是错的。因为不正确，它们可能会误导那些正在制定策略想要跟像哈米德和卡德嘉这样的家庭做生意的企业，也会让计划干预从而帮助他们加速脱贫的政策制定者们误入歧途。

投　资　组　合

该怎么解释哈米德和卡德嘉出人意料丰富的理财活动呢？最佳答案来自这对夫妻本身，也来自许多与我们合作进行日志记录的其他贫困家庭。卡德嘉告诉我们："我其实并不喜欢和其他人在钱上打交道，但如果你很穷，你别无选择。我们这么做是为了活下去。"我们发现，如果你只能依靠少得可怜、来源还不稳定也不规律的收入生活，仅仅保证有东西吃就很费脑筋了。而要依靠目前的收入筹措生活带来的其他开支简直就不可想象。每当你面临这样一笔开支——维修或重建家里的房子，付医药费，为热天买风扇，为节日或婚礼添置一套新衣服，那通常就会出现以下三种情况：

首先，最糟糕的情况是，你可能没办法支付。这种情况实在太经常发生了，带来的后果是危及生命并错失机会。

其次，通过变卖资产你可能凑齐了钱，但前提是你有东西可卖而且还有买家愿意出令人满意的价钱。

最后，最好的情况是，你能用过去的收入或未来的收入来支付今天的开支。

第三种情况就要求做出理财的决策——决定存钱（把过去的收入存起来日后再花）或决定借钱（现在就预先支取未来的收入）。更简单地说，就是要做决定，从现有的收入当中留出一部分用来累积储蓄或偿还债务。收入微薄意味着穷人们会比其他人更为经常地处于需要中转现金的状态。收入的不确定和不规律让问题变得更加复杂，因为这让留有备用金或在收入没能拿到时借钱变得更加必要。因为这些原因，我们认为，穷人比其他任何群体都更加需要金融服务。贫困家庭具有紧迫的现金中转过渡需求，他们必须要处理大量的与他人的关系和交易——与亲戚、邻居、借贷人以及储蓄互助会，这组成了一组正式、半正式和非正式的金融服务提供商，这完全可以被称为一个投资组合（portfolio）。[11]

经济学家和人类学家们已经积累了丰富的一份份关于这些投资组合的叙述材料。如今我们对于借贷人怎么设定利息以及当地的储蓄互助会怎么运作都知道得不少了。[12]经济学家们还作出了进一步的贡献，让我们了解到这些活动是怎样组合起来以平衡时多时少的家庭消费需求。[13]但仍然缺失的是对这些组合运作方式的近距离观察：不仅是各个部门怎么运转良好而是它们怎么融合在一起。关注这些能让我们对贫困的日常状态产生新的认识，并激发出具体的更好的应对策略。

之前我们简略地查看了一下其中的一个投资组合——哈米德和卡德嘉的。而我们共计在三个国家的城市和农村研究了 250 多个贫困和极端贫困家庭的这类组合。他们分别住在孟加拉国首都达卡的三个贫民窟里，以及三个孟加拉国的村庄里；印度首都德里*的三个贫民窟

---

　　* 原文如此。德里大都会包括德里、新德里和德里坎登门。新德里是一座年轻的城市，是印度首都。贫民多居于一门之隔的旧德里。

里和印度北部一个穷邦的两个村庄；以及约翰内斯堡郊外和开普敦郊外的两处城市居民区，还有南非东开普省的一个偏远乡村。孟加拉国的初步研究是在 1999—2000 年进行的，涉及样本总数为 42 户。其后不久是 2000—2001 年在印度研究的更大一些的样本，48 户，再后是 2003—2004 年在南非开展的更大样本调查，152 户。[14] 此外，2003—2005 年我们又回到孟加拉国进行了一组 43 户的日志调查，运用的形式稍有不同，以调查微型金融使用者们的理财生活。

附录一表明，在南亚和南非城镇中的这些日志记录者有些是按照千年发展目标的每天 1 美元的标准定义的穷人，还有很多是每天 2 美元标准下的穷人，不过我们也选取了一些收入高于这个标准线但与这些更穷的群体住得很近、生活方式和文化方式相同的家庭。南非的样本使得我们可以一窥住在低收入社区内的经济条件较好家庭的理财生活，尤其是在那批城镇样本中。在南非的城镇样本中，极少有人均收入低于每天 2 美元的，大约有 40% 每天的收入高于 10 美元。但是这些城镇家庭仍然处在城市经济的边缘，按照当地的标准来说是穷人或非常穷。[15] 在附录一中我们描述了理财日志项目的设计和执行，以及我们研究的家庭的人口状况。附录二中的投资组合提供了有关我们遇到的这些人，以及他们所处的环境和他们的生活更多的信息。[16]

量少，不规律，不可预测

如果说哈米德和卡德嘉的理财组合是穷人的典型模式，那你就错了。这不仅因为我们选取的家庭来自两个大陆的三个国家的 14 个居住点，而且因为我们看到非常多样的行为，涉及众多理财工具和服务，而这些在哈米德和卡德嘉的例子中并没有出现过。这些理财工具以多种组合方式、多种强度得到利用，并以多种多样的价值和价格服务于一份简直无穷无尽的需求和目标清单。因此，我们不能宣称我们所选取的 250 多户家庭的行为能代表全球的贫困家庭。不过，尽管所处的环境各异，但我们也在这些家庭之间发现了众多相同点，这也很令人惊讶。

我们的 250 多个样本家庭中的每一个，即使是最穷的那些，也都有某种形式的储蓄和借贷。没有哪个家庭在一年中使用的理财工具少于 4 种：在孟加拉国，所使用的各种工具的平均数是稍微少于 10，印度是比 8 高一点，南非是刚好 10。这些数字指的是使用工具的**种类**：数字更大表明这些工具在一年当中得到使用的次数显然更多。比如，在孟加拉国，42 户家庭仅使用无息借款这一种工具的次数就接近 30 次。在所有三个国家中，利用所有这些工具处理的现金周转额，相对于这些家庭的总收入来说，实在非常庞大：在孟加拉国和印度，这个比率从 75% 到 330% 不等，在南非，有些家庭则高达 500%。有些工具似乎比较普遍：几乎每个家庭都非正式地从亲戚和朋友那里借款，还有很多家庭，包括最穷的那些，通过互相借款来互相帮助。某种形式的储蓄互助会和存贷互助会在三个国家的所有研究点都存在。当我们问这些家庭他们在做什么的时候，同样的主题一次次地重复出现：很多日志记录者告诉我们，他们觉得非正式的交易不那么令人愉快但又不可避免；很多人，比如卡德嘉，还说他们希望找到更好的储蓄方式。

在所有这些共同点中，最根本的是这些家庭面对的是不仅低而且不规律也不可预测的收入，而且他们能利用来有效管理这些并不规律的现金流的金融工具实在太少了。这是一种"三重打击"：低收入；

不规律和不可预测；然后又缺乏工具。在村子里，农民们在两到三个月的收获季里赚取大多数的收入，而在旱季几乎什么都赚不到。农场的工人有活干的时候就能拿到一天的日薪；其他时候只能坐着发呆，迁到城里去，或找其他方法糊口。在城镇中，像哈米德这样的自雇人群有些日子赚得多，有些日子赚得少。女性在城镇中找到的工作，比如家政服务，通常都是兼职，偶尔才有的暂时性工作。除非她们非常幸运，否则就连全职的固定得到雇用的穷人们也因为雇主不定时发薪而碰到麻烦。靠补助金生活的人（在南非的样本中有很多是这样的），如果补助金没有按时发放日子就不好过——在研究的那一年中，因为发生了骚乱，有一个城镇出现了两次这种情况。按月领薪有时也未必是合适的周期：我们发现有些领补助金者会借助一些手段把两个月的金额合一，或相反，把一个月的分成更小数额、更经常发放的批次。正如我们在一开始说过的，靠每天2美元生活的现实状况是，你实际上并不是每天都能赚到这个数；相反，你的收入总是在浮动。如果你的家庭确实每人每天能稳定地赚到2美元，那么你就能更容易地进行筹划，也能更有效地和你的金融伙伴建立良好的关系。比如，借贷人就更倾向于为能定期拿到薪水的人贷款。

这种种事实让我们看到，有关贫困的政策见解会如何误导了我们。关于全球贫困状况的"每天1美元"观点集中关注于这样的事实：这个地球上有相当一部分人就靠着这么点钱生活着。但它仅仅强调了穷人生活中的一个层面。它抓住了收入低这个事实，但却忽略了同样重要的另一个事实：收入通常非常不稳定且不可预测。与不可预测状况打交道是一项非常有难度也非常现实的挑战，如果想要让自己的福祉和未来有保障，那你可得非常小心地行动。

正如其他许多受教育不多或文盲日志记录者一样，哈米德和卡德嘉仅用脑子牢记着他们的各种理财行动，但他们的记录却非常精确。当我们问道，各种现金进出这么多，他们怎么能做到这一点时，卡德嘉说："我们总是在讨论这些事，它们牢牢在我们脑子里扎了根。"他们的一个邻居则说："这些事太重要了——让你晚上都睡不着。"

对于所有我们通过日志记录项目结识的人来说，靠每天不足2美元生活需要对现金管理——应对收入的不确定性的策略时刻保持警觉。短期现金流管理十分关键，这样才能确保家里人不会挨饿，第二章更细致地观察了日志记录家庭是如何完成这项基本任务的。

应对风险和建立应急基金

我们发现，贫困家庭的较长期现金管理与另两种关注点尤其相关。其一是如何应对风险。我们在研究中遇到的这些家庭，生活中的不确定性可比更加富裕的家庭多得多。总体而言，这些日志记录者健康状况更差，所住的居民点更不安全，收入与当地供给链条的波动联系更紧密，不论他们是受雇于他人还是自雇，抑或是做点小生意。这些不确定性的来源又与其他来源交织在一起：在孟加拉国的城镇中，贫民窟可能在毫无预警的情况下遭到铲除；在印度，一旦雨季晚到或太短，作物就会歉收；在南非，艾滋病的蔓延使得就连年轻人和身体健康者都可能死亡。我们发现，虽然有些人能全然不在乎这些，但贫困家庭中的大多数成年人都经历过偶尔或长期的由这些风险引起的焦虑情绪，并试图以各种可能的方式来加以减轻，其中就包括管理自己的金钱。我们会在第三章探讨这种行为。

贫困家庭更长期的理财规划所围绕的第二个关注点，是有必要积累或借够足够大的金额，这将是第四章的主题。哈米德和卡德嘉的房租需要一次性支付固定的总额；哈米德需要吃药意味着他得向药剂师付钱；卡德嘉需要前期投资购买针和布来继续她的缝补活儿。除此之外，这对夫妇希望升级房子里的家具，还野心勃勃地希望有朝一日能拥有属于自己的家。他们已经有了一个孩子，还计划再要，而且他们想要自己的孩子们接受良好教育，身体健康，拥有稳定的好工作和婚姻。这些事情中的每一件都需要在某个时间点上使用大量现金。

对于我们在理财日志项目中碰到的这些贫困家庭，我们已经辨别出了三种驱动他们的大多数理财活动的需求：

1. 满足基本需要：管理现金流，让不规律的收入转变为能够满足日常需要的可靠来源。

2. 应对风险：应对会使全无储备的家庭崩溃的突发状况。

3. 积累大额资金。积累起有用的大额资金，从而能够把握机会并应付大额支出。

这些需求都是非常基本的，因此它们将成为本书接下来三章的主题。

投 资 组 合 观

个人理财行为的主要范畴——借贷、保险和储蓄，在我们的脑海中，这些都与它们所服务的典型需求相联系。借贷与为当前的机会和需求融资相关联，如开办或扩大一桩生意，或购买耐耗品。保险与获得免受风险的保护相关联，而储蓄则与为未来而积累大额资金相关联。我们很容易就会这么想象，觉得上一节末尾所描述的三个主题最主要是与借贷有关，其次是保险，再次是储蓄。

但事实上，生活并不总是允许我们如此清晰地把工具与用处相关联。我们都知道有这样的例子：某项保险偿付或补助金出乎意料地来到，满足了某些突发的需求。我们在日志项目中碰到的贫困家庭尤其倾向于把许多不同种类的工具组合起来以满足他们的需求，而这也是他们的投资组合会显得出人意料地复杂的主要原因之一。

风险如此之多，由此带来如此多的突发状况，因此，想要这些贫困家庭仅仅依靠保险这种单一策略就全部加以应付，实在不太现实。处理突发状况非常关键，因此即使是在有保险的情况下，贫困家庭可能通常还是需要花光存款，并寻找借款来完全弥补损失。类似的，储蓄和借贷往往在为实现同一个目的的过程中都需要被利用起来，这样才能既满足每日的基本需求，又能累积出大额资金。

然而，在"存钱"和"借钱"的大范畴之内，又仍然存在重要的区别，将特定细分种类的存钱和借钱与某些特定目的相关联也是可能的。例如，为满足日常基本需求而存的钱，与为积累起有用的大额资金而存的钱，其种类是不大一样的。为了前一种，贫困家庭一般都是把钱存放在能自由和经常取用的地方，一方面是要尽量让数额变大，另一方面也要确保他们能在很短的时间内就能取用。安全性很重要，但便利性也很重要。回报（以获取利息的形式）则没那么重要。因此这些钱可能就存在家里或者交给他们的隔壁邻居托管。

而当这些家庭试图要积累大额资金时，其特性组合就会发生变化。在这种情况下安全性非常重要，因为这笔钱的积累过程可能要花一段时间，存放时间也就会比较长，回报也会被看得更重。但还有一项新的特性进入了这个组合——结构。穷人和我们所有人一样，都倾向于能让自己的存款像新鲜蛋糕一样即时吃掉，但如果你比一般人更饿，这种想要吃掉它的念头就会更加强烈。结构通过对存款流动性的限制，以及界定期限、重要时间点和取款代价的规则，来帮助你自律。这一点穷人们通常也知道。哈米德和卡德嘉把他们很少的存款总额分别用多种具有不同特性组合的工具来保存，其中包括一项要求每月定额存入的人寿保险项目。

类似的，三种不同的需求动力也会让穷人去接触各种各样的放贷人。他们提供的贷款价值、期限、价格、还款结构以及可获得性都不相同。有时候当地的非正式借款（往往倾向于是无息的）最适合日常基本需求的满足，但另一方面，从更加正式的放贷人那里借一笔更大数额的钱，比如用来买储备粮食（如果能安全地存放在家里的话），这也是有道理的。比如，孟加拉国的理财日志显示，较大数额的借款通常来自微型金融机构，但有时候日志记录者也会故意选择一个价格更贵的放贷人，因为其更加松散的还款日程更适合他们的需求，或因为发生了紧急状况或出现了不容错失的机会，这笔钱**必须**马上拿到。

这并不是要说，贫困家庭很幸运，在他们决定存钱到哪里或到哪里借钱的时候，备选选项很多。不幸的是，现实几乎从未如此。[17]但在他们确实能选择的范围内，他们还是努力作出了安排。

令人困惑的价格

本书的种种见解源自将贫困家庭的理财活动视作由一系列工具形成的投资组合，然后在一段时期内追踪这些组合，看它们怎样具体得到使用。如果我们只是观察这些家庭如何分别使用各种工具，或只在某个时间点观察他们有怎样的混合手段，那我们都没法得出这些发现。我们就将看不到钱款如何利用一系列工具来"聚拢"，我们也无法充分认识到在这个过程中始终伴随着的希望和压力，以及各家各户之间的关系网。例如，我们就不能发现，一方面卡德嘉替别人保管钱，另一方面她丈夫却选择不把自己的一部分存款交给她，反而存在自己的雇主那里。哈米德向我们透露，他妻子不太赞成把这么多钱送回他父母在乡下的家里，或许还在想办法阻止他这么做。理财日志的方法迫使我们质疑之前假定的前提，而以新的眼光来看待穷人们的理财生活。

当要理解理财价格时，这一点就变得尤为重要。价格同时反映了理财服务的供给与需求，经济学家尝试着从这两方面来理解价格。[18]利用我们的投资组合资料，我们得以近距离地观察在一段时期内各种交易是如何在特定社会环境中发生的。我们发现，即使是在更加基础的层面上，与定价有关的故事也远比理解供给和需求复杂。

有些贫困家庭会为比较好的存钱途径而支付服务费——这个观念可能会让我们感到困惑，因为我们已经习惯于存钱在银行然后还得到利息，而不是为了得到这项服务而付费。而当我们发现这笔费用被解释为利率并年化收取，而且为数还不少，那我们就更加吃惊了。使用流动揽储人（最著名的例子是西非的苏苏人〔Susus〕）的储户们一般会在一个月内连续每天存钱，然后在月末把钱拿回来，其中一天的钱作为手续费支出。这个利率大约是稍微低于3.3%，年化利率则接近40%。为了存钱而支付40%的费用，这是不是合理呢？但对一位贫困家庭的母亲来说，能坚持每天存下10分钱来保证在女儿学校下个月开学前她能筹够课本费，付出10分钱的费用显然是可以承担得起的。如果不这样的话，她又怎么才能在面对每天各种诱惑挑战的情况下存起钱来，而且还享受到每天定期有揽储人来招呼她存钱的服务呢？

借钱的情况也和存钱一样。这些家庭为了得到借钱的机会，向金融公司和放贷人支付高额的费用。最高的利息率，如果换算成年化标准的话，相当于200%甚至更多！这与美国或英国的银行收取的费用相比，实在是令人震惊。然而，根据日志记录者们提供的资料，这样的"高代价"贷款实际上很少是一年期的。例如，在南非，很多这类贷款的存续期还不到一个月；有的只借一个星期。将利率换成年化标准能让我们对存续期各不相同的贷款进行费用高低的比较，一年也是一个较方便的衡量单位。但这些日志则表明，为了理清情况而进行年化或许将扭曲成本与选择的本质。

例如，某位放贷人为一笔持续一星期的10美元贷款收取25分钱的利息，这听起来挺合理的，甚至对电动黄包车的备用车夫哈米德来说也是合理的，尽管他每天只能挣2.33美元。因为10美元的贷款确实可以带来不同，有了这笔钱，他就可以为自己的儿子买开斋节时穿的新衣服，要不然他就得穿着去年的破衣服去清真寺了。但如果按照年化的标准（进行了复利计算），这样一笔贷款的年利率是261%。这听起来就完全不合理了。从日志项目中得出的结论之一是，我们最好将为超短期贷款支付的利率理解为手续费，而不是年利率，这样会更加合理。如果研究者把所有的利率都进行年化，那他们可能是遵循了标准的统计周期，但却会歪曲真实的生活场景。

为此进行的调整工作有时候也会出现这样的歪曲。例如，如果政策制定者说，小额贷款提供商只有在利率水平不高于放贷人所提供的年化利率水平时才算价格合适，那这里面就忽略了某些事实。日志表明，很少有借贷人愿意为期限较长的大额贷款支付像放贷人所提供的那么高的利率。为了比较持续长达一年的大额微型信用贷款与放贷人提供的短期小额贷款的利率水平，年化利率或许并不是最恰当的方式。而即使贫困家庭有时候选择放贷人而不是小额贷款提供商，也并不说明他们的行为不够理性。

还有其他的令人不解的价格谜题需要审视，我们将在第五章做这件事。贫困家庭可能会选择一些在富裕国家的理财顾问们觉得非常奇怪的投资组合。例如，他们可能很愿意贷款，而且支付的利率还很高，甚至在他们能从自己的储蓄账户里取钱的情况下也是这样。在安全储蓄的机会非常多的情况下，这样的选择看来非常奇怪，但如果你很难找到安全的地方存钱，那好不容易存下来的钱的价值就会被看得很高。为了让自己获取安全感，穷人们甚至会借钱来存钱。卡德嘉就做了这样的事。她花费一笔她从小额贷款商那里借来的钱（年化利率大概是36%）的一部分买了金子。小额贷款对她来说代表着一个十分难得的机会，让她手上能有足够多的一笔钱来买能够终身有效的实物资产，这能为像她这样处在琐碎甚至痛苦的家庭生活中——离婚、被抛弃或丈夫死亡的女性提供一种安全感。她不太经常有这样的机会来这样借钱，因此她认为最好马上抓住这个机会。这笔贷款可以分拆成每星期的小额还贷，这一事实让事情变得可行：这使得她能用一年中每星期的小额存款来达成一笔大额储蓄。价格只是贷款的一个方面，切合家庭现金流状况的分期还款模式其实更为重要。

重新构想微型金融

我们的世界正前所未有地关注着贫困与金融之间的关系，在过去的十年里，贫困家庭也是"能接受银行服务的"，这样的观念已经开始深入人心。这种思维上的转变为我们所了解的那些家庭带来了巨大的希望。这种转变部分要归功于穆罕默德·尤努斯（Muhammad Yunus）。他是孟加拉国的一位经济学教授。2006 年 12 月，因为他和他创办的格莱珉银行在过去 30 年里所作的贡献，尤努斯获得了诺贝尔和平奖。格莱珉银行的实践证明，像日志项目涉及的那些家庭一样，穷人家庭是能够存钱和借钱的——而且会迅速地偿还贷款并支付利息。截至 2006 年，格莱珉银行在孟加拉国各地的乡村里服务了 600 多万人。它的两家竞争者社会进步协会（ASA，Association for Social Advancement）和 BRAC（这就是名字，不是缩写）规模与其相当，也能凭借收取利息和手续费来完全抵消运作成本。拉丁美洲以及亚洲其他地方的先驱们也独立地帮助促成了这场转变运动。

孟加拉国的日志记录家庭有很多都是微型金融的用户，对此我们一点也不惊讶。在第六章中所讨论的日志就完全聚焦在他们身上。与此相反，印度和南非的大多数贫困人口在日志项目进行的时候还没有享受到微型金融的服务。不过，目前这两个国家已经出现了要为低收入家庭提供微型金融产品和服务的努力。格莱珉银行的"复制品"2007 年在印度已经共计服务达 1 000 万用户，这比前一年增加了 310 万人。从 1990 年代开始，印度的社会银行部门加入了这场运动，通过共同承担责任的"自助小组"来为一群群女性提供借款，这使得印度的银行到 2005 年时也服务了另外 1 100 万家庭。近期，印度政府已经要求银行提供"无门槛"账户，作为其"金融融合"政策的一部分。这样的账户减少了开户所需的文书填写工作，并取消了最低交易额要求，而这些就是之前把更为贫穷的顾客拒之门外的限制。在南非，主要面向穷人的微型金融部门相对来说规模还比较小，不过有些组织正在稳步发展起来。[19]更重要的是，银行部门与政府在《金融部门宪章》（Financial Sector Charter）的名义下签署了协议，要加大接触最为贫困人群的力度。姆赞西账户（Mzansi account），一种由正规银行提供的低成本的储蓄账户，就是这种努力的成果之一，就在我们在南非的日志项目接近尾声时，它开始启动。

我们开展理财日志项目的目标之一，是要重新探讨在关于提供金融服务给穷人的争论中出现的某些重要问题。对贫困家庭来说，信用贷款是他们对金融服务的主要需求吗？贷款是不是只能提供给小企业，是不是还能找到其他抗击生活的艰辛和缺少机会状况的途径？是不是大多数贷款都应该提供给结成互助组承担还款连带责任的女性群组？确保每个人都有一个银行账户是不是足以达到更宏大的目标？

尤努斯创办格莱珉银行时，他的关注点不是微型金融（microfinance），而是小额贷款（microcredit）。从更狭窄的小额贷款目标转移到微型金融，是因为他认识到，贫困家庭除了想贷款，还想要存钱和买保险。之后，正如我们在第六章里讨论的，格莱珉银行自己精力满满地启动了储蓄业务，而且还充满创新性。我们收集的理财日志通过日常生活的细节揭示出从完全关注小额贷款转移到更宽广的微型金融是一项重要且受欢迎的进步的原因。但这些日志也表明，我们还需要继续扩展前行。

小额贷款的概念一直以来都与推动创业相关联：让人们能够买得起生产性资产和工具来创办企业。小额信贷于是就与用户的"小微企业"（microenterprises，这个名字就指出了它们的规模很小；这类企业一般就企业主一个员工。）密切相关。当转型到微型金融成为可能时，对小额信贷的用途却没有相应重估。从日志资料中得出的一个很基本但却很容易被忽略的教训是，对小额贷款的需求远远不止小微企业贷款。我们研究的贫困家庭出于很多目的希望得到贷款，并不仅限于商业投资：要应对突发状况，购置家庭资产，付学费和医药费，以及总体而言，要更好地安排复杂多变的生活。在第六章里我们指出，小额贷款往往会偏离原先所说的目的（创办企业），而投入到贫困家庭认为更重要的用途上。但小额贷款和微型金融的推动者们还没有很好地意识到这一点。

让借贷者组成互相承担还款连带责任的小组（也叫作"社会担保"，social collateral），这一直是为了确保借给穷人的钱能够得到安全偿还的主要机制。但微型金融机构和银行正越来越多地试图直接贷出小笔贷款给个人，担保物是小块地产、存款或流动资产，甚至只是之前的良好贷款记录。在这种形式下，他们就能从借款人的现金流状况和非正式部门的个人借贷形式中学到很多东西，而这些正是我们的理财日志中详细记载的。

确保每个人都有银行账户可能是发展普惠金融的第一步。普及银行账户——即使这不能帮助穷人借到钱，但肯定能加大他们接触到一个能安全储蓄的地方和更容易也更便宜地让资金流动的机会。但印度的经验表明，发展银行的实体分支，甚至推动为穷人开立的账户和补助贷款，并不能够解决问题，除非所提供的产品**收取的价格**能保证银行有较好的收益，并**意在**适应穷人的生活方式、资金水平和现金流动方式。

可靠性——在全球范围内提供给穷人

不论微型金融运动强调贷款给小微企业是否正确，它启动储蓄和其他金融服务是否太慢，在我们看来，它最大的贡献是毋庸置疑的。它代表着在让贫困家庭的金融生活得到保障方面迈出了一大步。对大多数穷人来说，不得不与不可信赖的金融提供商打交道，这只是他们每天必须生活于其间的不可靠的大环境的一部分。他们在生活中遭遇到的其他领域的机构同样也是不可靠的，比如警察和法庭，或医疗和教育机构。[20]

在他们的金融行为中，我们看到，贫困家庭非常急迫地想要获得高质量的服务，倾向于改造这样的服务来适应自己的目标，并愿意为这些服务支付费用，渴望拥有更值得信赖的金融服务提供者。微型金融提供商在响应这类需求方面迈出了非常坚实的开端，如今在更了解真实情况的公众教促下，许多其他机构也正在加入进来。

这类进展的重要性无论怎么形容也不为过。当我们从孟加拉国的日志记录者的角度审视微型金融时能清楚地看到这一点。不管小额贷款最后被用在了什么目的上，借款人都心怀感激，他们认识到这样一个事实：与他们打过交道的其他金融服务提供者相比，微型金融供应商是**可靠的**。这表现在，贷款官员会准时来参加每周例会，不论天气是好是坏；他们会按照承诺的时间和价格来发放承诺过的贷款金额；他们不要求得到贿赂；他们非常努力地保持账目的准确和及时；而且他们向他们的客户表明，他们在认真地对待双方进行的交易。

作为回报，我们注意到，这些孟加拉国的微型金融用户们往往会把偿还微型金融机构的贷款放在优先于其他提供者的位置上，这并没有让我们感到惊讶。正如我们看到的，对贫困家庭来说，理财生活是充满不确定性的。能被他们用于理财交易的收入很少，而且通常不规律也不可预测，他们也知道大多数金融服务提供者并不像自己说的那么可靠。当你需要钱的时候，放贷人可能没钱可借，揽储人可能没办法把你的存款还给你。存款互助会可能会因为管理不善、误会或成员遇到意外事故而解散。存在家里的钱可能会弄丢、被偷或浪费在并不重要的花费上。穷人们值得拥有更好的。

那么，金融服务会不会成为全世界的穷人们享有的第一个可信赖的服务项目呢？我们希望本书所阐述的见解和发现能够帮助实现这个目标。

PORTFOLIOS

OF THE POOR

How the World's
Poor Live on $2 A Day.

当我们见到苏伯（Subir）的时候他37岁，他的妻子穆姆塔兹（Mumtaz）只有29岁，尽管他们最大的儿子伊克巴尔（Iqbal）在那时已经至少有14岁了。在他们位于孟加拉国中部地区的小块田地被伟大的恒河冲毁之后不久，他们来到了孟加拉国的达卡。那时候伊克巴尔还是一个婴儿。他们一共育有四个男孩，在我们的研究年份里，穆姆塔兹再次怀孕并且生了他们的第五个儿子（"再也不生了！"她对我们说）。日复一日，苏伯和穆姆塔兹都在思考如何每天利用1美元（有时候甚至更少）来维生。本章的主要内容是记录像他们这样的理财记录者的理财策略。我们将会观察他们如何用理财来应对低收入和不确定收入给他们生活带来的挑战，以及这样做对于他们经济生活的影响。

苏伯和穆姆塔兹刚来到达卡时几乎身无分文，像在这种情况下的大部分人一样，他们选择在国有土地上的贫民窟建造自己的家，他们选择的贫民窟由于经常被火灾侵袭而被称为"火灾贫民窟（孟加拉语 pora bosti）"。他们建造了一个粗糙的木屋，外面用竹子包裹，并用波纹状的铁皮覆盖作为屋顶。这样他们至少可以省去房租，另外他们在家用设施上的花费也非常少：洗澡用的是当地的水泵，卫生间则是利用了非政府组织建造的公共厕所。由于只在家里安装了一个灯泡，他们每月的电费也十分节省。

前面提到，不仅仅是低收入，而且是收入时间的不确定性使得理财对于贫困家庭尤为重要，对于苏伯和穆姆塔兹来说也是同样的。联合国和世界银行这些机构往往关注的是贫困家庭年度收入较低的原因，以及如何能够提高收入。然而不可预知的、起伏不定的收入也是造成贫穷的一个重要原因，而且它给我们所了解到的许多家庭带来了具体的挑战。

低收入和工作机会的不确定使得像苏伯这样的家庭被迫从不同的渠道谋生，然而从这些渠道获得的收入都是不规律和无法预测的。

苏伯是一位车夫，他的工作通常是骑着租来的人力车，或者和别人交替使用机动车。情况好的日子，他能赚到 2.5 美元。但是大多数情况下他都在骑人力车，进行这种非常苛刻的、常人难以接受的、日复一日的工作。像他这个年纪的大部分人一样，苏伯发现一周这样工作超过四天太难以承受了。即使是在他工作的时候，他的收入也会受到天气情况、政治纷争、警察干扰甚至是运气的影响而产生波动。

快到年底的时候，他们十几岁的儿子伊克巴尔在服装厂获得了一份每月 27 美元的工作。之后，从来没正常上过学的伊克巴尔放弃了在他们所居住的贫民窟为一个经销商清除废料的工作。他的弟弟，10 岁的萨劳丁（Salauddin），继续拾荒，情况好的时候每月可以赚 6 美元。在这个家庭最小的孩子出生后，穆姆塔兹继续去做女佣的工作，一个月大约能赚到 10 美元。之前寄宿在他们家里的人每月向他们支付 7 美元，但是这个寄宿者在新生儿降临后离开了。总的来说，家庭总收入最高时平均每一个家庭成员每天有 3.15 美元。情况不好的时候，会降到每人每天 1.9 美元。这个家庭正是孟加拉国贫困人群的代表。

对于苏伯和穆姆塔兹来说，利用这些不确定的收入来安稳地生活是当务之急。很多时候他们都成功了。他们从来没有乞讨过，但是有时候他们会因为没有钱而少吃一顿饭，而且他们的用餐质量也是参差不齐的。有时候我们观察到他们一日三餐都能吃到热腾腾的饭菜——在大部分情况下是米饭和小扁豆，有时候是一点点鱼肉，还有很少数情况下甚至可以吃到牛肉。然而，更多的情况是，他们每天只吃两顿饭，情况不好的时候每天甚至只吃一顿饭。但至少他们每天都能吃到饭，这正得益于他们理财的智慧。

苏伯一家能活下去一部分得益于理财工具。然而他们使用最广泛的理财工具并不是那些为穷人提供小额贷款的人所力荐的。在我们对他们进行观察的这一年，苏伯和穆姆塔兹并没有寻求小额贷款来为小型企业扩张提供资金。确实，如果苏伯有自己的人力车而不是租用，他可以赚到更多，而且贷款可以帮助他购买自己的人力车。我们将在后文解释为什么他选择不这样做的理由。看到这个家庭的情况，有人可能会强调，帮助像他们这样的人通过储蓄来积蓄大量资产的重要性。对于贫困家庭来说，长期借贷和储蓄的确很重要，之后的章节我们会谈到这一点，但是长期目标并不是我们接触过的大部分家庭在经济上的主要关注点。像苏伯和穆姆塔兹这样的家庭更多的是利用借贷和储蓄来应对紧迫的短期需求，因而他们的主要目标是现金流管理。能够应对眼前需求是考虑长远需求的先决条件，然而，政策制定者和其他呼吁金融服务覆盖穷人的人却鲜少关注穷人用以实现眼前经济需求的方式。

　　像苏伯这样的家庭最基本的目标是确保每天餐桌上都有食物，而不仅仅是有收入的那些日子才有食物。正如我们在第一章所讨论的，我们观察的贫困家庭积极地使用理财工具，不是因为贫穷是他们生活的常态，而是因为他们某一时刻正面临紧迫的资金短缺。当苏伯和穆姆塔兹理财的时候，他们更倾向于选择灵活和便利的理财工具，即使这种理财工具看起来并不是那么可靠。他们的努力提醒我们，金钱是灵活变化的，它可以在许多情况下分割和组合。我们将在最后一部分论证，利用金钱的灵活性可以帮助金融服务供应商打开眼界，并寻找到更好的方法来服务贫困家庭。

　　理财日志所记录的来自三个国家城乡地区的家庭所采用的理财策略和投资组合，尽管它们在细节上十分多样化，但在重要的方式上是相似的。最重要的特点是，他们经常进行小规模交易，包括储蓄和借贷，交易对象是多样的，并且同时使用多种不同的理财工具。其结果是这些投资组合有着大量的现金流，比起任何时候的未偿还债务或储蓄额都要大。穷人理财的首要目标是管理现金流。从必要性的角度来说，富裕人群的目标，比如资产回报最大化或债务成本最小化，对于穷人来说往往是排第二位的。甚至那些旨在帮助贫困家庭通过积累大量资产来建立强大的资产负债表的政策举措，比如个人发展账户（简称IDAs，美国的一种针对低收入家庭的长期补贴机制），往往在贫困家庭能够首先管理现金流的条件下才最有效。资产积累是贫困人群投资理财的重要目标，本书第四章将进一步探讨这一过程，在本章我们建议首先着眼于现金流而不是资产负债表来了解贫困家庭的经济生活。

　　本章接下来将阐述频繁和小额的交易对于基础理财的重要性。该模式有效的原因是，多种职业造成的低收入往往是从不确定的来源拼凑而得到的，并会带来收入上的三重打击：收入少，无规律，而且必须用不适合家庭现金流模式的理财工具进行管理。本章阐述了贫困家庭如何应对这三重打击以及隐含的成本在哪里。本章的结论部分汇集了帮助贫困家庭应对他们最基本的日常挑战的方法。

小的余额，大的现金流

尽管我们观察的贫困家庭中包含一些非常贫穷的家庭，但是没有家庭过着仅能糊口的生活，这里的仅能糊口是指家庭所有的收入会被直接和立刻消耗。这个重要的发现可能与大众对于那些每人每天仅靠不到 1 美元勉强度日的贫困人群的预期有所不同。如果我们只看资产积累，我们将不会有这样的发现。不出乎预料的是，我们记录的家庭的金融资产相对较少。他们的年末资产价值是很小的：孟加拉国的均值是 68 美元，印度是 115 美元，南非是 472 美元。[1]即使考虑到不同国家购买力的不同，[2]这些资产也很小，而且可能会让人们认为它们仅能维持少量的金融活动。因此我们发现，结余数据几乎无法告诉我们一年内发生了什么。而理财日志正是专门用于揭开广泛的、每天、每一周都在发生的金融活动的神秘面纱。

当我们观察现金流而不是资产负债表时，就能够发现这样的内情。在一年中，理财日志记录的家庭通过理财工具"推入"和"拉出"的金额远远超过他们的年终净值。[3]这里的"推入"指的是存入存款、借出或偿还，这里的"拉出"指的是撤走资金、借入或取出存款。如果流入家庭的现金不被立即消费或投资，则是通过理财工具进行推入或拉出。我们用"交易量"来表示被推入理财工具的资金总额加上从理财工具中拉出的资金总额。表 2-1 展示了这些家庭在理财工具里的高额交易量。我们将在后文说明，大部分的理财活动都是通过非正式的理财工具进行的，很容易被监管者和银行家忽视。

当考虑到与收入的关系时，这些家庭高水平的财务现金流尤其令人惊讶。我们可以称这一比率为"收入的现金流强度（cash flow intensity of income）"：按各种收入划分可以分为借来的、支付的、收回的、存入的和撤回的资金总额。在印度，平均而言，家庭的现金流交易量在收入的 0.75 倍到 1.75 倍间波动，高速资金周转者，比如农村小商贩的每月平均现金流交易量是其收入的 3 倍。在南非，每月的现金流交易量略大，大约是月收入的 1.85 倍。

表 2-1　中位家庭理财工具中的年末金融资产价值和年度现金流

（单位：美元）

	孟加拉国		印　度		南　非	
	年末金融资产价值	年度现金流交易量	年末金融资产价值	年度现金流交易量	年末金融资产价值	年度现金流交易量
农村	57	568	18	590	220	3 447
城市	74	547	169	810	792	6 264

注：单位为美元，由本地货币依据市场汇率换算而成。

总的来说，我们发现即使是在收入低和存款少的家庭，他们通过金融工具实现的现金流动，比起他们的收入依然是很大的。在孟加拉国，在农村收入低于城市收入的情况下，农村的年度现金流交易量中位值依然能够高于城市。在南非，尽管许多富裕家庭的成员都是受雇员工，他们把工资存入银行账户，然后从银行账户中提取现金，这种存取行为增加了交易量，但是相较而言贫穷家庭的交易量之于他们收入的倍数仍要大于富裕家庭。在所有的理财日志的样本中年交易量的最低额是 133 美元，来自一个印度农村的家庭，他们的收入来源为受雇于一个小农场获得的工资。尽管如此，这个最低额的交易量仍然超过他们的收入的四分之三。许多家庭的年交易量超出了 1 000 美元，甚至有许多家庭更多。这就证明了我们的观点：低收入家庭更加需要进行积极的理财。

表 2-2 展示了从 1999 年至 2000 年间在孟加拉国的研究期间苏伯和穆姆塔兹所使用的理财投资组合。对于他们所使用的每一种理财

表 2-2　苏伯和穆姆塔兹在研究年中所拥有的投资组合 　（单位：美元）

	期末余额	交易量
金融资产		
半正式的/非正式的		
小额信贷储蓄	10.20	49.40
私人贷出	30.00	117.00
家庭储蓄	5.00	18.00
小计	45.20	184.40
金融负债		
半正式的/非正式的		
小额信贷贷款	30.00	47.00
无息贷款	14.00	84.00
私人贷入	15.00	105.00
抵押贷款	0	10.00
揽储	2.00	66.00
商店信用卡	4.00	50.00
小计	65.00	362.00
金融资产净值	−19.80	
总交易量		546.40

注：单位为美元，由本地货币依据市场汇率换算而成，1 美元＝50 孟加拉塔卡。

工具，我们都像在第一章对哈米德和卡德嘉所做的一样记录了研究期末的余额，也记录了这一年总的交易量（即每一种理财工具中的进出现金流）。余额和现金流的对比呈现再一次强调了：相对于现金流而言，余额是很小的。

有的时候余额如此之小，因此人们可能会认为这不是一个现代金融术语所说的"投资组合"。然而，苏伯和穆姆塔兹，以及像他们一样的家庭拥有许多不同种类的理财工具和巨大的现金流的事实，清楚地反映了他们活跃于金融市场。如果要了解这些穷人拥有的投资组合真正的重要性，我们需要停下来思考并调整我们的关注方向。

多种多样的不稳定职业

探究高交易量的原因是了解贫困家庭经济生活的第一步。紧接着我们试图探究我们所记录的家庭的收入特点如何导致了他们的困境，这种困境我们称之为"三重打击"。

虽然我们的一些记录家庭中主要的收入获得者是一个长期固定赚取工资的成员，但这是一种特例情况。根据我们在孟加拉国的记录，42个家庭中只有两个家庭能从一个固定的工作中获得他们大部分的收入，这两个特例都是在孟加拉国首都工作的私家车司机。大部分的城市家庭还同时有着其他的获取工资的工作，比如像苏伯和穆姆塔兹家庭一样有着一个或多个家庭成员在服装厂工作，但是，正如苏伯和穆姆塔兹家庭一样，这些工作仅仅构成了他们家庭总收入的一部分，剩下的收入还是要靠自雇、临时雇佣或小规模的商业活动来获得。被视作永久性的工作可能实际上并不是那样的。我们发现，仅有超过一半的德里家庭从单一的来源获取固定工资，而且他们中的一半在今年失去了工作，因此这些失业者不得不去寻找新的工作来糊口（这样的情况有时会发生多次）。剩余的大多数人则是由合同聘用的，因此他们没有权利享受定期的工作制度以及福利。在孟加拉国和印度的农村地区，有许多农业家庭在很大程度上依靠他们种植的农作物生活，但即使是这样，他们至少仍有一部分的收入来源于其他地方。最富裕的农民也会谋求第二职业，如教书或运营某种交通工具，而贫穷的人也会在他人的土地上或公共建设工程中劳动，或在零售、交通或建筑行业中寻找临时的工作，或者进行临时的自我就业比如印度的卷烟工人。

在南非，社会福利给老人、孩子和残疾人按月支付补贴。[4]这种福利系统照顾到了许多的贫困家庭：我们在南非的 152 个家庭样本中，27% 的家庭把补助金作为他们主要的收入来源。在我们的样本中，这种政府补贴构成了农村平均家庭收入的 48% 和城镇平均家庭收入的 10%。这种月度补贴确实使收入更加规律，我们将在后文论述这种规律性对于贫困家庭有效利用更高层次的金融中介服务的益处。但是这种收入的金额是非常小的：在农村，一份补助金意味着补助这个人所供养的所有人，平均而言，是一个四口之家。因此，补助金几乎不足以支付家庭开销，大多数家庭选择用小型企业、临时工作和亲属的工资汇款的收入来补贴家用。此外，由于不得不依靠每月的定期补贴，当补贴未能按时发放时，这些依赖补贴的家庭非常容易陷入困境。在研究期间，我们观察到几次没有按时发放补助金的情况。有时候这些家庭，如萨贝洛的家庭（见附录一表 A1－2）就是其中的受害者，在研究年中，他们在普斯鲁特小镇的家庭有两次因为暴乱未能收到补助金。

　　图2－1展示了我们在研究期间观察到的就业种类，并揭示了三个国家之间存在的一些差异，特别是在南亚（孟加拉国和印度）以及南非之间存在的差异。在表中我们给出了三个关于就业的定义，并展示了在我们记录家庭中的成年人从事这三种工作的比例。可以看到，在图表的左边，南非有超过40％的人能够拿到稳定的工资，高于南亚两到三倍，在南亚赚取稳定工资远非常态。

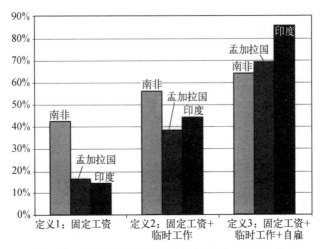

**图2－1　理财日志记录家庭的收入类别、每一种类中
记录成年人所占比例（百分比）**

　　在图表的中间部分，我们扩大了盈利活动的定义，使之包括临时工作，如帮别人照看店铺或者临时做农活。基于这一定义，孟加拉国和印度的成年人就业率大幅上升达到了40％，南非平稳地上升达到了55％，第三种定义扩展到尽可能宽广，包括从事任何形式赚取收入的活动。当定义扩展时，印度在比例上轻易地超越了南非；在印

度，许多成年人自己经营农业、贸易、小型服务行业如人力车夫或女佣服务，或进行家庭为基础的生产，如卷烟、缝纫或饲养家禽和销售鸡蛋。

我们观察到在南非有能力赚取收入的成年人中，少于70%的人真正设法做成了，而在印度超过85%的成年人通过从事某种工作来赚取收入。该图表不包括我们之前提到的南非的社会福利补贴，这种补贴或许可以解释南非和南亚之间收入模式的差异。

南亚和南非之间的另一差异是参加工作的儿童的数量。从我们的记录数据来看，南非已经废除了大部分的童工。但是在孟加拉国，苏伯和穆姆塔兹的两个孩子自他们大约8岁的时候就开始工作了。在孟加拉国的全部42个家庭样本中有8个家庭（19%），在印度的全部48个家庭样本中有10个家庭（19%），这些家庭中有15岁以下的孩子至少在研究年的部分时间进行工作。

低 收 入

当一个家庭中成员从事的工作是间断的、兼职的、临时的、多样的，甚至是儿童也可以进行工作时，这个家庭的总收入就很难被衡量。在孟加拉国，我们主要关注金融交易，没有系统地记录收支流量，因而我们根据定期调查来估算收入。另一方面，我们在印度和南非的研究旨在记录所有流入和流出的样本家庭的收入和支出。基于这些数据，表2-3显示了所有这三个国家的城乡居民的收入中值和收入范围。

表2-3 记录家庭的年收入 　　　　　　（单位：美元）

	家庭年收入	
	中　值	范　围
孟加拉国城镇地区	720	420~1 700
孟加拉国农村地区	740	380~2 100
印度城镇地区	637	241~2 611
印度农村地区	497	171~2 404
南非城镇地区	3 919	504~23 337
南非农村地区	2 090	238~49 982

注：以研究年度的当地市场汇率换算为美元。
一些极端值已从范围中排除。
孟加拉国的数据根据定期调查估算；印度和南非的数据来自规律的记录数据。

作为补充，我们在附录一的表中展示了不同规模、位置和职业模式的家庭每天的人均收入数据，并记录了他们收入的价值和性质与他们金融行为的关系。

不 可 预 知 性

贫困家庭面临的三重打击的第一重就是低收入。第二重则是现金流不定时，这一点在我们的记录中表现得很明显。

收入的季节性变化影响了许多家庭。图2-2是基于印度北部农村地区样本的记录数据，它展示了两个中等收入群体的收入：直接受季节影响的农民，他们平均持有3.5英亩的土地，以及受到农民消费模式间接影响的小商贩。

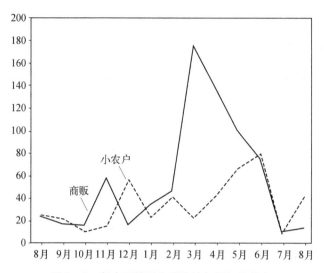

图 2－2　印度两种职业群体的每月汇总收入
单位为美元，由印度卢比依据市场汇率换算而成，1 美元＝47 卢比。

这两种群体的收入在 11 月（11 月是主要的收货季节，也是印度教节日排灯节所在的月份，并且在研究年[5]中是穆斯林的斋月）达到了一个小的峰值。但更大的高峰出现在从 2 月到 5 月，这是当地的结婚旺季。农民可以选择在 11 月收获粮食，然后在来年 2 月出售或消耗。另外，小商贩大多没有农田，所以他们会在这两个节日期间赚取他们大部分的年收入，也正因如此，他们收入的高峰和低谷与农民不同。甚至像西塔（见第四章）这样的小农户，他们的收入主要源于农业劳动，因而也面临着急剧的收入波动，因为他们的有效工作集中在 8 月、11 月和 12 月左右。她的三口之家的年收入是 353 美元，远低于我们样本中的最低值。而且她的家庭收入是极其不平衡的，在 6 月至 9 月的四个农作月中下降了 60%，连续三个月平均月收入为 13.50 美元，最低为 9.50 美元。

对于小农户来说，收入也是非常不可靠的，这种不可靠远甚于大农户。印度受访者一致认为，研究年总体上是一个糟糕的农业年，大规模的农户大多达到了他们的预期收获，而小型的和收入少的农户只收获了他们预期的 25%～30%。其中的一个原因是他们的土地位于运河灌溉末端的不利位置，另外一个重要的原因是在需要的情况下他们无法及时为农场筹集投入资金，特别是在无法预知的天气条件下。

因此，每月少量但规律的收入，以及适量的季节性的收入都需要一种调节，这就解释了这种收入模式的贫困家庭倾向于选择基于交易和关系的投资组合的原因。

但毫无疑问，收入的不规律性，尤其是不可预测性，使得现金流管理面临着更加严峻的挑战，因而人们不断创新以求解决这些问题。图 2－3 用一个来自南非的案例说明了这种影响。

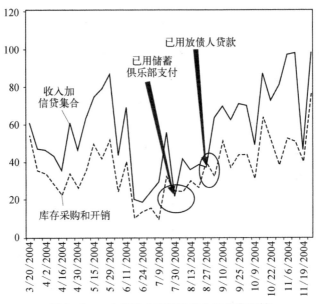

图 2－3　一个南非小商贩的收入和库存开销
日常现金流每两周计算一次。单位为美元，由南非兰特依据市场汇率换算而成，1 美元＝6.5 兰特。

帕姆扎（Pumza）是在人来人往的开普敦市内旅馆地区卖羊肠的小贩。她以此来供养自己和四个孩子。每天，她在旅社间的巷道里生火烤熟买来的羊肠，再卖给路过的行人。日平均收入大约为 6~15 美元，她需要用这些收入来购买存货和支付成本，并养家糊口。

她一般不允许顾客赊账，因为知道这样做会给她的现金周转带来困难，但是在一年中为了一些特别的顾客她五次打破了这一规定。她每天需要花费 5 美元来购买绵羊肠，每月她需要购买一次用于生火的木材，根据购买木材的数量她要花费 1 美元到 5 美元。总的来说，这是一个非常有利可图的生意，实际上帕姆扎的月利润大约有 95 美元。加上政府提供的每月 25 美元的儿童补助金，这个五口之家的月收入大约有 120 美元。

这些数据表明帕姆扎家并不是最贫困的家庭，但是数据没有揭示帕姆扎的生意中所经历的现金流的波动。有时候生意不好，帕姆扎没有赚到足够的钱来购买第二天的库存。她可能会继续出售旧的库存，但是顾客们更喜欢购买新鲜的羊肠，因而他们可能会选择去这个区域的另一家羊肠店中购买。如果她运气好，这时候她刚好能收到她的孩子们的补助金，这些补助金可以帮助她解决暂时的困难。否则她会从放贷人那里借钱。在研究年中她有几次不得不这样做，尽管她知道月利息 30% 的借贷并不是解决她资金周转困难的理想方法。在 5 月，她和其他三个羊肠售卖商成立了一个储蓄互助会，我们将在第四章详细讨论这种理财工具。从周一到周四，每人每天缴纳 7.5 美元，他们轮流得到这总共的 30 美元。通过这种方式，他们平稳了自己的现金流，也能帮助自己度过青黄不接的日子。帕姆扎获得这些钱的时间是在周一。然而，即使有这样的计划，一旦有一个合伙人没能按时缴纳自己的那部分钱，她就不得不再一次向放贷人借钱。在努力尝试了四个星期之后，这个储蓄互助会还是分崩离析了。同年晚些时候，当帕姆扎的女儿替她经营羊肠生意时，她得到了一个临时的政府工作，进行了四周的街道清扫。她和三个同事再次建立了一个储蓄互助会。每周每人出资 30 美元，所以每个月她能收到 120 美元。7 月的时候，天气寒冷多雨，羊肠的潜在客户都待在家中，来自储蓄互助会的这笔钱帮助帕姆扎平稳了她生意中的现金流。

当然，小额收入很难被管理，即使这种收入是规律性的。比如孟加拉国首都达卡的出租车司机西拉斯（Siraz），他的月收入是 77 美元。虽然他每月会定时收到他的工资，但是由于工资数额太小，这个月中任何的突发情况，比如孩子生病或招待不速之客，都需要他动用存款或者借款。然而，在西拉斯的事例中，由于人们知道他有固定收入，他去借钱一般比较容易。在南非的研究样本中，许多家庭的生存主要是基于我们提到过的政府补助金。补助金每月发放，其他时间则没有收入。它们是规律且相对可预测的，但是间隔发放意味着对于一部分人来说这种间隔时间太长了，而对于另一部分人来说又可能太短。那些认为间隔时间过长的人，可以与另一个人组队或者加入已有的小组来分享他们获得的补助金。那些认为时间间隔太短的人，可以把他们的补助金集中起来，在一个时期支付给其中一个成员。关于这一点，我们将稍后在本章给出案例。

正式工作是否是完全保障安全？

到目前为止，我们探讨了农场和非正式收入的不稳定性，但在正式劳动中也存在类似的不稳定性。德里有一个相关的案例。

　　索姆纳斯（Somnath）和加纳斯（Jainath）是同住在德里英迪拉营地一间小屋的两兄弟，他们的妻子和孩子留在村庄里。英迪拉营地是一个半授权的棚户区，居住着奥卡拉工业区的工厂劳工。两兄弟在出口服装厂的精加工部门工作，按天或计件获得工资。作为受代理人雇佣的外聘工人，他们有时会面临过多的工作，而其他时候却没有工作。他们在工厂有"紧急任务"的时候得到工作，而不是作为核心工人在工厂工作。他们的收入波动反映了他们工作量的变化。他们每月的工资在53美元到85美元间波动，并在研究年的中间有四个月没有任何收入。这四个月中有两个月他们回到了自己的村庄，而在他们返回英迪拉营地后又花了两个月的时间来找到工作。加纳斯回到了服装厂，但却被告知只有每天工作12小时，每周工作7天，他才能获得像原先一样的工资。

　　在两兄弟离开德里前，他们平均每月能够汇26美元回家，但在他们回到新德里后，他们就再也无法拿出这样一笔钱，无力照顾家庭让他们感到非常焦虑。他们也借了一百多美元，其中的大部分都需要支付利息，这些借贷首先用于支付家庭开销，然后用于支付他们在家期间的支出，最后再用在他们回到新德里的路费上。好在因为他们之前的良好信用，他们的房东和商店老板愿意向他们伸出援手，这才使兄弟俩能够撑到第五个月，也就是他们终于找到工作的时候。到那时他们已累积了120美元的债务。索姆纳斯通过支付4美元的好处费得到了回去工作的机会，但是三个月后，他再一次失去了这份工作。当他收到自己最后的薪水时，他向自己的妻子和孩子汇去了11美元的小额汇款，这也是他离开德里回村庄七个月后向家里汇出的第一笔钱。

雪上加霜的是，在接下来的一个月兄弟俩居住的小屋被盗了，他们被偷走了 64 美元。索姆纳斯找到了工厂的工作，他先偿还了一小部分的贷款给商店老板以安抚他的情绪，因为他们兄弟俩在商店的欠债数额不断上升。但不到两周，他就被告知再一次失业，因为工厂没有新的订单。当漫长而燥热的夏天来临，索姆纳斯担忧自己会处于无业状态长达数月。他的这种担忧变成了现实。在 2001 年 7 月，当我们完成研究并离开英迪拉营地的时候，加纳斯也由于被解雇于是返回了村庄，尽管他的老板向他保证将在 9 月继续雇佣他。索姆纳斯像下赌注一样选择继续留在德里，他的负债不断增多：他既不愿意向亲戚借钱，也羞于回家承认自己的失败，更不能在还清欠商店老板和房东的将近 90 美元的累积债务之前离开。

因而，在南亚，有一份正式的工作并不一定意味着能得到可靠的收入。然而，在南非，劳动法得到了更加严格的执行，因此当家庭中有成员找到一份工作时，他们往往能够获得一个相当可靠的收入来源。即使是接受补助金的家庭也可以依靠每月定期的补助收入。我们的研究发现，这些家庭能够利用他们经常性的收入来参与更大规模的金融中介活动：因为拥有固定收入，他们愿意负担更高水平的贷款，放贷人也愿意向他们提供贷款。正如表 2-4 所展示的，在南非，无论是绝对收入还是平均收入，拥有固定收入者都比那些无固定收入者要高（拥有固定收入者的收入来自小型企业的零星工作，或亲戚的汇款）。但是那些比无固定收入者更贫穷的接受补助金者，仍然需要偿还债务，而且他们的负债比率与普通工薪阶层几乎相同。

表 2-4　固定收入家庭与无固定收入家庭，南非　　（单位：美元）

	工薪家庭	补助家庭	无固定收入家庭
样本在财务统计中的份额	49%	27%	21%
月平均收入	635	188	235
人均月收入	219	61	87
债务/付息比率	13%	17%	7%
债务/股本比率	22%	23%	19%

注：单位为美元，由南非兰特依据市场汇率换算而成，1 美元=6.5 兰特。

正如一个小型的初创企业一样，一个贫困家庭的财务健康状况可以通过其持有的一定程度的债务来显示。一个初创企业为了投资和成长需要承担债务。同理，贫穷家庭需要进行贷款，这样他们就可以经受住那些可能长期影响他们投资的干扰。进行贷款可以防止贫困家庭在紧急情况下降低营养摄入或被迫让孩子离开学校。

南非的政策制定者担心债务水平增长过高。我们从样本中发现，一些家庭承担的债务比他们的收入所能应付的要多，或者他们通过不透明的贷款条件来借款。2007 年推出的南非国家信用法案旨在提高贷款的透明度，遏制过度的商业消费贷款。[6] 然而，许多南非金融记录中的高负债情况是由于在正规金融部门以外的借贷造成的，超出了政策监管的范围。许多补助金接受者没有向需要工资单证明的正规放贷人借贷，而是在当地的商店或商人那里进行非正规的借贷。[7] 此外，在许多情况下，债务并不是由不计后果的消费引起的，而是由于一份过少的收入需要供养太多的人口，这种贷款是为了满足基本的需求。补助金形式的固定收入消除了三重打击之一，并使这些家庭得到更多的理财机会来管理他们的小额收入。

理 财 伙 伴

在我们记录的家庭投资组合中出现了相同的理财模式。其一是大多数交易是与非正式的合作伙伴，而不是与像银行和保险公司这样的正规机构进行的。他们选择的合作伙伴通常是邻居，他们很少签订协议书，当然也不会留下什么能够用于法律裁决的证据。

但这并不意味着贫困家庭是任由放贷人摆布的。事实远非如此：他们最频繁的合作伙伴是提供免息借款的朋友或亲戚。

再回到苏伯和穆姆塔兹的理财组合，我们注意到了表 2－2 中所显示的多种类的贷款。苏伯是一个有魅力的、和蔼可亲的人，因而他能够经常借到钱并且无须支付利息。仅仅在 1999 年的 11 月和 12 月这两个月中，他就借了五次钱，所有借钱给他的人都是他的邻居或者同事，同期穆姆塔兹从她的姐姐那里借了一次钱。借款的金额很小：没有任何一笔借款超过 4 美元，并且很快就用人力车的收入还清了。

像这样的无息借款在我们的记录中有很多，尽管它们的额度很小，但是仍然帮助借款人达到了他们的预期目标，那就是确保家庭成员每天都能够吃到饭。这正是日常生活理财的两个核心要素之一，因此，我们在考虑如何改善面向穷人的金融服务时，应该更加重视这一点。

另一个核心要素是小额储蓄。我们遇到的每一个家庭都做了一些尝试进行储蓄。

例如，苏伯和穆姆塔兹家庭里所有年长的成员在某种程度上都在家中进行了储蓄：穆姆塔兹在橱柜抽屉里的一个锁着的盒子里存钱，苏伯在一个绑在屋顶横梁上的布袋里存钱，他们的儿子伊克巴尔制定了一个雄心勃勃的目标：在市场买来的黏土储蓄罐中存20美元（但他失败了，在他认为储蓄罐内有5美元时他打碎了储蓄罐，但发现里面只有2美元）。即使是在借贷时期，他们也经常在家里存有小额储蓄，这样的行为向我们提供了另一种思路。

贫困家庭很少在两种理财工具（即借贷和储蓄）之中选择其一，在没有任何一种理财方式是完全适合的并且受到限制的情况下，他们通常会尽可能地同时进行两种理财。支出是从各种渠道拼凑而得到的——一部分来自储蓄，一部分来自放贷人的贷款，一部分来自无息借款，等等。

非正式储蓄和借贷的理财工具一般有着就近（在居住的小屋里存钱，从邻居处借钱）且灵活（没有严格的固定条款或还款时间要求）的特点，这正是理想的理财工具必备的两个特征。我们在孟加拉国的研究区域中，小额信贷供应商重视这种便利性并应用于实际中。

在我们第一次见到苏伯和穆姆塔兹的时候，他们告诉我们，他们决定不加入小额信贷机构（一个面向他们的"非政府组织"），因为他们的主要需求是储蓄，不是借贷。如果他们借了钱，会无法保证每周进行规律性的还款。但之后他们听说了一个不强制借贷的非政府组织，于是加入其中，最初仅仅是进行储蓄。他们主要利用储蓄账户来修补现金流中的缺口，在可能的时候存下少量的钱，在需要购买食物、支付旅行费用和医药费等的时候使用。这个账户在他们需要的时候有效地提供了流动资金：他们分三次取出过 10 美元、5 美元和 4.6 美元。

在这一年的晚些时候，当他们逐渐习惯了穆姆塔兹加入的非政府组织时，他们开始从中借钱。他们可以把从非政府组织借到的钱用于购买苏伯的人力车，使他免于支付租车费用。这种支持微型企业或自雇的微型借贷一直是小额信贷活动的首要前提。但是这对夫妇认为买一辆人力车太危险了，因为他们晚上没地方停车。[8]

因此，他们把贷款用于储备稻米，他们购买了一个木橱柜（这是除了床架以外他们唯一的家具），并以每月 17.5% 的利息率借给一个车夫同事 20 美元，这笔借款三个月后被还清，大约一半的利息得到了兑现，剩余的被宽限了。总之，他们主要把贷款用于自己和他人的基本消费需求。通过认真研究这对夫妇对于他们从非政府组织获得的贷款的使用，我们总结出：对于穷人来说，除了用于资金流动的贷款，其他的贷款都是没有价值的，甚至可能成为一个危险的诱惑而使他们背负上沉重的债务。不管是对是错，苏伯和穆姆塔兹认为，除了缺乏资本之外，还有其他的限制因素妨碍他们购买生产性资产——在人力车的例子中表现为人力车丢失的风险。他们可能太胆小了，但他们也看到了贷款的其他有益用途：储备食物，购买家具，增强与同事的财务联系，并同时从中获得一些收益。

在进行小规模的自助储蓄和频繁的无息借款的情况下，这对夫妇广泛地进行了其他交易来弥补收入和支出之间的差额。他们从两个杂货店和一家餐馆赊购货物。在一年中，有一次在处境异常艰难的时候，他们典当了穆姆塔兹唯一的项链，获得了 10 美元（幸运的是几周后苏伯用人力车的收入把它赎回了）。

靠着警觉和努力，苏伯和穆姆塔兹成功地供养着他们的家庭。这一过程是艰难的，并且需要灵活和方便的理财工具。在迄今为止的所有理财工具中，非正规的工具被证明是最好的，正规工具所面临的挑战是它们是否可以做到更好，不仅能提供同样灵活和方便的服务，而且更加可靠、流动性更好。通过观察当地的放贷人来学习"贸易工具"可能显得很诱人，然而正如下一节描述的，最重要的贷款提供者不是放贷人，而是朋友和邻居。

小 额 借 与 贷

为了成功度日，日志记录家庭努力拼凑出积蓄或四处借得足够款项，以应对雇主未能按时支付报酬、遭遇失业、访客突然到来的情况（这里仅列举几种可能的情况）。也许是因为储蓄是个人或家庭的事情，并不涉及他人，因而几乎每一个日志记录家庭都进行了储蓄。例如，在孟加拉国，全部的 42 个日志记录家庭，即使是最穷的家庭，都有着某种形式的储蓄。而且，对于所有的日志记录家庭来说，在家里存款并不是他们唯一的理财方式：所有的家庭都不得不求助于社区里的其他人来提升他们的理财能力。因此，虽然储蓄是最普遍的理财工具，大部分的现金流仍然是通过贷款来实现的。在孟加拉国的研究中，我们查看了家庭所有的取出的储蓄和所有的贷款，包括每一种类型里的最小交易后发现，贷款远超储蓄，是它的四倍。

在绝大多数情况下，贷款是在当地的"非正式市场"进行的。孟加拉国88%的贷款交易都是非正规的，对于研究样本里最穷的家庭，这个数据攀升到了92%。在印度，94%的贷款交易都是非正规的，同样地，对于研究样本里最穷的家庭，这个数据攀升到了97%。在印度所有处于最贫困阶层的受访者中，只有一家没有从非正规的来源贷款，而他们的贷款来源于一个微型金融机构。但非正式"市场"这个词在这里是有误导性的，因为在这三个国家的大多数贷款都是无息的。比起作为贷款人最后依靠的、收取一定费用才帮助贷款人提高经济能力的放贷者，非正规贷款通常意味着支付零利息，并且总金额越小，越可能是这样的情况。

除了家庭储蓄，无息借款是迄今为止在三个国家中利用率最高的理财工具。它更多的是充当家庭储蓄的一种补充而不是妨碍，这是因为无息借款在本质上是一种利用邻里或家庭关系网的储蓄能力来解决个体成员现金流问题的方式。要利用这种关系网，日志记录家庭需要成为其中的一部分：因此，穷人的理财组合就是交易和关系的组合。家境较好的人可以利用信用卡进行日常理财。而对于我们研究的贫困家庭，他们采取的主要理财策略是在朋友、家人、邻居之间进行相互的、一对一的借贷。

表2-5展示了在我们研究期间无息借贷的发生率。平均每户贷款次数是由各国样本中贷款发生的总次数除以样本中的总家庭数计算得出。城市和农村地区都包括在内。我们在研究家庭中不断地观察到贷款活动，并且贷款的数额很小。大部分的借贷都是短期的———一般会在几天或几周后偿还，而不是几年后。例如，在南非，贷款者一般会在两个月左右还款。在孟加拉国，大部分的小额借贷会在一个月之内被偿还。

表 2-5 一对一无息借贷 （单位：美元）

	借　入		借　出	
	平均每户贷款次数	平均金额	平均每户贷款次数	平均金额
孟加拉国	6.9	14	2.8	14
印　　度	4.9	28	1.4	54
南　　非	2.8	190	3.0	132

注：单位为美元，由当地货币依据市场汇率换算而成。

这样的无息贷款普遍存在于三个国家的样本家庭中。例如，在孟加拉国，42 个日志记录家庭中有 41 个在研究年中进行了一次以上的无息贷款，而且有 24 个家庭借出了这样的贷款。在印度，48 个日志记录家庭中有 44 个在研究年中进行了一次以上的无息贷款，而且有 22 个家庭借出了这样的贷款。

无息借入和无息借出之间有着有趣的联系。众所周知，当需求出现的时候，借款人通常会回报恩惠，借钱给曾帮助自己的人。我们称之为"互惠（reciprocal）"借贷。在其他情况下，借贷流是单向的，而且一个交易中的债权人不太可能在下一刻成为债务人，这种情况可以被称为"义务（obligatory）"贷款，因为它取决于放贷人是否认为他或她有义务通过贷款帮助借款人。"义务"贷款在孟加拉国和印度具有普遍性，在这两个国家，日志家庭的无息借出要远远少于无息借入。这表明大部分的贫困人群向富裕一些的人群（我们调查范围之外的人）借钱——比如，比较富裕的、认为自己有义务向借款人提供帮助的家庭成员或雇主。

为了满足自己的消费需求，穷人往往会依靠自己身边的资源，这不仅仅表现在纯现金交易中，而且表现在允许赊账的食品杂货、延期支付的租金和预付工资上。所有这些交易都有共同之处，即在现有的关系中提前支付（无论是货物、服务还是劳动报酬），这就同时降低了借款人和放贷人的风险。

非正式交际网家庭间的无息交易并不局限于贷款。在三个国家中，有一个行之有效的"揽储"的传统——为那些寻求一个安全的方式储蓄的人们保存现金。本章开头提到的苏伯和穆姆塔兹就这样做了。他们有时候替周围的人保管钱财：他们帮助一群年轻工人保管了18美元，这些年轻工人计划几个星期后把钱带回他们的村庄。银行可能不会把苏伯和穆姆塔兹视作潜在客户，但是那些从苏伯和穆姆塔兹所在的农村地区来到达卡的年轻人会把他们看作是临时的私人银行家。[9]

这样的方式没有将储蓄和贷款严格分离。例如，人们可能同意将他们在不同时间获得的工资共享。南非的一些妇女在每月收到政府的补助金后进行资金共享。

诺姆修兹（Nomthumzi）和她的邻居诺魁兹（Noquezi）每个月在不同的时间收到115美元的养老补助金，诺魁兹在3日，诺姆修兹在21日。她们通过交换115美元中的31美元，让自己在下一笔补助金发放前增加收入。由于她们的资金运转很慢，通过这样的方式，这31美元能够帮助对方在下次补助金到手之前解决日常困境。诺姆威利索（Nomveliso）和她的姐姐选择了完全不同的理财方式。诺姆威利索利用每月政府补助给老人和孩子的141美元抚养三个孙子。她曾经开过一个银行账户来进行储蓄，但这个账户现在处于非活动状态：去银行要耗费的时间和费用很不划算。相反，她和她的姐姐有一个约定，共同储存她们孩子的补助金26美元，因而她们每个人在第二个月都会获得 52 美元——在她们看来这是更实质性的也是更有用的总额。

这两个例子的区别在于，诺姆威利索和她的姐姐每隔一个月都能得到一份双倍的补助金，也就是说她们得到了一次性的总额。诺魁兹和诺姆修兹则是在每个月的中间帮助对方渡过难关，因此，她们分散了她们的现金流，使之延续时间更长。这种"定时补助"是一种简洁的非正规方式，其中交易的时间是由接受补助金的人自己选择的，因此，可靠性增加了，不可预测性也减少了。它结合了贷款和互助保险，但会产生依赖性。因此，它也有着像轮换储蓄与信贷协会（Rotating Savings and Credit Association，RoSCAs）这样的储蓄互助会的一些功能，我们将在第四章详细介绍这一点。两者都为商业贷款产品设计提供了相关借鉴。

三　重　打　击

我们在前文中已经介绍了三重打击的前两重——低收入和不规律的现金流。第三重打击则是指现有的理财工具并不能够解决这两个问题中的任何一个。从前文可以看出，在日常生活中，当记录家庭需要平衡这种低且不规律的现金流时，他们几乎完全依赖于非正规的理财工具。记录中的一些统计数字显示了非正规理财工具占主导地位的程度。我们研究的两个国家——孟加拉国和南非——有着发展良好的正规或半正规的金融机构，这些机构服务于我们记录的贫困家庭。在孟加拉国，42 个记录家庭中，有不少于 30 个接受着小型金融机构（我们记为半正规）的服务（其中 21 个家庭在研究年中进行了贷款和储蓄，其余 9 个只进行了储蓄）。即便如此，在孟加拉国，这样的金融机构的成交量和结余在投资组合中所占的份额仍然非常小：仅仅占总成交量的 15%，所有家庭金融资产的 13%，债务的 21%。由于这些数据包含我们的记录家庭与小额信贷机构的全部交易，即也包括面向小型企业的相对大额的贷款，以及我们将在第四章介绍的资本购买，因此，小型金融机构在针对日常资金管理的交易中所占份额就更小了。

在南非，许多正规理财的提供者，包括正规的放贷人、公积金提供者和保险公司，在我们记录的相对富裕家庭的投资组合中占据了重要的位置。然而，如果我们忽略那些每月直接通过银行进行的存款交易（比起南亚，这种交易在南非更加常见，因为更多的人能够获得工资或补助），我们在南非所记录的理财组合中的正规交易份额就像在孟加拉国的一样小。

非正规交易有许多优点。首先，它们发生在触手可及的地方，非常方便。利用自己的家作为储蓄银行是最方便的，而且不需要与别人打交道。在与邻居、朋友和亲戚的交易中，很少用到文书——特别是在一些户主多为文盲的地方，如孟加拉国和印度。而且你的合作伙伴是和你有着相同文化背景的人，因而他们的行为是可以预测的，并不需要文书进行约束。其次，正如我们之前所提到的，这样的交易通常不需要支付费用，条款可以很灵活，价格有时候甚至可以被协商减少，我们将在第五章详细介绍这种情况。这样的交易也很少设定难以满足的最后期限。

但是非正规理财方式在我们记录家庭生活中所占据的首要地位，不应该被理解为贫困家庭满足于现有的理财方式且不需要其他的理财方式。实际情况远非如此。在后文我们将概述非正规理财的局限性，以此来帮助我们思考应该如何改善面向穷人的金融服务。

不可靠

非正规理财的许多缺点都是其不可靠性的部分体现。也许最重要的一点是它在能力上的局限性，即它财力有限。在你需要的时候，你的金融伙伴可能手头没有现金，这里的伙伴是指与你互惠互利的放贷人，收取利息的放贷人，或者是你把储蓄托付给的那些帮助你保管钱财的人。另外，他们可能很不可靠，比如他们承诺在某个时间给你一定的款项，但却未能实现。这正是穷人在财政生活中最大的矛盾之一：最能帮助穷人的人——他们的邻居和亲戚往往也是穷人。这些人同时也要尽力应对自己生活中不堪一击的经济状况，因而并不总是能够帮助他人。日志记录家庭经常抱怨他们不得不同时寻求几个放贷人的帮助才能够凑足一个小额贷款。缺乏稳定性是不可靠的另一个体现：存放在家里的储蓄可能会丢失、被盗、被暴风雨冲走、被亲戚拿走，或者用于琐碎的支出；而存储在揽储人或互助会也无法被妥善地记录和管理，甚至可能会被挪用。

缺乏隐私

我们已经发现，非正规的理财是通过亲属、社区和工作的关系网来实现的。这并不完全是一个好消息。例如，一个日志主人公告诉我们，这是有利有弊的，"我不愿意进行无息借贷是因为我将不得不进行报答。"非正式交易很少是私人的，暴露于公众的视线中会带来许多社交不安，这是一种非经济性的代价。从非正规的收息借贷人那里借钱也是如此。新德里的一个木匠苏尔坦（Sultan）告诉我们，他更倾向于向棚户区那里的临时放贷人借有息贷款，但不喜欢他们利用自己的债务来进行恐吓和其他粗鲁行为。同时寻求几个放贷人的帮助来凑足一项贷款，不仅仅是一种不方便的非正式的行为，有着财力上的局限，更带来了压力和耻辱。

这样的尴尬尖锐地存在于那些离开了乡下的贫困家庭而来到城市谋生的移民人群之中。我们在前文提到，来自德里的索姆纳斯不惜一切代价避免向亲戚的求助，因为如果这样做了会让他感到羞愧和焦虑，他担忧如果他不能够按时还钱，就会使他们之间的关系变得紧张。多达一半的德里受访者表达了类似的感受：他们在去亲戚家寻求帮助之前会先考虑几个非正式的借贷来源（同事、邻居、杂货店、雇主）。木匠苏尔坦向我们解释了他的不情愿，虽然很多经济条件更好的亲戚住在他附近，但他却尽量避免从他们那里借钱。他告诉我们，这些亲戚提供的经济支持是出于爱与责任的，是一种社会救济。如果他从他们那里借钱而又无力偿还，他可能会失去与他们的社会关系，而他非常重视这一点。

非正式借贷所付出的时间、精力和情感代价似乎是一种全球性现象。来自孟加拉国的瑞哈说："当我借出钱时我感到骄傲，而当我向别人借钱时我感到羞耻。但是有时我不得不向别人借钱，因为我没有其他的办法。"来自南非卢庚格尼（Lugangeni）的伦吉斯瓦（Lungiswa）告诉我们："我可以在城里的商店赊购食品。虽然老板很容易答应你赊账，但是当他在大家面前问你什么时候能够还款的时候，你仍然会感到尴尬。所以我宁愿从另一个地方借钱，即使我需要为此而支付利息。"来自德里奥卡拉工业区的兰居（Ranju）说她避免直接与邻居进行相互借贷因为害怕人们在谈话时会对她不利，因此她选择向村庄里同一个贫民窟但隔着几条车道的两个家庭借钱。

缺乏透明度

人们可能会抱有一种希望，那就是在与邻居和朋友的开放的经济交易中，至少能够减少上当的可能。不幸的是，情况并非总是如此：非正式交易恰恰缺乏透明度。例如，德里的受访者讲述了一些由于存在欺骗，而导致糟糕结局的个人之间非正式交易的例子。一个代管钱财的人偷走了一位受访者两个月的收入。另一位受访者的"朋友"给了她假黄金作为担保贷款的抵押品。两名受访者将他们的储蓄互助会收据交给了更需要但是从来没有被按时付清工资的朋友，而一些受访者表示，雇主一直没有付清工资。

在南非，小卖店是位于乡村地区的当地商店，主要是为了满足那些没有足够的时间和金钱去商业中心的大商店的当地居民的需求。由于小卖店的成本包括在崎岖的道路上长距离运输货物的费用，而且他们几乎没有竞争对手，因此小卖店的价格往往高于大的商店。有人可能会认为，贫穷的农村家庭会避免在这些小卖店购物，他们会忍受跋涉之苦在别的地方购买货物。但是在我们的农村样本中，小卖店还是最经常性被光顾的，因为购物者可以赊购货物并延后支付一个月。在南非的金融记录中，80%的农村样本通过每个月在小卖店赊账来建立现金流渠道。但这种约定的条款并不透明。利息收取的规定通常没有得到提前协商，因此借款人经常在他们认为债务已还清以后发现他们还欠了钱。

例如，居住在南非卢庚格尼农村的中年妇女马马卫鸠

（Mamawethu），有两个女儿和两个外孙。因为她患有关节炎和哮喘，每月能从政府得到 115 美元的补助金。她居住在开普敦的两个儿子不时地寄来汇款，但有几个月他们无法这样做。在这段时间里，她在当地的一个小卖店里赊购了价值 15 美元的货物，并在几个月后进行了偿还。然而，小卖店的老板告诉她，因为累积的利息她还欠了 54 美元。她十分沮丧地从她存在储蓄互助会的 62 美元中拿出 54 美元来支付给小卖店。在下个月，当她没有钱购买杂货时，她选择了向放贷人借 15 美元。她说，即使她需要支付每月 20% 的利息，但是至少她知道利率是固定的。

这三个国家的家庭理财中，占绝大部分的是他们独立的或与非正式的合作伙伴之间的储蓄和借贷。这些非正式途径的优势和劣势为面向穷人的金融服务提供了经验。我们注意到，非正式的途径虽然提供了灵活性和便利性，但可能缺乏可靠性、保密性和透明度，并过于依赖善意和相互债务责任的规范。可靠性的一个重要因素在于被规则约束的协议，对交易双方的明确预期，以及正规关系——这些都是正式交易中必不可少的要素，也是非正式交易最缺乏的。

进入正规机构？

如果正规部门想要满足穷人的金融需求，就必须更加关注贫困家庭的现金流。现金流友好型金融的两个特点明显体现在：可以从日常的家庭现金流中提取的小额支付，以及付款安排的灵活性。令人高兴的是，这两个特点已经被寻求与穷人进行更多交易的正规理财供应商所分别采纳了，并且我们在南亚的记录中可以找到相关的例子。

这两个特点中的第一个——小额的经常性的支付——已经被"半正式的"小额信贷供应商所采纳。穆罕默德·尤努斯的格莱珉银行（孟加拉乡村银行）提供小额或每周分期偿还的贷款，来自拉丁美洲、非洲、亚洲的一些人也加入了其中。这种成功表明，承认并重视贫困家庭的小额现金流是面向穷人的银行取得成功的重要因素。

孟加拉国是我们的三个研究国家中唯一一个广泛存在着微型金融机构的国家。表面上，小额信贷局限于商业用途，但是，苏伯和穆姆塔兹的例子表明：这种信贷也可以用于其他的，甚至是多重的用途，包括短期的消费需求。贷款从取出后一周起便开始进行每周的分期偿还，而且几乎所有的记录家庭在进行小额信贷时，都将借贷资本的一小部分保留在家里，用来保证第一个星期的还款。我们将在第六章深入研究如何利用这种微型金融服务。

正如我们所观察到的，苏伯和穆姆塔兹将他们从当地微型金融机构借到的钱的一部分借给了寄宿在他们家中的小伙子哈尼夫。这种交易进展顺利：哈尼夫得到了他需要的资金，并且每天支付穆姆塔兹10美分来还款，穆姆塔兹在非政府组织的每周例会上把这些利息存入自己的账户。所有的交易都进展顺利，包括穆姆塔兹和她的非政府组织之间，以及穆姆塔兹和她家的寄宿者之间的交易，因为微小但频繁的还款计划非常适合他们的现金流。

非正式理财通常具有小额和经常支付的特点（我们将在第四章详细介绍这一点）。第二个特点是支付灵活。虽然人们大致了解邻居、亲戚、同事之间的贷款会在何时被如何偿还，但很少有相关的固定还款日期或时间表。虽然非正式贷款很难筹集，这种贷款仍然有一定的利用率，这是因为贷款者和放贷者之间通常会由他们的亲属、同乡或者同事关系所联结。这种灵活性被现代信用卡和透支贷款所模仿，而在过去的八年间，印度的商业银行也曾试图模仿它来重新推出他们的季节性作物贷款，被叫作"基姗信用贷（Kishan Credit）"。[10]

我们之前提到过的农场收入的季节性和不可预知性，令小型的和边缘性的农民急需能帮助他们实现现金流管理的产品。在印度，那些能够出示土地证明的人长期进行银行融资。但是所提供的贷款产品的还款期限是很严格的，需要在六个月后立即偿还，并且是一年两次地集中在两个农业季节前的特定时间段。使用基姗信用贷可以选择在任何时间还款，在不少于约定的信用额度的情况下，客户可以自由选择每次是全部还是部分偿还，并且保证一年内清偿债务（在清偿之后可以进行新的贷款）。印度样本中的三个家庭对于这种新型理财方式的运用，以及接下来图尔西达斯（Tulsidas）的例子都表明了这种理财产品的灵活性得到了高度的评价，尽管农民为了克服季节性的低收入困境仍然需要依靠进一步的创新和非正式的契约。

图尔西达斯拥有十亩良田并饲养羊群，年生产收入约为 700 美元，并且他每年在孟买工作几个月来获得每月 37 美元的补贴。图尔西达斯所面临的主要挑战是保证他的收成量，以确保避免由于量少而造成的低价售出。在收获后不久的 2000 年 11 月，他从总产量 6 300 公斤的粮食中卖出了 2 000 公斤，由此获得了 164 美元。他用这些钱购买了冬季作物和暖和的衣服。之后的 12 月到 2001 年 8 月，他每月出售 200 公斤到 400 公斤的粮食来保障最低限度的生活。那年 8 月他通过卖羊来购买下一批的作物。由于他的总产量是 6 300 公斤，所以，等到了生长季节价格攀升时，他仍然有 3 000 公斤的粮食能够出售。

　　因此，2000 年 12 月到 2001 年 7 月对于图尔西达斯来说，就成为一个"战略性的"青黄不接的时间段，通过把消费保持在最低限度（一个十二口之家平均每月支出 37 美元），他能够获得 8 月之后粮食价格上涨的效益。虽然他在基姗信用贷的信用额度较高，但他在前一年花掉了额度，用于清还债务和重建自己的房子，到现在仍然欠款 575 美元。尽管这种理财产品十分灵活，但在这种情况下银行仍然无法提供贷款。

　　多亏了一个在村里经营杂货店的朋友，图尔西达斯才能够在这几个月避免出售更多的粮食。首先，杂货商把价值 72 美元的杂货赊给他来贴补微薄的粮食收入。其次，在 2001 年 3 月，当银行要求图尔西达斯在贷款后一年内全额偿还贷款时，他再次向他的杂货商朋友寻求帮助。图尔西达斯劝说朋友借给自己 575 美元几天让他能够还清债务而不是出售粮食，之后他再次动用了信用额度借出钱款用来偿还给朋友。这样做了之后，图尔西达斯拿到了他最新的贷款偿还了朋友，并且保存了他更值钱的粮食。

　　穆姆塔兹和图尔西达斯都进行了创造性的理财安排，以适应他们的情况，他们选择了标准的理财产品（非政府组织贷款或新型的、改进的"作物贷款"），但灵活地运用使之适应自己的需求。这样的行为在我们的记录中并不少见。贫穷并不会取消你在自己的理财中有所创新的资格。

　　我们在这里描述的创新——将贷款偿还分为小份，并向小型的边缘化的农民提供灵活的信贷额度以帮助家庭在收入起伏不定的情况下管理分期贷款。他们是为适应真实现金流而进行理财产品设计的好例子。

结　　论

在发达国家，个人理财的目的通常是财富积累、资产建设、物业收购、退休金计划，以及对儿童未来的投资。一种观点认为穷人也可以通过理财达到类似的目的，这种观点在美国广泛存在，并发起了一个为贫困家庭创造公共补贴的储蓄计划，称为个人发展账户（Individual Development Accouts，IDAs）。该计划已经在"美国梦的论证（the American Dream Demonstration，ADD）"的研究中被试验。[11]

拥有更多的资产必然会帮助我们研究中的家庭在困难时期缓解压力，以及用于重要的投资。在第四章我们将探讨日志记录家庭在试图积累足够的金额扩充自己的有形资产（如财产）以及无形资产（如养老保险覆盖范围）时所面临的困难。但是，当我们计划改善面向穷人的金融服务时，我们应该避免自己的目光只注意到资产建设：记录表明，在许多情况下，家庭面临的挑战和需要优先处理的事项是更根本的。

即使与前一年同期比较，经济没有增长或者是低增长，仅仅获得基本的金融服务也能产生根本性的影响，这与资产建设同等重要。这是因为当收入较低时，理财策略需要在很大程度上集中于应对收入的不规律性和不可预测性，用于保证餐桌上有食物，以及解决其他的基本需求。如果这些基本的需求没有得到满足，饥饿和其他形式的不足就会迫在眉睫，而且家庭也会迅速地陷入贫困的深渊。理财日志揭示了什么是在一次性的调查中往往会被忽视的：贫困家庭不但收入低，获得收入的时间尴尬，而且可用于解决这种不规律收入的金融服务是不完善的。本章论述了三重打击的结果。

意料之中的是，贫困家庭把大部分的努力用于"现金流管理"——确保他们在需要满足基本需求的时候手边有钱。在富裕的家庭，理财投资组合通常是基于风险和回报的。而贫困家庭的理财投资组合则是设法确保他们能够在需要的时间获得所需的金额。对于贫困家庭来说，钱是稀缺的，它的获取也很不稳定，因而比起计算最佳回报和风险的投资组合，管理现金流的需要通常显得更为迫切。如果说富裕的家庭就像一家深具规模的公司，他们可以选择一种缓慢稳定的财务管理方式，那么贫困家庭往往看起来更像初创公司，他们需要合理地分配现金，并不断地寻找新的资金。现金流分析才是初步了解他们的财务生活的方式，而并不是资产负债表分析。然而，如果我们只关注家庭资产年复一年的积累，他们所做的这些理财的努力将不为人所知。年初和年终结余可能相差并不大，但在月份之间各种金融工具却在被密集地使用。

富人使用多种可靠方式来管理他们的基础现金流：信用卡、借记卡、支票、自动取款机等。但即便是这样，他们依然会遭遇现金流问题，因此，那些缺乏这些可靠服务的贫困家庭，必须付出更多的努力来管理他们的钱，这并不令人感到意外。理想的做法是通过储蓄和超支来填补现金流在收入和支出间的差额，然而，由于很难找到合适的理财工具，贫困家庭往往选择向朋友、亲戚、邻居和雇主进行小额借贷。选择这样做其实是很难的，而且成本很高——其中一些是社会和心理成本，而不仅仅是经济成本。

对于贫困家庭来说，拥有可靠、方便、价格合理的金融工具将会带来巨大的改变。令人惊讶的是，在这种情况下，帮助穷人进行现金流管理在微型金融策略中仅仅得到了有限的关注，这值得引起我们的重视。

近年来，商业专家指出，全世界的穷人构成了一个庞大且基本未被开发的货物与服务市场，这将成为零售业的下一个前沿阵地。只要零售商们能够开发出合适的产品和营销策略，那么我们所记录的贫困家庭就会给他们带来巨大收益，像市场上商人们卖出数十亿美元的肥皂、收音机、手机和金融服务一样巨大的收益。

如果你认同贫困家庭构成了一个可行的市场的观点——正如C. K. 普拉哈拉德（C. K. Prahalad）所说的"金字塔底层的财富"，那么在产品开发时首先要重视的是贫困家庭财务状况的起伏。像宝洁和联合利华这样的跨国公司在发现穷人无力购买他们现有的许多产品时，找到了一个解决方案，那就是向印度贫困家庭出售一次性包装的洗发水。每个一次性包装的成本只有几美分，却成为了那些缺少日常现金流而无法轻松购买大瓶洗发水、一般罐装茶叶、200 片装的阿司匹林等的穷人的最普遍的选择。[12]

这样的创新并不局限于单一的产品上。洗发水本身并没有什么特别之处。更确切地说，这种创新来源于发现一种适应家庭现金流模式的支付方式。这种洞察力来自了解穷人的财务状况并有效地回应他们的需要。

面向穷人的大众市场的现金流管理工具需要具有什么样的特性？首先是基本的可靠性和灵活性：制度化的、透明的和简单易懂的服务，承诺日期、约定数额、价格标准的贷款，允许随时存取任何金额、便捷取款的储蓄，在需要时支付迅速、几乎不用讨价还价的保险。这些特性是富裕家庭通常所要求的（而且常常被认为是理所当然的），但它们对于贫困家庭同样重要。

记录表明，非正式的金融机制往往是相当灵活的，但并不总是可靠的。相反的，微型金融服务往往是可靠的，但并不总是灵活的。微型金融不灵活的体现之一就是一些放贷人坚持要将所有贷款投资于企业。他们这样做一方面是因为他们认为通过业务增长来促进经济发展是他们的重要使命之一，另一方面则是因为他们担心贷款不能从业务收入中得到偿还。然而，记录显示，贫困家庭需要将借贷用于满足多种需求，而不仅仅是商业用途。记录也显示了他们计划利用普通的家庭现金流偿还贷款。[13]对于日志记录家庭来说，当下的现实是，如第六章所示，所谓的商业贷款已经被用于许多非商业的用途。因此，小额信贷供应商向家庭提供用于一般用途的贷款将会增加他们创新和扩张的可能性。

还有一些简单的方法可以使贷款更加灵活。其中之一是在非正式贷款（有时是在小额信贷）中常见的，当现金流发生问题时提供无惩罚宽限期。在过去的几年中，格莱珉银行推行的另一种方法是，允许借款人在实施还款计划的中途再次进行贷款（再次借出他们已偿还的贷款），以增加资产流动性。我们将在第六章再次回顾这个例子。另一个重要的方式是带有一系列条款的贷款衍生的新产品，包括短期"紧急贷款"。

此外，还有一个创新是为穷人持有的流动资产提供贷款担保，因为在确保安全的基础上，还款时间表可以更加灵活。关于这一点，印度银行的经验再次提供了指导。印度银行主要通过向贫困客户提供共同承担责任的贷款（建立在格莱珉银行的创举基础上）来履行自己向"优先对象"（穷人）放贷的义务。但银行也向个人借出贷款和黄金，利率略高于共同承担责任的贷款，但有着更加灵活的条款。在2003年，一项对五家农村银行的研究表明，这种以美元为单位的小额贷款占据了所有贷款的25%～35%。研究指出，那些并不富裕的客户用他们以前的固定存款或珠宝作担保来克服现金流的限制，因此这种贷款可能成为低收入者首选的银行产品，尽管这样的客户并不属于该产品首选的服务对象。[14]此外，由于贫困家庭希望尽量获得大量的储蓄和贷款服务，因而他们往往乐意利用自己的储蓄来对贷款进行担保：这确实被一部分人看作是一种理想的状况，即使他们把自己的储蓄看得很重，他们依然喜欢这样的流动性。

我们在本章着重讨论的正是日常理财的特点——少量但频繁的支付、灵活的还款时间，以及小规模的有实物资产和金融资产作担保的贷款。在这里我们不展开讨论其他理财（风险管理和一次总付）的特点，我们将在接下来的两章中讨论这些。

改善理财工具并不能解决贫困家庭所面临的全部问题。但会帮助他们做得更好。在人类事务中，渐进的改进是更广泛的变化的基础。正如日志记录所显示的，贫困家庭已经在理财上投入了大量的时间和精力，因此，改善理财工具所带来的潜在影响是非常可观的。

第三章
应对风险

PORTFOLIOS
OF THE POOR
How the World's
Poor Live on $2 A Day.

1974 年，贾里拉（Jaleela）与她的宝宝患上了痢疾，病情严重。贾里拉是一位孟加拉国受访者，她回忆了那段时间她所面临的严重困境。家里没有任何存款可言，她的丈夫也不能尽快筹集到贷款来支付治疗费。万般无奈下，他只好将贾里拉的婚嫁首饰抵押给了一个当铺老板。尽管最后失去了首饰，但好在贾里拉与孩子都活了下来。几年后，她当人力车夫的丈夫病倒了，不能工作，整个家庭饿了三天，后来一个邻居为他们提供了食物才算结束这场梦魇。之后在 1992 年，贾里拉又一次得了重病。这次她利用小额信贷来支付治疗费，但还不够：她不得不取出全部存款来治好自己的病。

在孟加拉国、印度或南非，贫穷就意味着不仅要每天面对生活的各种困境，还要像贾里拉的家庭那样，随时面临着生活和生计遭到重大破坏的风险。贾里拉的情况说明，健康问题带来的困难需要的往往远远不止医疗救治。尽管贾里拉和她的家庭最终接受了治疗，但他们的健康问题同时也成为经济问题。而在每一个案例中，经济问题都成为他们需要解决的全部问题的一部分。

在第二章，我们看到日志记录中的家庭是如何节衣缩食以确保那微薄的定时收入能够保证每天有吃的，并满足其他需求。要实现这些基本目标，他们常常被迫求助于小型中介机构，所以其投资组合的周转在很大程度上便与其收入相关，且其投资组合要通过许多不同类型的金融工具完成，其中大部分为非正式的。记录揭示，贫穷家庭都是积极的金钱管理者，他们会积极寻找灵活可靠且适合其现金流的金融工具。

理财日志中也包含许多表格，内容有关因预测突发事件并在其发生时着手处理而带来的焦虑。尽管我们研究的三个国家的经济政治在整体上相对稳定，但风险依旧无处不在。本章主要探讨这些风险带来的金融影响。我们会说明贫穷家庭如何应对并描述他们为保护自己而开发的金融工具和策略。自助当然不能取代利用公共安全网与商业型保险。在贫穷社区这两者不论质量还是数量都不足以满足需求，然而，我们揭示了日志中记录的家庭如何将这些工具紧握在手。那些工具所提供的保护往往非常脆弱且不完整，我们记述了用以获得保险服务的更好的途径以及更灵活的存借款方式所能带来的改进与提高。

如果不够了解，人们很容易会猜想贾里拉和我们通过理财日志认识的其他人在财务上不够精明，在可以使用保险的情况下不懂得使用保险产品。其实，许多家庭确实使用了这样或那样的金融工具来保护自己免遭风险。一些家庭购买了正式的保险合同：他们理解其中的条款（至少了解梗概），知道费用，努力缴上保险费。虽然如此，大多数"保险"仍然同样是通过与邻居和亲戚之间的非正式关系获得的，正如我们在前一章中看到的，这种非正式关系主要用来应对日常金钱管理需要。

贾里拉的情况表明，当专门的工具（正式或非正式的）不可用或缺乏的时候，紧急情况则通过出售资产、花光存款、借款等来解决。贷款是其中重要的一项，这再一次提醒我们，借款对于穷人来说不仅（甚至主要）是用于筹资，还用于处理贫困生活的许多紧急事件。

这种组合方式提供了更深层的视角。它展现了这些家庭是如何努力从不同的地方拼凑出钱来满足其需求的。单一的解决方案通常都不全面，但它们也不必面面俱到。虽然原则上全面的方案更好，但全面也意味着复杂与昂贵，如此便有可能难以顺利或持续地实施下去。这种组合方案展示了周密的部分解决方案的力量。南非家庭拼凑举办葬礼所需的财力物力的情况便是最好的例子。

与 风 险 同 行

穷人群体自然会面临很多风险。2000 年，国家级统计数据显示，比如在印度和孟加拉国，5 岁以下的儿童中约有 9% 死亡。在南非，约 6% 死亡。[1] 儿童死亡率反映了当地的状况（尤其是，卫生保健基础设施薄弱、卫生条件差以及传染病的传播），这同样也加剧了成年人以及老年人的健康风险。对健康风险的处理会很快成为日志记录家庭的经济生活的重点。调研期间，我们记录的家庭共经历了 167 起财务紧急事件。表 3-1 列出了三个国家中最常出现的紧急情况的类型。重伤和重病，以及死亡本身占主要地位，收入和财产的重大损失紧随其后。

表 3-1　各国引发财务危机的最为常见事件以及各国样本中
在研究年中至少发生过一次此类事件的百分比

孟加拉国 42 户		印度 48 户		南非 152 户	
事件	%	事件	%	事件	%
严重受伤或生病	50	严重受伤或生病	42	本家庭之外的家族成员的葬礼	81
没有拿到预期的收入	24	庄稼或牲畜损失	38	严重受伤或生病	10

孟加拉国 42 户		印度 48 户		南非 152 户	
事件	%	事件	%	事件	%
火灾或其他家宅或财产损失	19	失去固定工作	10	本家庭成员的葬礼	7
庄稼或牲畜损失	7	遭偷盗	4	遭偷盗	7
生意失败	7	被抛弃或离婚	4	遭遇暴力事件	4
被骗或现金损失	7	官员的严重勒索	4	火灾或其他家宅或财产损失	3

南亚与南非间有几项差别非常明显。在南非，家庭成员的葬礼最易引发危机，但在孟加拉国或印度，葬礼却不在前五或前六名之内。原因在于，在南非，葬礼的花费非常高，这点我们将在本章详细谈论。社会习俗要求在葬礼前、葬礼中以及葬礼后筹集资金，而因艾滋病引起的死亡率的升高意味着此类昂贵事件正变得日益频繁。

另一方面，在孟加拉国和印度，疾病、受伤、收入损失以及财产损失等其他打击的发生率要远高于南非。其原因之一在于，南非家庭可享受的社会服务，我们记录的孟加拉国和印度家庭几乎都难以享受到。有了政府经常性的补助，处理紧急事件便轻而易举了。而且南非有免费的国营诊所，重病虽然可能意味着无法工作，但它产生的影响已不足以被当作紧急情况来处理，不像在孟加拉国和印度那样。

在孟加拉国，许多起财产损失事件是在警察清理贫民窟环境或承包商展开基础设施建设工作时发生的。由于达卡的城镇贫民窟住民意识到了这些风险，他们往往因房子的产权不稳定而对其投资较少。住宅可能是可以快速收拾打包的小屋，可以由手推车拉着换到另一个地点。2005 年我们重访那些孟加拉国家庭时发现，我们的三个城镇研究地点在我们 1999 年至 2000 年研究结束之后都已被全部或部分摧毁。了解了潜在的风险，孟加拉国的那些家庭就可以未雨绸缪，不在住宅上过度投资。[2]所以尽管我们记录的孟加拉国家庭中有五分之一经历过财产损失，但这并不是那些家庭这一年中遭到的最严重的损失。

表 3-1 显示，在印度，庄稼或家畜损失所占比例高达 38%，部分原因在于研究那年收成不好，损失主要集中发生在小而边缘化的农民（那些只有 4 英亩或更少土地的农民）身上，正如第二章谈论到的，他们缺乏用以减少不合时宜的降水带来的影响的资源，而且他们的土地在灌溉网中位置不佳。与将家畜作为财富贮藏手段相关的风险又进一步加大了这一数字——即使在好的时期这一策略也并不完美，而遇上不好的时期，当动物生病或被偷时，这一策略便会带来重大损失。

表 3-1 列出了我们研究那年发生在日志记录家庭的事件。但贾里拉的情况提醒我们，人的一生会充满许多意料之外的事情，这些事情一次又一次地将贫穷家庭打回原地，减少他们脱贫的机会。

获 得 保 护

富裕国家的人们更喜欢（有些情况是在法律上有义务）利用保险来弥补那些他们有可能失去的东西：他们的住宅、汽车、健康以及生命。若贾里拉生活在这样的国家，她就可能利用医疗保险来负担自己的疾病，有工作保障或失业补助来应对她丈夫的困难。理财日志中记录的家庭中几乎没有为紧急状况或资产损失投保的，然而他们却面临着比生活在富裕国家的家庭更多的潜在风险，且对他们来说，遭受损失的后果会更加可怕。收入低且生活处境艰难使贫穷家庭暴露在疾病与犯罪之中。他们的房屋经不起风吹雨打，受不住大火考验，他们的生活亦缺乏保障。[3]

我们记录的家庭在穷人中并不是唯一得不到充分保险的人。许多国家级调研根本不问保险情况，那些问了的发现很少有受访者拥有保险。比如，有项研究称在许多国家中，只有不到6%的极贫家庭拥有医疗保险。[4]

家庭与邻居在这种缺少正式保险的安排中起着重要作用，经济学家已经开始量化非正式机制填补这一空白的程度。一条研究线关注的对象是"乡村保险"，即同一个乡村的家庭"确保"彼此免于家庭级别的打击。[5]日志中，我们确实发现了很多邻居互相帮助以摆脱困境的情况，不仅包括我们在上章中看到的现金流的管理，还包括风险管理，这点我们将在本章讨论。此类帮助大部分是以互赠礼物或亲戚间灵活的借贷等形式进行。但我们很少看到整个社区联合起来帮助某个需要帮助的家庭。许多家庭确实加入了像储蓄互助会等非正式金融组织。然而，这些组织几乎都不是基于整个村庄一起帮助其陷入困境的成员这样的理念——相反，它们多基于自保的结构。

即使在本章接下来要介绍的非正式保险组织——南非的葬礼互助会的案例中，也并不是村里每个家庭都能自动成为会员。每个家庭都必须支付钱款，而支出则受规则制约，且数额取决于支付的金额。这并非"乡村保险"这一概念中蕴含的"风险共享"。家庭会通过不同的金融工具（包括求助于亲戚）积极寻找个人自我管理风险的途径。这表明，正如有关农村保险的文献所示，仅仅依靠邻居来处理紧急事件是不够的——家庭（以及延伸的亲属网）必须要尽力自保。

在我们记录的家庭中，有些曾投资专为应对紧急事故而设计的金融工具。这些工具属于少数几个明显的类别：印度的人寿保险、孟加拉国的人寿保险和信用人寿保险，以及南非的葬礼保险。每一项都会为创建更好的金融工具提供经验教训。

印度：国家资助的穷人保险

维持公共安全网是印度长久以来的承诺。[6]比如第一个实施就业保障计划的马哈拉施特拉邦承诺，每个需要工作的健全人都可以得到一份低薪工作。该计划在难以找到工作的淡季以及其他困难时期帮穷人补贴收入方面，作用尤其突出。政府还以补贴团体保险计划的形式实施了公共社会保险。

2001 年该领域对私有保险公司开放之前，印度的保险由国营人寿保险公司（Life Insurance Corporation，LIC）与保险总公司（General Insurance Corporation，GIC）所垄断。然而，在我们研究期间（2000—2001），为我们的受访者提供服务的保险公司只有 LIC。该公司所提供的人寿保险单在价值、条款以及支付安排上各不相同。客户根据其年龄按季度或半年一次支付保险费，并在整个时期交完后取出其存款和利息。若在支付保险费期间客户遇到事故或死亡，则他们或其继承人享有政策到期时的全部价值。

LIC 的保险单由自由代理推向市场，其所达到的范围远远大于其他保险产品。我们印度的受访者中有 8 个（1/6）在我们研究期间支付着保险费——他们全部都在农村地区。这 8 个人都不是来自最穷的社区，但其中有两个属于中级商人，没有或只拥有一点土地。

一个是伊斯梅尔（Ismael），他是布商，上有年迈的双亲，下有 4

个孩子，还有妻子要养。我们第一次见到他时，他已经在向两个契约型储蓄计划的邮局账户每月支付 6.5 美元。之后，他的一个作 LIC 代理的老朋友劝他购买一份 LIC 储蓄保险，这需要每 6 个月交 39 美元的保险费。交了第一次保险费后，伊斯梅尔意识到一年两次、一次集齐那笔数额对他来说是巨大的压力。他与朋友重新商议后，换成了更易承受的保单，要求每 3 个月交 10 美元，20 年到期时可以得到 1 064 美元。[7]

对我们最穷的受访者来说，即使是低至每季度 10 美元的保费也是很难交上的。问题不是每年支付的总额少，而是受访者需要一季又一季地支付一大笔钱。一个受访者告诉我们，尽管他住得非常远，他还是从一个亲戚代理那里拿到了保单，因为他知道如果不能在付款日支付季度保费，他的亲戚就得垫付这笔钱。几个其他受访者称他们从别的地方借了钱来支付这项季度保费。

对于像伊斯梅尔这样的家庭，如果保费每周或每两周以小额收取一次，他们是能轻易承受的。[8]确实有这样的保单，但代理不愿意提供，因为这意味着他们需要更经常地拜访客户。而这无意中便排除了那些愿意并有能力支付，但需要一份对现金流反应更加灵敏的支付计划的客户。印度和其他地方的保险商越来越多地采用的一个解决方案是，与定期和客户见面的小额信贷机构（或类似实体）合作，把它作为收取保费的代理商。我们将在下一部分叙述创建这种合作关系的另一个原因。

孟加拉国："扶贫"私营人寿保险公司与信用人寿保险

孟加拉国以小额信贷机构闻名，政府对它们采用的不干预政策也已渗透到保险行业之中。孟加拉国政府比印度政府更早地允许私营保险公司的存在，这个国家因而既有私营人寿保险，也有正式的和受监管的保险公司，穷人也在它们的保险范围内。在 42 个孟加拉国家庭中有 8 个在这些"扶贫"保险公司有账户。这 8 个家庭中，有 6 个来自我们的农村样本，2 个来自城镇样本。扶贫保险公司的渗透率如此之高，准确地体现了它们自 1990 年代早期开始扩张的速度之快。

在印度，类似的计划采取了人寿保险单的形式。大多数以 10 年为期。客户每周或每月支付小额保费，到期后，取出存款和利息，如果他们死亡了，则由其继承人享有到期后的全部价值。为了达到费用低廉、操作简便的效果，这些公司违背了一些已有的保险原则。最引人注目的是，客户几乎没有选择标准——比如没有搜集健康检查或其他个人信息，且几乎任何年龄的人都可以开保单。

保险公司有意将小额信贷机构的信贷方式引入人寿保险，这点可以由以每周或每月这样的频率（以使保费保持在小额）交保费、贫民窟和村庄非正式且分散化的运作、使保费在社区中流动而非将其带回总公司，以及通过小额信贷的方式重新贷给客户等反映出来。实践证明，这样的组合简化了 10 年储蓄计划中附加的人寿保险，并增加了借款权利，对许多贫穷和中等收入的家庭具有很人的吸引力。

可叹的是，该项目在打破保险的另一项既定原则时，遇到了麻烦：它们未能提供可靠的服务。理财日志已向我们表明，对任何开始为穷人提供服务的正式保险公司来说，首要原则是其所提供的服务至少应比非正式市场上的服务更可靠。孟加拉国的扶贫保险公司遭遇了多个问题：管理太过松散以至于欺诈随处可见；裙带关系盛行于工作奖励方面；无人追踪现金流，以致承诺给许多客户的贷款并未实现；许多代理商能力不足或偷懒未能经常拜访其客户。[9]

不幸的是，我们的日志记录家庭在进行研究那年（1999—2000）正好碰上这些问题的高发时期，现有的客户焦虑不安而潜在客户变得小心谨慎。这在很大程度上解释了扶贫保险在孟加拉国效率低下的原因。那两个农村家庭——最富裕且最有觉悟的家庭中的两个已经取消了他们的保单，并在努力收回存款。他们那年也不再支付保费：其中一家成功地取出了缴纳的全部5.5美元，但另一家则在心理上放弃了已投资的67美元。城镇家庭样本的情况也大致相同：三个客户与其代理失去了联系。我们在第一章中曾提到的Khadeja，便是其中之一，令人唏嘘。研究年快结束时，她的代理就不再来了，而她又难以找到他，在整个过程中她损失了76美元。这使已支付款项的三个城镇客户在研究年陷入了困境。但这三个人中，只有一个每月向经常来拜访的代理支付全款。谁都没有得到承诺的贷款。

自研究那年以来，实施这些项目的保险公司，尤其是因对其项目作出修改而有名的那家，再次进行了尝试。2005年我们重新拜访日志中所记录的家庭时，并没有发现任何改善的迹象——上段提到的家庭都没有把钱要回来——但我们知道，这些项目经多处修改后又重新启动了。第一次未能取得成功表明，若没有坚实的基础，在村庄和贫民窟大量提供这样的服务存在各种困难。当然，小额信贷机构拥有这样的基础：他们会与跟他们有很多交易的客户每周见面，所以为客户带去新产品也容易得多。这种情形使一些观察家提出合作——比如小型信贷机构与正式保险公司间的合作——这种合作被看作是向穷人提供优质保险产品的有前景的途径，现在有许多这样的尝试都在进行。[10]

这就让我们接触到了孟加拉国的日志记录家庭们采用的第二类保险。几乎所有的微型金融供应商都提供因死亡而债务免除的保险或

"信用人寿"保险，这是他们的借贷的一大特色。这些项目的收费已经包含在贷款的价格里面了，所以不会再单独出现在理财组合里。不过，约有 21 户（占样本数的一半）在研究年的某个时段里借过小额贷款，而且大多数都接受了这样的项目。这受到客户们的普遍欢迎。有些供应商还做得更多，不论当前的客户还有多少贷款或存款，只要死亡就一笔勾销。格莱珉银行相关的那批日志（我们将在第六章里对此加以描述）标明，有多家微型金融机构目前都向他们的女性客户及其丈夫提供此类产品。

南非：葬礼花费

到目前为止，在为贫困人家提供保险与风险应对服务方面最有意思的国家当属南非，下面我们来仔细看一下。[11]南非拥有非常强大的，按照富裕国家风格建立的保险部门，提供各式各样品类繁多的产品。然而，我们的日志记录家庭却并不常用到这些工具，如果有用过的话，也一般是样本中相对比较富裕的家庭。

丧葬保险是一个值得注意的例外。在南非，葬礼是非常重要的事件，需要付出相当大量的时间、精力和金钱。而艾滋病的严重影响已经让南非人口中 60 岁以下的死亡率大为攀升。[12]尽管患病期间医疗和护理的成本也是非常大的负担，[13]我们的理财日志却表明，在葬礼的巨大花费面前，这都算不了什么。表 3 - 1 显示，在研究年份内，死亡这个问题影响到了超过五分之四的南非样本家庭，而葬礼一般都是他们迄今遇到的最为普遍的财务危机。

表 3 - 2 展示了在南非葬礼的复杂状况，这能帮助我们初步了解为什么葬礼会是如此重的经济和情绪负担。一项关于南非葬礼的全面

研究显示，对于月收入在 155~300 美元的家庭来说，葬礼的花费一般在 1 500 美元左右。[14]我们收集到的南非理财日志说明，各个家庭需要为一场葬礼用掉大概七个月的收入。这样一笔支出是没办法靠日常现金流完成的，如果他们想要达到这个目的，就必须使用某种或某几种金融工具的组合。为了应对这种情况，南非的家庭不仅会依赖自己手中的存款或尝试能够拿到的贷款：几乎所有人都会进行一种特定的投资。在本书中我们将笼统地称之为"丧葬保险"。

表 3-2　举行葬礼的阶段（南非）

死者刚过世	联系葬礼举行地点，安排葬礼事宜
此后的 1~2 个星期	在葬礼正式开始前持续举行祈福会；为 20~70 人提供餐饮
葬礼举行的两三天前	亲戚从各个地方赶来；死者的家人负责他们的饮食，通常还包括住宿。为葬礼购买好食物
葬礼	首先在死者家中举行一场 200~600 人的祈福会；然后前来参加葬礼者打车或坐公交车（均由死者家人负责出钱）前往葬礼举行地点；参加葬礼者回到死者家中吃丧宴（需宰杀 4~6 头羊或一头牛，还要提供蔬菜、米饭、土豆和沙拉）
翁克胡鲁洛（Umkhululo）：换掉守丧所穿服装时举行的仪式	通常在葬礼几个月后举行，包括一场宴会，会提供非洲啤酒

来源：Roth 1999 以及 Collins 2005。

南非的理财日志样本中有大约 80% 在我们的研究年份里至少买了一份某种形式的丧葬保险。能够使用的丧葬保险有好几种，正式的和非正式的都有。我们将其大致分为三大类。正规的金融机构[15]提供正式的"葬礼计划"。形式是，每月在银行账户上收取一笔现金或扣取一定额度。如果有人死亡，且一份死亡证明书能被出具，该机构就付清费用，通常是以大笔现金的形式。在我们的研究年份中，有26%的理财日志家庭持有至少一份这样的保险计划。

第二大类是由某些群体运作的非正式项目，通常存在于村庄或邻里之间，叫作葬礼互助会。在研究年份中，有57%的理财日志家庭是这种团体的成员。[16]尽管这些团体都植根于社区，但它们采用的方式却不尽相同。一种比较常见的方式是，会员在每个月的聚会上定期定额支付份子钱，全部资金汇聚在以团体的名义开立的银行账户里。通常这些钱都不会出借，但偶尔也有例外。每个人出的份子钱一样多，哪家有人死亡，这家人就能收到固定的赔付额，可能以现金、支票或两种兼有的形式。

这两种方式都是以定期定额收取小额金钱的形式来运作的。这种实践方式强化了我们之前在讨论印度保险提供者时提到的一个观念：价格并不是决定需求的唯一因素，保费获取的方式和频率也很重要。

其他方式的葬礼互助机构运作方式有所不同，结构也更为松散。在这类团体中，成员们不会按月支付份子钱或定期聚会，如果没有人死亡的话，也就没有任何交易发生。相反，他们依赖的是互惠原则——成员们互相承诺，一旦其他成员遭遇到葬礼的困扰，他们就将提供一定数额的现金或贡献食物。

另一种方式是由举行葬礼的场所提供的。这些商业机构收取捐献金，通常是每月以现金形式支付。捐献人可能是自己来交钱，也可能是机构派人上门收钱。当有人死亡时，它们就会提供一套固定的商品和服务，有时候还会拿出一笔现金给捐献人。在我们的研究年份里，有24%的理财日志家庭进行了这类捐献。在实际运作中，葬礼费用的支付是依靠从多种来源得到的资源来完成的。下面我们将举几个例子。

我们的南非理财日志家庭在丧葬保险方面投入很大。在所有持有某种形式的丧葬保险的家庭中，有80%采用了多种形式，有时候是多种方式相结合，有时候是一种方式买入多份保险计划。在全部17种可以利用的工具中，各个家庭通常至少会采用一种非正式的工具（葬礼互助会）和一种正式的工具（某个公司或葬礼筹划机构）。丧葬保险至少占到一个家庭理财总额的10%，而每个家庭平均大概花费每月收入的3%用于投入各种丧葬保险工具。

在本章后面的部分，我们还会用一个真实葬礼的实例来仔细研究这些工具是如何具体运作的。但在这之前，我们可以先考虑一下（首先从理论层面，其次从我们得到的各家庭详细数据层面），人们花在这上面的钱是否值得，哪一种方式最具有性价比。

一种比较粗略的比较方式是投入产出比。这是用每个成员将收到的丧葬补偿金，除以每月支付的额度。我们收集到了132户拥有某种丧葬保险的日志记录家庭的资料，进行了比较基本的每美元对应赔款额度的计算，并考虑到了各种方式所采用的人数的差异值。在大多数情况下，每种方式的采用人数在4~6人之间。

每美元对应的赔款额度越高，就说明性价比越高。我们计算了三大类丧葬保险的这个比率。葬礼互助会的这个比率似乎与正式丧葬保险计划的相差无几。葬礼互助会提供的是平均每美元获赔稍高于105美元的赔款额度，正式丧葬保险计划是平均每美元获赔稍低于105美元的赔款额度。相比之下，葬礼举办机构的这个数值排在第三，差得也比较远，每美元只能获赔84美元。

即使在不考虑到其他社会附加值的情况下，非正式的方式——葬礼互助会从金融角度竟然提供了这么高的性价比，这真是让人非常震惊。葬礼互助会的会员通常还能在葬礼期间得到大量实质性的帮助，以及道德和心理上的支持。其他会员在哀悼期间不仅能给予安慰，他们还能帮忙做大量准备和服务工作，通常能贡献炊具和餐具。如果我们把这些社会附加值也考虑进去的话，那它们就比正式的丧葬保险计划更加有吸引力了。

可缺点是，葬礼互助会并非总是值得信赖的。它们通常会提供非常有吸引力的低投入高回报方案，但往往却并没有足够的经济实力来真的兑现。在我们进行理财日志调查的年份中，没有样本家庭因为葬礼互助会出问题而蒙受损失，但我们从其他途径得知，有很多葬礼互助会都发生了资金周转不灵的问题，有时候根本无法兑付。专门调查南非理财行为的金融视野（FinScope）称，将近10%的葬礼互助会资金被损耗，没办法兑现诺言。[17]如果我们把这类机构风险考虑在内的话，那葬礼互助会的吸引力就大大削弱了。

此外，虽然葬礼互助会总体而言似乎比正式丧葬保险计划提供了更好的回报率，但有少数丧葬保险计划的性价比还是非常有竞争力的。我们可以利用理财日志收集到的资料，通过一个家庭的例子来比较一下正式和非正式丧葬保险产品的价格水平。

滕蓓卡（Thembeka）是一位44岁的妇女，和自己两个十多岁的孩子住在卢庚格尼（Lugangeni）。她丈夫在约翰内斯堡的矿井里做事，每月往家寄钱。在卢庚格尼，滕蓓卡家的收入水平还稍稍高于平均线。此外，滕蓓卡非常努力地对收入进行了理财规划，她自豪于自己积极参与了好几家储蓄互助会（我们将在下一章讨论这个方面）。

滕蓓卡使用了三种丧葬保险工具——两家葬礼互助会和一份丧葬保险计划。丧葬保险计划是在这个地区一家很有名的丧葬保险公司买的，滕蓓卡按月把钱打进这家公司在邮局开立的储蓄账户。[18]两个葬礼互助会就没那么正规了。有一家她每月付钱，如果会员的家庭中有人死亡就再交一笔额外的费用。另一家则是如果会员的家庭中有人死亡就出钱，不需要缴纳月费。所有这三个工具的保险对象包括滕蓓卡和她的丈夫，两个跟她住在一起的年龄尚小的孩子，以及另两个年龄更大些已经出去住的孩子。如果他们要为全家人支付丧葬费用的话，总共得花费7 700美元。不过，这几个工具的赔付总额在4 500美元以下，所以和其他大多数理财日志记录者反映的一样，他们的保额是不足的。

在保险金额上，滕蓓卡的丧葬保险组合也很能代表村中其他人。表3-3详细列出了她的保险细节。她的保险组合每美元的赔付值是60美元，该村的户平均每美元赔付值是68美元。乍一看好像第一个葬礼互助会提供的性价比最高。但是，所有会员每个月都必须交费，而且如果葬礼的频率增加的话，性价比就会迅速下滑。在我们遇到她的时候，滕蓓卡成为这个互助会的会员刚两年，其价值到底如何还有待观察。另一方面，她从1985年就开始购买的那份丧葬保险，已经能够通过时间的检验看到这份保险的可靠性。

表3-3　滕蓓卡的丧葬保险组合　　　　（单位：美元）

丧葬保险的种类	保险范围	每月费用	保额	每美元赔付额
葬礼互助会	两个大人和四个孩子	当会员家庭中有人死亡时以实物方式支付，每次大概相当于3.08美元	2 154	108
葬礼互助会	两个大人和四个孩子	当会员家庭中有人死亡时，每月支付3.1美元	1 538	38

丧葬保险 的种类	保险范围	每月费用	保额	每美元 赔付额
丧葬保险计划	两个大人和 四个孩子	3.28	769	35
组合平均值				60

注：单位为美元，由南非兰特依据市场汇率换算而成，1 美元=6.5 兰特。

这些信息告诉我们，正规银行是可以提供与葬礼互助会有效进行竞争的产品并受到消费者欢迎的。南非一家知名的零售银行提供了一份丧葬保险，月费 5.88 美元，赔付额是 2 322 美元，已经足够支付葬礼所需的大部分费用。[19]这些保险计划的目标客户就是我们理财日志样本中的那些低收入家庭——他们有好些都购买了这份计划，还有一些人正打算购买。不过，他们比较关心的一点是，银行的管理层级通常很多，这可能导致他们很难按时拿到赔付金去购买葬礼所需的物品。对这些家庭来说，速度和拿到赔付的容易程度也非常重要，有针对性地改善相关机制将使这些计划对贫困家庭更加具有吸引力，也更有利。

与其说这些正式的丧葬保险计划取代了传统的葬礼互助会，不如说它们是对后者的补充。这一点，在我们的南非日志记录家庭的例子中体现得非常明显。对三分之一的家庭来说，他们的丧葬保险组合无法支付葬礼所需全部费用，在大多数情况下，赔付额还不到实际费用的一半。因此，正如我们在下一节中要表明的，葬礼所需的费用是通过各种途径拼凑起来的，尽管丧葬保险确实占了大头。

东　拼　西　凑

迄今为止，我们已经介绍了我们记录的家庭在应对风险时会使用的一些专门的工具：在印度是人寿或其他形式的保险，在孟加拉国是定期人寿保险和信用人寿保险，而在南非则是丧葬保险。现在让我们看一看当危机发生时实际的应对情况是怎么样的。

在南非，很多日志记录家庭因为丧葬事宜而遭遇困境，而他们的日志资料则提供了非常可靠的记录，让我们看到葬礼的花费是怎样来支付的。

表 3-4 当中的资料来自一场乡村葬礼。当时，我们一名日志记录者的母亲过世了。肖里斯瓦（Xoliswa）的母亲布西西韦（Busisiwe）在 2004 年 4 月去世了。在这之前，是布西西韦用每月 115 美元的养老金在养育家中的所有成员——布西西韦、肖里斯瓦和三个孩子。更加重了葬礼负担的是，布西西韦生病期间，她家曾向当地斯帕扎（spaza，村中的百货店）的主人借了一笔 108 美元的款项。正如表 3-4 中的来源-资金分析所显示的，这笔借款必须要解决，并且要在翁克胡鲁洛（换掉守丧所穿服装时举行的仪式）仪式举行期间就还清。

表 3-4　肖里斯瓦母亲的葬礼费用的来源和资金使用方式（单位：美元）

资金的来源		资金的使用	
葬礼			
亲戚送的 13 头山羊	906	为葬礼宰杀 10 头山羊	697

续表

资金的来源		资金的使用	
亲戚凑的现金	279	为葬礼买一头牛来宰杀	310
葬礼互助会赔付的现金	155	葬礼所需食物	449
葬礼举办机构赔付的现金	464	棺材和葬礼举办费用，由葬礼举办机构提供	465
葬礼举办机构包掉棺材和葬礼举办费用	465	留下三头山羊给翁克胡鲁洛仪式	209
储蓄互助会的赔付金	155	为翁克胡鲁洛仪式留出的钱	279
总计	**2 424**	**总计**	**2 409**
翁克胡鲁洛			
葬礼剩下的 3 头山羊	209	还商店老板的钱	108
亲戚们再次凑的钱	280	杀牛（换取五头山羊）	348
从亲戚为葬礼凑的钱里剩下来的	279	买了两头山羊（交换牛）	139
—	—	为翁克胡鲁洛准备的食品	170
共计	**768**	**共计**	**765**

注：单位为美元，由南非兰特依据市场汇率换算而成，1 美元=6.5 兰特。

　　为了这场葬礼，肖里斯瓦花费了 2 400 美元多一点儿。从葬礼举办机构那里买的丧葬保险如今覆盖了棺材、抬棺者以及入殓的费用，共计 465 美元。此外，丧葬保险还支付了 464 美元来准备丧宴。她参加的一家葬礼互助会额外支付了 155 美元的现金。肖里斯瓦还从另外两家布西西韦加入的储蓄互助会那里拿到了钱，一共相当于 155 美元。亲戚们给了她 13 头山羊，其中 10 头为准备丧宴宰杀了。他们留下了剩余的三头山羊用在一个月后将举办的翁克胡鲁洛仪式上。亲戚们还凑了 279 美元的现金。其他食物大约花费了 449 美元，剩余的钱留给了翁克胡鲁洛时用。如同我们分析过的其他葬礼一样，葬礼花费的钱大多（在这个案例中是 60%）用在了食物上面。

表 3-4 概括了葬礼和之后的翁克胡鲁洛所使用的资金的来源和具体使用方式。在总费用中，葬礼互助会支付了 6%，葬礼举办公司的保险计划赔付（包括现金和实物如棺材以及服务）占到 39%，因此，保险总共为她支付了 45%。但亲戚提供的现金和实物也覆盖了大部分的支出（占 49%）。储蓄互助会的赔付覆盖了剩下的部分。

除了正式的葬礼之外，肖里斯瓦一家还必须举办翁克胡鲁洛仪式。他们在一个月后的 5 月举办了这场仪式宴会，而这又涉及另一系列复杂的交易和花费。在这个阶段，他们还面临着偿还商店主 108 美元借款的压力。这是他们在布西西韦生病期间朝他借的。为了支付翁克胡鲁洛所需开支，他们利用了之前亲戚送的 13 头山羊当中剩下的 3 头，并用亲戚们为葬礼凑的钱当中剩下的 139 美元又买了两头山羊。随后，他们用 5 头山羊换了一头牛，宰杀掉用于宴会食用。亲戚们又额外凑了 280 美元。整场仪式要求他们为食物支出约 170 美元。这些费用都不是由保险来支付的。

因此，肖里斯瓦的案例表明，她所做的两笔保险投资——葬礼互助会和葬礼举办公司的保险计划，在她母亲去世的时候为她提供了相当一部分葬礼所需的费用。至于剩下的费用，她就不得不向亲戚求助了，而且也必须动用她母亲在储蓄互助会中的存款（下一章将对这类资源作更多讨论）。不可否认的是，她那两份丧葬保险帮助她依靠如此微薄的收入成功应付了这么大的一笔开支。

肖里斯瓦很有远见地买了丧葬保险，她所处的境况是我们在三个

国家的日志记录家庭中比较典型的：在很大程度上，突发状况造成的
经济风险必须首先被预见到，然后加以应对，而被广泛采用的理财工
具主要还是非正式的。因为肖里斯瓦的亲戚们比较慷慨大方，而且她
还有若干可以动用的存款，所以她不需要借钱。但这并非通常的情
况。我们要举的第二个来自南非的例子就说明了这一点。

滕碧（Thembi）是一位 50 岁的妇女，住在一个低收入城镇她父母留
给她的房子里。她是一个非正式的葬礼互助会和一个储蓄互助会的会员，
但并没能累积起多少存款。她一直有抑郁症，还有好几种慢性疾病，医
药开销很大。她的兄弟跟她住在一起，但在 2004 年 6 月死于肺结核。

因为她兄弟和她住在一起，所以按照当地习俗，滕碧需要负责支
付葬礼费用。她知道自己参加的葬礼互助会能支付 154 美元，但却不
知道剩下的钱能从哪里来。表 3-5 显示了葬礼要涉及的一系列开支。

表 3-5　滕碧的兄弟的葬礼所需资金的来源和用途　　（单位：美元）

资金来源		资金用途	
葬礼互助会的赔付	154	抬棺者的费用	538
亲戚凑的钱	231	帐篷	91
亲戚凑的钱	154	罐子	35
亲戚凑的钱	154	食物	649
亲戚付的帐篷租金	91	羊	100
亲戚买的羊	100	—	—
从婶婶的葬礼互助会借的钱（无息）	154	—	—
从叔叔的储蓄互助会借的钱（月息30%）	92	—	—

资金来源		资金用途	
从表兄弟那里借的钱（无息）	108	—	—
滕碧的残疾补助	92	—	—
兄弟的残疾补助	49	—	—
共计	**1 414**	**共计**	**1 413**

注：单位为美元，由南非兰特依据市场汇率换算而成，1美元=6.5兰特。

在所有葬礼的资金来源中，只有11%来自葬礼互助会。最大的份额（76%）是亲戚的资助。即使是这样，滕碧也还需要额外的495美元。对于一个靠着每月114美元的残疾补助，以及每月兼职工作所得的55美元生活的人来说，这真是不小的负担。她没有可以取出的存款——她的存款被锁定在储蓄互助会里了，要几个月后才能取出来。她从自己的补助金里拿了92美元，她又从兄弟的衣服里找到了他的补助金49美元，但剩下的部分她还是必须去借。幸运的是，一个表兄弟提供了108美元无息贷款给她，然后她又从自己的婶婶参与的一个葬礼互助会借到了额外的154美元。[20]

最后还缺的92美元，滕碧求助于一个表兄弟参加的储蓄互助会，用30%的月息借了一笔贷款，指望自己能很快加以归还。她能选择的借款对象实在有限。她没有正式工作，也没有工资流水单，所以没有哪个正式借款机构会借给她这笔钱。此外，这些机构大多数也不会出借这么小数额的一笔钱。滕碧知道这一点，所以虽然面临着要凑够葬礼所需费用的压力，她也不想乘坐昂贵的公共汽车去某家正规的银行畏畏缩缩地贷款，最后却被告知没资格拿到钱。她知道她的表兄弟参加的这个储蓄互助会可以把资金出借来替会员赚钱（这类机制会在下一章作更进一步讨论）。使用他们的服务很方便，也很友善，虽然比较贵。这一年剩下的时间都被她用来努力偿还从各方所借的债务。她成功地在两个月内还清了葬礼互助会的借款，但直到年底，也还没能还清向她表兄弟和储蓄互助会借的钱。

健康问题就是经济问题

一旦出现紧急情况，各个家庭就只能尽可能四处求援。这些应急机制往往都很昂贵。更糟糕的是，它们可能会严重伤害到这个家庭及其未来的前景，吞噬资产或摧毁生计或强加上沉重的债务。下面的故事就展示了糟糕的健康状况是如何影响人们的生活的，有时甚至让生活在初始问题已经得到解决以后的很长时间内仍然无以为继——以债务负担和资产损耗的方式。由此，健康问题迅速转变为了经济问题。

案例一：

马赫努尔（Mahenoor）的情况就是这样。珍贵的资产变卖一空，但毫无用处。她家几乎是我们的孟加拉样本中最穷困的乡村家庭。她向我们讲述了她们家是如何落到这般田地的。十年前，她丈夫萨里尔（Salil）拥有几辆人力车，自己做司机。她们家那时感觉只是稍微有点穷。1989年的一个傍晚，他回家时一直抱怨自己喉咙痛。他去当地一名医生那里看了一下，付钱接受了治疗，但没有什么用。他首先卖了一辆人力车，得到了34美元，然后又卖了剩下的两辆，以接受进一步的治疗，可还是没有效果。他的健康状况持续快速恶化，医生建议他到大医院去住院治疗。

在这段时期里，这个五口之家（这对夫妇有三个年龄尚小的孩子）没有任何收入。他们靠从朋友和邻居那里借钱维生，但他们找不到合适的贷款方来借一笔数量足够大的钱去住院做手术。这家人中没有谁是微型金融机构的会员。即使有的话，第一笔贷款总是要等上一段时间才可以拿到的，而且数额可能会很小。此时，萨里尔已经非常急切地想治好自己的病。他说服妻子卖掉他们结婚时娘家给她的土地。靠着这笔钱，他获准住进了首都的一家医院。但几天后，他死了，死因是喉癌，只留下寡妻和孩子们，没有谋生能力，没有资产，只有成堆的债务。

案例二：

西克哈（Shikha）和迪涅什（Dinesh）是一对夫妻，属于我们在印度的城镇样本。他们经历了两次健康危机，虽然他们的运气比马赫努尔要好点，但为此到处借的钱还是在之后的许多年里给他们造成了沉重负担。1995年，他们从家乡的小村庄来到了德里，身无分文。他们并不是一直都那么穷：之前他们曾拥有四英亩肥沃的土地。但就在他们背井离乡的两年前，迪涅什突然得了重病，不停咯血。家里不得不开始卖地换钱治病，最后地全都被卖完了。但迪涅什的病还没好。不到一年时间，西克哈就欠了一个富裕的放贷家族212美元的债务，月息5%。西克哈带着儿子在别人的田地里辛苦劳作，终于还清了债务，但这时他们已经没有农田了。

迪涅什病好之后在德里找到一份工作，在一家服装厂做监工。一家人就跟着搬来了。西克哈和女儿找到了做女佣的工作。然后在

1997 年，儿子染上了肺结核，他们只好再次想尽办法到处借钱给他治病：85 美元从村子里借来，212 美元是迪涅什公司的预支工资，西克哈的雇主们借了 212 美元给她，他们的房东借了 21 美元无息贷款给他们，一个商店老板借了 64 美元给他们（月息 10%）。最后需要偿还的债务是 1 270 美元，三年之后当我们遇见他们时，还剩下 106 美元没还清。尽管这对夫妇比其他人都要成功地渡过了难关，因为他们的收入更高，而且能从雇主和邻居那里得到更多的贷款机会，但他们还是在很长一段时间里都背着沉重的债务。

上面两个例子表明，穷苦家庭在碰到麻烦的时候求助的主要金融手段还是贷款。能以更合理的价格更可信赖地贷到款将能帮助到他们。[21] 但是，贷款终究不是解决这类健康危机的最佳方式。这些是风险问题，而保险就是设计来应对风险问题的。不能买保险让这些家庭背上了双重负担。其一，重大的与健康相关的危机会产生出对现金的紧迫需求。其二，危机同时还消解了偿还贷款的能力。萨里尔没有办法工作，而他的家人在他死后也没办法谋生。迪涅什生病导致家里只能变卖土地，并迫使他妻子背上了额外的负担。只有保险的安排（或税收支持的公共安全网）才能减轻这些类别的风险，在恰当的时候提供所急需的资源，而且并不需要他们因此背上额外的责任和负担。

道德风险的两面

经济学家们对保险的关注点之一是道德风险的问题：当某人的

健康有保证时，他的行为可能也会改变。当有保险者在未来开始对自己满不在乎，因为知道反正自己的健康问题都能有保险作为保障，而这反而会增加他们需要保险赔付的可能性，那么这时候，道德风险问题就出现了。理论家们的解决方法是（也是富人世界里主流的做法）避免让保险能屏蔽所有风险。相反，"最佳的"保险合同是让被保险人群仍然暴露在一定风险下，从而诱使他们采取必要的谨慎态度，并因此与提供保险者在动机上保持一致。典型的方式是通过一个共同支付（被保险者也必须支付一部分健康问题账单）和免额支付（赔付只在支出费用超过一定额度时才进行）的体系进行的。[22]

然而，理财日志却揭示出了事情的另一面：如果诊疗费、化验费等都必须直接支付，而穷人没有钱可付，那他们可能就会不去治疗，直到健康状况恶化到很严重的、可能已经无法治疗复原的地步。对于要依靠微薄的收入来应对众多相互竞争的支付需求的穷人们来说，这种情况经常会发生。下面的例子就表明了这一点。

菲扎尔（Feizal）是一个40岁的中年男子，属于我们印度城市样本中的一例。他是个卖铝罐的流动小贩。在我们调查的头几个月里，他的妻子、儿子和七个女儿都要靠一份月均大概36美元的收入过活。这钱主要是他做生意赚来的，再辅以他儿子做裁缝学徒的津贴以及家中的女人们做比迪卷（bidi rolling，便宜的卷烟）赚的钱。在我们调查的中段，12月的时候，菲扎尔从自行车上摔了下来，摔得很严重，尾骨骨折，导致家里的收入大头没有了，家里开始赊账买各种生活用品。从1月到2月，家里从两个土法医师那里寻求治疗，花费了33美元，靠的是儿子预支的工资和一笔本来要留给大女儿结婚用的银行存款。尽管在菲扎尔的腿看起来没有任何好转迹象的时候，家里也表现得仿佛一切正常，为开斋节花费了30美元，并决心在下一个季度就为大女儿把婚礼给办了。

大概在事故发生的三个月后，菲扎尔的父亲来了一趟，把菲扎尔带到阿拉哈巴德城去看一个疗法更先进的医生。当然，这趟行程又得花钱，而且花费的数额也不是这个家庭通常能接受的。他们想办法用银行存款和儿子的另一笔工资预支凑齐了53美元的检查费，另外64美元的诊金是借来的。4月初，给大女儿结婚用的60美元只剩下了10美元。但菲扎尔的父亲已经结清了主要的住院费用106美元，他还安慰他们说，他还会结清医生的诊疗费。

到4月初，菲扎尔终于慢慢恢复，能够再次骑自行车了。他有八个月时间一分钱也没挣，其中有一段时期本来是他能给家里赚最多钱的时候。全家花了很大力气才存起来的、为大女儿结婚的钱已经基本被耗尽，家里还负债100多美元。但菲扎尔得到了高质量的看护治疗，如果他父亲没有承担费用的话，这简直是不可想象的。

最终，事故导致的费用——直接的治疗费用和间接的没有收入造成的损耗，都远高于菲扎尔一开始就去看个好一点的医生会产生的费用。但他首先去了土法医师那里，因为花费还承受得起。他告诉我们，如果他知道伤得这么重的话，他可能就不会这么处理了。可是在当时，他们的优先选择是为即将举办的婚礼存钱。如果菲扎尔有份保险可以依赖，断断续续把小额的支出都付掉的话，那他可能就有动力早点去找水平更高的医生看病了，那最终的花费反而更少。这就带我们回到了我们的一个核心假设，我们在本书一开头就已经提了出来，即理财工具的不可靠将会加剧穷人生活中其他方面的不可确定性。

创建更好的工具

穷人们需要保护自己免受风险，但商业保险这种本来就是为此而生的理财工具，却并不太能得到我们所记录的家庭的使用。这并不是因为穷苦人家不知道理财工具可以用作对抗风险的庇护所，也不是因为他们不愿加以应用。相反，这些家庭利用许多种工具来抗击风险。我们之前描述过一种非常重要的"大众"保险传统正在发展兴盛——南非的丧葬保险。其存在表明，如果某种风险频繁出现且给人压力很大，那穷苦人家会发明出一些机制来预测和至少部分地减少其影响。类似的机制也会为其他主要预计要发生的支出大项而出现，比如我们在下一章会看到的婚礼应对机制。但南非的丧葬保险并不寻常的事实告诉我们，非正式机构的主要弱点之一就是难以进行保险安排。为了发挥作用，非正式的保险项目需要把用户们捆绑在能持续很长时间的某个组织里，随着人口流动性越来越大，职业也越来越个体化，这个任务也变得前所未有的艰巨。

有些家庭也使用了正式的保险项目，主要是指印度和孟加拉国专为穷人设计的人寿保险，以及南非的公司提供的保险项目。印度和孟加拉国的这类项目是从消除贫困和发展项目中衍生出来的，由政府或社会企业家们推动，特意为穷人而设计。在南非，传统的葬礼互助会已经作为社区共同的丧葬保险机制存在了很长时间，保险公司和银行则是在借鉴参考的基础上也推出了类似的服务。今天，非正式的葬礼互助会与正式的丧葬保险项目并存。所有这些旨在扩展保险覆盖范围的方法都能进一步得到发展。在保险业中，部分解决方案是受欢迎的：没有哪个单独的措施能解决所有问题，它也不需要考虑去解决所有问题。

发展保险项目会碰到在提供信用贷款时不会遇到的挑战。最重要的是，保险公司必须赢得顾客的信任，而在信用贷款时情况真好相反：是顾客需要赢得金融机构的信任。想要发展能盈利的保险项目还涉及高质量的精算分析、仔细的定价策略，以及明智的投资：这些都是在正式保险业之外非常稀缺的复杂技能，这个事实也导致非正式和半正式的保险提供者很难与正式保险提供商竞争，而在小额贷款领域，它们已经非常出色地做到了这一点。另一方面，像那些进入南非丧葬保险市场的保险提供商一样，保险公司们不仅一定要确信道德风险和欺诈被控制到最低，而且，为了能成功地与非正式组织竞争，它们必须降低成本，加快确认理赔请求和赔付的速度。它们还需要制订更好的市场推广策略，以及借助基于市场的工具来稀释风险的更好方式。

保险提供商们还需要帮助来接触更穷和住得更偏远的人群。一种解决办法是让正式的保险公司（它们了解精算分析和投资这样的专业领域）和微型金融机构（它们能接触到大量贫困家庭）结成伙伴关系。这样的伙伴关系已经在全世界出现。例如，印度在 2006 年时有 35 个微型健康保险项目在运营，就是以这样的伙伴—客户模式，一共吸引了近 90 万保险使用者。[23]

理财日志告诉了我们微型金融机构为什么擅长处理零售端。在本机构覆盖的贫民区和村庄中，与客户们的定期接触使得它们能够把赔付款分成更多容易管理的小份。那么整个资金运营就变得小量和频繁，适合贫困家庭的现金流情况（而又不会让运营成本变得过高）。同样的原则也适用于收取保费。设计一个可行的保险产品需要考虑众多其他方面的因素，一个方便的付款计划是很容易被忽略掉的。这一章阐明了对我们了解的那些贫困家庭来说，付款体系非常重要。将这一重理解转化到产品设计中去，是启动为穷人设计的新产品的关键。产品的总成本不是唯一重要的因素：时间设计和各期款项的规模也很重要。

创新的金融家们还能为已经推广到广大穷人市场的服务追加风险减缓功能：此类案例包括内嵌在贷款当中的信用—人寿保险，以及内嵌在长期储蓄产品中的人寿保险。自雇妇女协会银行（Self Employed Women's Association Bank，SEWA Bank）是印度微型金融机构当中的先锋，它甚至还在其储蓄产品中内嵌了健康保险，直接从其女性会员固定存款额产生的利息中收取保费。[24]

随着正式的保险提供商开始努力吸引更为贫困的用户，它们会逐步发现，有些形式会比另一些形式更容易普及和发展。如果所保险的项目很容易定义，扩展诸如人寿或信用人寿保险的覆盖范围的成本就低，因为其中的风险没那么大，文书工作没那么多，也不需要那么多的现场勘查确认。这种效率对非正式和正式机构而言都是有效的，有助于解释为什么基于社区的丧葬保险能在南非发展起来，而健康保险却没能取得同样的进展。由于道德风险、直接作弊和文件采集困难其他原则上可保的风险，诸如作物或牲畜损失，是难以进行实际操作的。这是因为想要确切知道到底是谁家的牛死了，或牛到底是不是正常死亡非常困难。

由于这种种限制，穷人将继续面对众多不易得到保障的风险。比如，表3-1中列出的常见危机，就包括了暴力犯罪和没能收到付款。在无法使用金融工具的地方，人们最终可能会因为风险而变卖资产；最糟糕的情况下，这样的变卖会让遇事家庭失去未来赚取收入的手段，从而引发走向贫困的恶性循环。

上述案例为提供基本的公共健康服务、社会保护和其他再分配政策提供了理论依据。比如，我们在南非看到，政府提供的补助在为贫困家庭提供保障方面是多么重要。印度和孟加拉国也同样提供某些形式的国家补助，以及来自非政府组织的支持。但这类援助还不太成规模。[25]

在私人保险无法获得和社会安全网有漏洞的情况下，应对风险的金融工具将很可能仍是储蓄和贷款，而这不仅仅是因为正式保险的缺乏。贷款和储蓄的一个很大优点就是它们是可应对多种目的的工具。钱是可以转移使用的，因此，为了某个目的而发放的贷款，如果有必要的话，也可以移用来处理危机。保险却不是按照这种方式建构起来的：保险商需要确保赔付的钱确实是针对所保障的事件而支付出去的。从理论上说，这项要求不会困扰到贫困家庭：如果风险确实存在而保险项目确实价值较高，那他们就应该去购买。但在现实中，贫困家庭可能会觉得，考虑到他们的资源实在少得可怜，他们最好还是使用可应对多种目的的工具。毕竟，保险所针对的风险可能永远不会发生，如果这样的话，为此交的保费就一点收益都没有（除了心灵的平静之外），而储蓄却可以移作他用。因为这个原因，在本质上是贷款或储蓄的产品中附加保险功能——比如信用-人寿保险和人寿定期保险，比起针对每种风险买一大堆保险，对穷人来说会更具有吸引力。[26]

应急贷款可用来应对任何紧急状况，在小额贷款商已经推出这项服务的地方，比如 SKS 在印度以及 BURO 在孟加拉国，还有许多其他家，都被证明是很受欢迎的。它们一般都倾向于非常标准化：固定的额度，相对较短的期限，比如三个月，且倾向于可以被用于任何目的，而不是定制来应对某种特定的风险。它们可能不是在恰好这个时间提供恰好需要的款额，但它们还是能有帮助的，这部分是因为，正如我们在本章看到的，贫困家庭已经习惯于从一系列提供者那里去搜拢聚集资源，一笔从触手可及的地方可获得的，而且能毫不烦琐地发放到手的贷款可以说是价值巨大。

这就给我们上了一堂关于保险的意义更广泛的课。为贫困家庭提供保障范围广泛的商业健康保险（这种服务本可以让马赫努尔不需要卖掉家里所有的土地，就能让她丈夫住进医院以竭力去挽救他的生命）几乎毫无疑问要涉及支付甚至超出富裕家庭承受能力的保费。但对于更为便宜（但保障范围也更为有限）的部分健康保险，例如处方药补助或大病保险，需求肯定相当大。南非的丧葬保险同样通常只能覆盖葬礼全部开支的一部分费用，但仍然在关键的时刻提供了意义重大的资金。这种组合方式表明，为了改善贫困社区的状况而去把某个问题全部解决，其实是没有必要的。

第四章

聚沙成塔：累积有用的大额资金

PORTFOLIOS
OF THE POOR
How the World's
Poor Live on $2 A Day.

生活会为穷人和富人带来众多相似的理财挑战和机会：找份工作、结婚、买下并装修一个家，以及教育子女。这些都是无论你有多少财富都必须面对的人生目标。我们每一个人都喜欢自己能够追逐梦想以及抓住机会的感觉。而随着生活的节奏缓慢向前，我们所有人都会开始忧虑如何为老年生活做准备。

比较富裕的家庭会利用贷款、保险和储蓄计划来让自己在合适的时候有刚好需要的金额：房贷、车贷、教育计划、养老金。理财规划师们建议富人们把自己的部分存款作为应急资金放到一边，确保当其他机会出现时自己有钱可用——或许是买一处用于出租的房产，或购买某个公司的股份。一份单独放置的长期储蓄应该会随着时间推移而逐渐积累起来，待到退休时再谨慎地取出使用。

这个世界与我们所了解的那些贫困家庭的经济生活相差甚远。不过之前的章节也已经表明，即使对他们中最为贫困的来说，生活也不仅是日复一日，不断地抗击风险，勉力存活。第二章显示，在我们观察的那些理财日志中记录的家庭中，没有一家只是围着吃饭打转，即使那些仅靠 1 美元甚至更少钱生活的也是如此。累积起较大数额的资金来做大事，至少与满足生活基本需求一样是一项大挑战。但许多我们的日志记录家庭还是成功地做到了这两点。

前一章勾勒的是一幅让人有些气馁的画面。画面中的各个家庭极少能够累积起足够的存款或买好足够的保险以使在碰到大的危机时迅速复原。不管有没有保险，所记录的来自三个国家的所有家庭，在应对紧急状况时，都得依靠耗尽少得可怜的存款，迅速找到借款，卖掉有价资产，以及大量依赖邻居和亲戚，这通常还可能带来具有破坏性的长期后果。因此，累积大额资金看来似乎完全不是大多数贫困家庭能够做到的事。

但事实证明，这个观点实在是太悲观了。众多日志记录家庭的确成功地在研究年份内累积了非常有用的大额资金，并用它们来购买罐子、锅子等家用品、像自行车或风扇这样的资产，或抓住新的商业机会，或买地买房。许多家庭需要用于社交场合的大额资金。在孟加拉国和印度，甚至连穷人也要办浩大的婚礼。在印度，我们理财日志所记录的家庭中有四分之一都成功地在研究年份内为家里人办了一场婚礼。

每个家庭都用自己的方式得到了所必需的钱款，但他们全都是一点点累积起这笔资金的。各个家庭几乎总是要利用所有可能的方式，在消耗存款和资产的同时，四处举债并寻求亲戚朋友的捐助。如果以为累积大额资金仅仅就是靠日积月累的储蓄，那就忽略了各个家庭的理财策略和可能性当中的关键要素。

那种旨在发现某个固定时点资产负债表的标准经济调查，并不能就大额资金是怎么累积的这一点提供给我们太多信息。它们都倾向于低估各个家庭累积大额资金的能力，因为这些大额资金一般都是迅速形成但又很快被用掉的。

如果只看资产负债表的话，我们自己的资料也会发生这种情况。对我们记录家庭来说，年终的资产负债表的明细栏数字与收入相关，数额确实都很小。比如，在孟加拉国研究的 42 户家庭中，只有一家——相对来说比较富裕的有地农民拥有高于样本总体平均每户年收入的储蓄。与富裕社区的家庭的情况不同，日志记录家庭一般都不会有像房贷这样的大额长期债务。他们也不会积累正式的退休基金（尤其是除南非之外的另两个国家）。而年轻的家庭也不会存长期的教育基金来准备给孩子一直上到大学。[1]虽然在南非，我们确实发现有些家庭能够累积起为长时段做准备的金融资产，比如利用雇主交纳的退休金（这种情况在南非比在印度和孟加拉国出现得多很多）。但从样本总体来看，这属于例外。

但是，如果我们把目光从资产负债表上移开，来观察现金流，那这些理财日志就会显示出，三个国家的这些家庭大多能够在一年的时间里积累并花掉大额资金。但我们极少观察到这些家庭会把这些资金转变为持续更长时间的金融资产：累积它们的目的就是为了消费。

在这一章中，我们将展示这些家庭为了累积大额资金而采用的策略。从某种程度上来说，这些策略发挥了作用，但它们也揭示出一种令人震惊的长期累积能力的缺乏。如果不能长期积累，那么这些家庭要想为诸如孩子上学提供更好条件，移民以获得更好工作的机会，或寻求退休保障等更大目标做准备时就会相当困难。

第六章的内容给了我们理由相信，做出重大改进是可能的。在那一章中，我们将描述格莱珉银行在帮助其客户在长达 5 年到 10 年的时间里累积存款方面获得了了不起的成功，其方法是创新性的"养老金"产品——但在现实环境中，这些钱被用于多种用途而不仅仅是养老。而此处提供的证据表明，格莱珉银行的成功可以扩散得更加广泛些：微薄的收入并不必然注定贫困家庭只能拥有微不足道的储蓄额和短期的小额债务。这些家庭已经采用的理财工具，以及他们如何使用这些理财工具，说明了穷人具有潜力在更长时间段里储蓄和借到更多的钱。

穷人的理财能力不仅受到低收入的限制，而且也受到目前他们能够利用的各种工具的特性的限制。新的金融服务可能无法解决低收入的问题，但通过保证穷人能接触到提供了正确的原则、安全性、灵活性和动机的金融工具，它们能起到很大的作用。从这方面讲，我们理财日志所记录的家庭所采用的各种策略，可以启发行为经济学这个新领域内所探索的经济、心理和社会限制因素混合体的解决之道。[2]

穷人能存钱？——相当能

令人吃惊的是，那些靠微薄收入维生的家庭，居然也能在预算中留出相当数量的钱用于储蓄和偿还贷款。很难想象，这样的家庭还能坚持必要的原则，去定期存钱并确保贷款按时偿还。

诺姆沙（Nomsa）的故事就阐明了非常贫穷的人们是怎么存钱的。她77岁，与自己的四个孙辈儿住在南非的一个村镇卢庚格尼。两个较小的孙辈儿，一个7岁，一个14岁，他们的妈妈死于艾滋病，就在研究年份开始前夕来到了她身边。他们没来之前，诺姆沙可能还算有点钱，但现在他们五个人都得靠她从政府领到的每月114美元的养老金艰难度日。她不断地请求社会工作者们为她加一份关爱补助，使她的养老金能比现在多不止一倍。可是，虽然她的申请条件看起来是够的，但最后她却被拒绝了。诺姆沙靠卖自己菜园里种的菜来贴补点收入，但她常常还是需要贷款来保持开支平衡。尽管如此，她却成功地坚持每月付40美元给她所参加的非正式储蓄互助会（这一点我们稍后还会更详细地加以讨论）。表4-1显示了她每个月的预算状况。

表4-1　诺姆沙典型的月度预算　　　　（单位：美元）

资金来源	120
卖蔬菜	6
政府养老金	114
资金用途	**120**
教堂收费	4
日常开销	19
食物	22
去购物的交通费	2
石蜡	9
家用品（肥皂等）	14
偿还贷款	10
储蓄互助会	40
银行净存款	0
家中净存款	0

注：单位为美元，由南非兰特依据市场汇率换算而成，1美元=6.5兰特。

诺姆沙可能看来非常厉害，竟能把自己每月预算的三分之一存起来，但其实她的存钱模式和大多数邻居的大同小异。诺姆沙有一个用来接收按月发放的政府养老金的银行账号，但她每月都会把钱全部从里面取出来。同样，她在家里也有一个地方固定放零钱，但到月底时也不会剩下多少钱。和邻居们一样，诺姆沙能把每月收入的这么大一块存起来，要归功于她参加的两个非正式的储蓄互助会。

我们发现，在所有这三个国家里，所有家庭，甚至那些最穷的，都会通过累积存款和偿还贷款的方式尝试慢慢累积起大额资金。

以苏尔坦（Sultan）和卡侬（Kanon）家为例。这对孟加拉国的夫妇租了一处院子，用来在所居住的达卡的贫民区回收废旧品，但苏尔坦已经五十多岁了，身体也不太好，所以他能赚取的收入每天极少会高于1.5美元。就在研究年份开始前夕，他们15岁的女儿丝薇蒂（Sweetie）在一家制衣厂找到一份工作，每月工资28美元，再加上一些加班费。这些钱她交一份给家里，剩下的大部分都存起来办自己的婚礼：她在研究年份快结束时结了婚，离开了家。卡侬是一家微型金融机构的会员，在研究年份的前一年，她贷了一笔110美元的款项，用于满足一系列需求：苏尔坦治病的药钱、偿还之前借邻居的钱、消费，以及支付用来处理废品的院子租金。此外，卡侬已经结婚搬出去单住的大女儿把自己的小额贷款给了苏尔坦和卡侬，帮忙凑丝薇蒂结婚的钱。苏尔坦和卡侬咬紧牙关，一直坚持不落下这些贷款的每周偿还：每周3.76美元，一周又一周。而最重要的是，他们每周还在一家小额信贷非政府组织那里存75美分。于是，好几个月过去之后，他们成功地每周挤出了4.51美元用于在小额信贷聚会上偿还贷款和定期储蓄，而这是在每周只有20美元甚至更少收入的基础上。

或者我们还可以以西塔（Sita）为例。我们已经在第二章里谈到过她了。她住在印度乡间，是个农场劳工，收入很低而且不稳定。西塔和自己三个儿子中最长和最幼的两个住在一起：大的叫乌达尔（Udal），在研究年份里他的新婚妻子刚嫁过来和他们住在一起，小的叫拉拉（Lalla）。全家人都是文盲，但都已经成年，身体强健，通过在当地农场或当地以及邦首府阿拉哈巴德做日工赚取家中大部分收入。拉拉和当地一个谷物商签订了合同，每天工资43美分（比当地市场价的一半还稍低点），来偿还乌达尔结婚时所借的64美元贷款。西塔拥有3.5英亩土地，但其中只有1英亩比较肥沃，剩下的都是岩石地，缺乏灌溉。肥沃的土地在两年前被抵押出去了，是为了筹钱帮助乌达尔。当时他被控在村中抢劫，导致家里背上了庭审费用的负担。农场的收入在种稻米的季节是10美元，比西塔期待的少了一半多。所有这些加起来有353美元的年收入，平均下来每个月低于30美元。

尽管收入很低而且不稳定，这家人还是成功地既留出了日常所需的钱也能应对更长期的花费和债务。在这一年中，他们储蓄和偿还贷款共计63美元，稍稍低于他们年收入的五分之一。其中的大头都是从工资里省下来的，放在家里用来偿还以土地抵押借来的私人贷款。收支的方式是从拉拉的工资里扣，这样就能逐步偿还他欠其雇主谷物商的钱了。

这样看来，我们样本中家庭类型的两极——从负担沉重的诺姆沙，到身体均健康但处境有点微妙的西塔，再到脆弱而年老的苏尔坦，他们的预算当中都有空间用来固定存钱。其他研究也提出，全世界的贫困家庭可能都是这样。在一篇2007年的论文中，麻省理工学院（MIT）的经济学家阿布西吉特·巴讷吉（Abhijit Banerjee）和埃斯特·杜弗洛（Esther Duflo）称，对全球各地的调查显示，穷人并不是把可用的每一分钱都花在食物上，而是会在预算中留出一部分，以便未来能用于应对较大支出的金融投资。[3]我们收集到的理财日志资料表明，大多数南非的日志记录家庭用于购买商品和服务的钱不会超过收入的75%；结余将用于诸如保险、储蓄或偿还债务等金融交易。下一个关键的步骤是要找到方式保护这些预留出来的钱，让它能够慢慢变为有用的大额资金。

形成大额资金

我们在本章的关注焦点是，诺姆沙、西塔、苏尔坦和他们的邻居们如何累积起有用的大额资金。正如我们所看到的，他们的策略是从多种来源拼凑资源。不过，有时候某一种工具会起最大作用，观察这种集聚过程是怎么实现的将会让我们发现良多。我们指的"较大"数额是指完全用单一工具积累起来的，而不是用多种工具拼凑起来的，等于或超过家庭月收入的任意数额。在孟加拉国和印度，这个衡量标准经过全国标准平均化之后定在大约 50 美元。在南非，由于我们得到的收入数据更加精确，这个标准是按照各家各户的月平均收入值来分别衡量。[4]笼统来说，在研究年份内，我们的样本家庭一共积累并花掉了 298 笔这样的资金。这些资金的价值总额为 80 857 美元。表 4-2 按国家对其进行了分类，并显示了各国大额资金的平均价值。

表 4-2　在研究年份内利用单一工具积聚成并花掉的大额资金，按国家分类
（单位：美元）

	孟加拉国 42 户	印度 48 户	南非 152 户
大额资金笔数	94	139	65
平均价值	144	167	676
总价值	13 550	23 358	43 949

注：单位为美元，由当地货币依据市场汇率换算而成。

在印度和孟加拉国，典型的情况是，各家会利用金融工具留取其平均价值约等于三个月收入的有用的大额资金。在所有这三个国家，

当我们比较住在同一个社区的较富裕家庭和较贫穷家庭时，我们发现，更穷的家庭能够累积起的大额资金，占其收入的比值甚至高于更富裕的邻人。约瑟（Joseph）住在南非开普敦城外兰加镇中一块贫困的区域。他的银行账户上设定了一个每月达到一定数额就自动转入定期储蓄的功能。在一年的时间里，依靠这种方式，他成功地存下了630美元，这相当于他的月收入的1.5倍。他的邻居诺本托（Nobunto）的月收入是他的一半，借助储蓄互助会存了407美元，大约相当于自己月收入的2.5倍。因此，许多贫困家庭确实能够利用金融工具实现大额资金的积累。

表4-3从另一个方面展现了大额资金的累积。它展示了哪种工具——储蓄、贷款或保险最会被用来积累大额资金。南亚与南非的情况在此出现了显著的差别。孟加拉国和印度储蓄所占比例相对较低，说明在那两个国家想要存起多于一个月工资的钱是多么困难——在这两个国家，借别人存的钱远比自己存钱更加常见。相反，大多数南非样本积累的大额资金都是通过储蓄完成的，有些是通过银行账户，但大多数是通过储蓄互助会。保险只在南非才占有相当份额，这一点我们在前一章已经详细讨论过了。

表4-3　用来积累大额资金的工具类型　　　　（单位：美元）

工具类型	孟加拉国（占总数的百分比）		印度（占总数的百分比）		南非（占总数的百分比）	
	大额资金总数（94）	平均价值	大额资金总数（139）	平均价值	大额资金总数（65）	平均价值
储蓄	17%	119	26%	183	75%	654
贷款	83%	149	73%	162	15%	522
保险	0%	——	1%	138	9%	1 039

注：占总数的百分比及平均价值；单位为美元，由当地货币依据市场汇率换算而成。

然后是用掉它们

表4-4勾勒了这些大额资金的三大类用途。"紧急状况"包括所有突然发生的对生命、健康或财产的威胁。在"生命周期"类别下我们包括了家庭消费，以及在出生、结婚以及死亡上的开支。"机会"是最广泛的类别，在表4-5当中又作了进一步细分，我们随后会讨论。当然，许多大额资金的用途不止一项，在这些例子中，我们按其最主要用途进行分类。下面我们来讨论一下这三个用途类别。

表4-4 298笔大额资金的主要用途

用途	孟加拉国		印 度		南 非	
	数量	占比	数量	占比	数量	占比
生命周期	22	23%	42	30%	17	26%
紧急状况	6	7%	6	4%	11	17%
机会	66	70%	91	66%	37	57%
总计	94	100%	139	100%	65	100%

生命周期用途。对经济学家而言，用以解释家庭为什么要借钱和存钱的最简单理论指出，这关键在于生命周期带来的动机。这种理论强调，家庭们旨在让收入和支出模式能适应人生漫长时段内的起伏，从最早的时候作为一名年轻的工作者，到建立家庭的那些年，以及最终走向退休。该理论提出，家庭们在成员年轻时借钱，因为当时的收入还不足以满足像购买一套房子这样的主要需求。一旦情况许可，退休的预期让人们开始储蓄。而随着退休时光来临，这些储蓄就会慢慢

地被用尽。

但生命周期理论只解释了我们所见的部分现实。它的应用范围是有限的，因为在我们的样本中即使年龄非常大的人，比如已经 77 岁的诺姆沙，也还在干活，靠卖点蔬菜来养育自己死于艾滋病的女儿留下的外孙们。生命周期带来的动机始终存在，尽管起初看起来不那么明显。

如果我们把目光从在这一年中积累并花掉的 298 笔大额资金转到在年终的资产负债表中仍然还在的较大数额金融资产这个子类别时，我们就会发现，这些钱很少用于为保障老年生活而设计的金融工具。在南非，只有 15% 的日志记录家庭会有足够的存款和资产来支撑超过五年以上的退休生活。[5]那些更加富裕的、确实有养老储蓄的家庭一般都倾向于通过雇主提供的工具来达到这个目的，比如退休或养老基金，但更穷的家庭却一般很少有长期的金融资产。为老年时光提供保障一般在我们的日志记录家庭中都不是直接通过金融工具的形式来进行的。不过，我们与日志记录家庭的大量谈话揭示出为老年时光提供保障的愿望常常都隐藏在他们的理财交易中。

来自达卡的卡德嘉（Khadeja），我们在第一章中发现她会借钱来买金子。她认为金项链是一种有价值的、能够对抗未来不确定性的避险工具：在她生活的环境中，她可能很快就变成寡妇，或者被抛弃或者离婚。她利用了一种金融工具——一笔小额贷款来购买金子。她的例子非常有代表性，可以体现贫困家庭是如何利用可获得的短期理财工具来创造性地积累财富，作为对不可能获得的长期理财工具如养老金的替代品。

薇沙卡（Vishaka）是德里贫民区的一名日志记录者。她的做法可以说与卡德嘉在本质上是一致的。与借用了小额信贷的卡德嘉不同，薇沙卡参加了一个储蓄互助会作为她的短期储蓄工具。当她收到了互助会返还给她的钱后，她丈夫奥姆·帕尔·辛格（Om Pal Singh）建议他们把钱存到更近些的地方，放到一个揽储人那里。这人就是薇沙卡的母亲。奥姆指出，随着他们开支日益增加（他们那时候已经有了四个孩子），他们可能需要便利地紧急取钱。但这正是薇沙卡担心会发生的情况，因为这会破坏她的长期存钱计划。相反，她把钱存在了一个金匠那儿，他那里没那么方便取用。等她存的钱有一定数额时，她就买点金子——这就是她为未来进行的储蓄。

大额资金的一个很普遍的用途是买地，我们把这项用途归入了机会大类（参见表4-5对机会大类的细分）。买地的动机是受到文化规则影响的：我们在南非开普敦的兰加贫民区里遇到的条件最好的家庭之一就明显一直在想着他们叶落归根的事情。他们告诉我们，他们把所有的存款都投入到了正在东开普敦省建造的家宅。这并不是说他们马上就要搬回那里去，而是因为，如果你有了一个自己的家，"你不能从你父母的家里出殡——人们必须从你自己的家里把棺材抬出去。"在所有这三个我们调查的国家里，土地都被认为与未来安全相关。在孟加拉国和印度，城镇中的家庭往往都会设立一笔基金，通过贷款或储蓄在自己的老家买地或建房。

婚礼，葬礼和更广泛的生命周期用途。 虽然基本的有关储蓄的生命周期理论聚焦于退休，但更广泛的模式则要从走向退休的途中解释主要的生命事件。在孟加拉国和印度，婚礼是迄今为止最为常见的昂贵的"生命周期"事件。在南非，正如我们在之前的章节中所看到的，大多数家庭都利用了专业的、旨在为最为常见的花费不菲的生命周期事件——葬礼而积累大额资金的手段。其他重要的南非人生活周期中的事件，比如付罗波拉（lobola，婚前男方送给女方家的彩礼）或男孩入学，对我们的日志记录家庭来说也是重要的经济事件。正如阿布西吉特·巴讷吉和埃斯特·杜弗洛在多个国家中发现的，[6]在宗教和社交事件上的花费在贫困家庭的支出中占到很大份额，而且通常需要大笔地花钱。

在印度，我们的日志记录家庭中有四分之一都在研究年份内要为家人操办一次婚礼，45%则为家庭之外的婚礼出过礼钱。因此，在印度的日志家庭为生命周期所用的 42 笔大额资金中（参见表 4-4），几乎所有都是为婚礼而支出的，就不足为奇了。对那些在研究年份内家中有一个孩子要结婚的印度乡村家庭来说，婚礼的支出要占到全年总支出的 56%，这实在是令人震惊。因此，很常见的是，在旨在重新分配资源的从无息贷款、赠予、储蓄和其他各种形式的信用贷款等各种来源完成的拼凑工作中，这些大额资金是主体。

婚礼在印度乡民的经济生活中占到如此重要的地位是情有可原的。聚集起来的丰厚嫁妆和结婚仪式本身的阔气不仅能让女儿风风光光嫁出去，让她在夫家能过得好一点，而且还是一种策略，旨在让娘家的社会-经济地位通过结一桩"好亲事"而得到提升。

孟加拉国的情况也类似。阿塔乌尔（Ataur），我们在那里的一个乡间理财日志记录家庭的户主，在研究年份内给一个女儿和一个儿子操办了婚事。为了女儿的婚礼，他变卖了一些资产（一头牛卖了 50 美元，一头山羊卖了 10 美元，还有一些竹子卖了 40 美元），在家里极力节俭存钱（在结婚前最高已经存到了 240 美元），从当地市场上零星地借贷（10 美元，另付息 10 美元，然后又借了 40 美元，两个月后又付息 14 美元），然后又用掉了之前从一家小额信贷机构那里借来的 200 美元。几个月后，他们收到了一份嫁妆——100 美元现金和价值 13 美元的珠宝，这抵充了他们要出的婚礼费用，还有结余。[7]

应急用途。生命周期事件为储蓄提供了动机，普林斯顿大学的经济学家安格斯·迪顿（Angus Deaton）称之为"低频"储蓄（Low Frequency Saving），因为这些事件一般都能在很久之前就被预计到，而储蓄策略可以在不需要太多修正的情况下就位。[8]相反，"高频"储蓄指的是那种抑制日常消费和管理现金流的储蓄，我们在第二章对其进行了描述。耗费巨大的紧急状况则是另一回事，需要较大的资金。然而，正如表 4－4 显示的，在我们的日志记录家庭中，应急用途在我们确认的 298 笔较大额资金中只占到相当小的份额。

这种低份额情况并不是表示没有发生什么危机，正如我们在第三章已经表明的那样。相反，这是因为这些家庭不能用特意准备的大额资金来应对这些经济状况。根本不存在体系化的保险工具能让他们做到这一点。取而代之的是，紧急状况是靠一大堆拼凑的小额借款和存款再加上变卖资产来应对的。在孟加拉国，极少有专为应对紧急状况而发放的小额贷款，因为这些贷款都是按照年度来拆分成多份，不允许提前还款（这将会启动另一笔贷款）。如果小额贷款为应对紧急状况而发放，也只是以间接的方式：比如，某位小额贷款用户可能需要通过向出借人保证自己在几个月后就能拿到一笔小额贷款，才可以得到一笔私人借款。同样的，这三个国家的很多储蓄互助会都会在一个预定好的时间返还存款，这就让储蓄用户在碰到紧急状况时没有办法得到资金。

机会。现实是，大多数大额资金都被用来抓住各种各样的机会。表4-5显示，买地和盖房投资在各个地方都是最主要的用途，尽管在南非的家庭和在印度及孟加拉国的家庭对土地投资的看法不尽相同。在南非，购买住着低收入人群的乡间土地极少被看作有经济投资价值，而是为了履行文化责任和愿望。即使是在南非的城镇里，二级市场也是刚刚开始发挥功用，让地主能够有机会买卖他们的地产，期望获得微薄的利润。但在孟加拉国和印度，土地是越来越得到认可的财富保值方式，在这两个国家，投资地产背后的动机毫无疑问是为了在经济上获利。在印度，银行也正在成为地产投资过程中的一环。在印度那些投资于地产买卖的大额资金中，大约有四分之一都是在银行完成积累的，利用了包括储蓄和农田贷款在内的金融产品。

表4-5 194笔用于机会投资类别的大额资金的主要用途

	孟加拉国		印 度		南 非		总 计	
	数量	占比	数量	占比	数量	占比	数量	占比
个人资产								
土地或房屋	14	21%	14	15%	13	35%	41	21%
牲畜	3	4%	1	1%	0	0%	4	2%
生意或务农								
资本货物	2	3%	4	4%	2	5%	8	4%
库存或投入	29	44%	48	53%	0	0%	77	40%
其他								
转贷	9	14%	8	9%	1	3%	18	9%
移民	1	2%	0	0%	0	0%	1	1%
储蓄	0	0%	4	4%	6	16%	10	5%

	孟加拉国		印　度		南　非		总　计	
还债	7	11%	7	8%	5	14%	19	10%
买保值品	1	1%	5	6%	7	19%	13	7%
教育	0	0%	0	0%	3	8%	3	1%
总计	66	100%	91	100%	37	100%	194	100%

　　对于其他的子类别，三个国家存在较大的差异，尤其是在南非与另两个南亚国家之间。投资小买卖是孟加拉国和印度最为常见的投资类别，但在南非却一点儿也不重要。这并不意味着我们的南非样本家庭极少经营小生意，而是因为经商的收益在南非家庭收入中所占的份额比南亚的样本低很多。因此，在南非，用来补充运营资本的大额资金并没有达到我们用作衡量标准的月均收入。

　　在孟加拉国，小额信贷供应商自称其工作是要为贫困人家提供做生意的资本，他们为这些数字做出了贡献，但只占到其中较小的比例：大概另外四分之三投入到生意中的大额资金是来自非正规私人来源，而不是小额贷款商。在印度，在我们研究的日志记录区域小额贷款商还很少，机会用途中涉及的大额资金有更大一部分用于生意。大部分（58%）是在非正式机构中积累形成的，但也有相当一部分是在正式机构中积累完成的，还有极小一部分是通过小额贷款。几乎所有用于生意的"正式的"大额资金都来自银行或是放给农民的信用合作贷款，这再一次说明了银行能够接触到（较大规模的）农民，但却极少能接触到其他群体。

　　在我们的样本中，南亚家庭似乎比南非家庭更愿意用所积累的资金去转借给他人。在大额资金相对来说能以更低成本累积起来的地方，用它来套利也更能讲得通：我们听到过这样的故事，小额放贷者把自己的钱借给别人，然后不仅能得到还款，还能赚取利息，或许就是借用了持续往小额账户中存钱的方式，正如第二章中依赖蒙塔兹的资金的哈尼夫的做法。

我们发现有几笔资金实际上是被用于偿还其他的债务。在孟加拉国，小额贷款的利率比其他私人贷款的利率更低，因此常常被用来偿还私人贷款。在印度，有几笔大额资金是由农村受访者借来用以偿还规定了严格的最后还款日的放贷人的，比如银行和批发商。

存钱和借钱：蓄能器与加速器

当我们观察在日志记录家庭用来累积大额资金的策略中储蓄与借款的相对份额时，我们会因发现意外的现象而感到震惊。现实情况是，储蓄与借款的份额非常接近。两者都需要稳定的、缓慢推进的支付——比如，一个星期一个星期地小笔存钱，或一个星期一个星期地小笔还钱。常见的非正式机制的设计方式也相同，如下文所描述的地方储蓄或借贷互助会——此外，它也与众多更富有的人们购买保险或缴纳养老金的方式类似。这也是小额贷款的先驱者们采用来进行新的金融创新的特征之一。

我们注意到了这个以及其他一些日志记录家庭采用的机制和策略所具有的特点。我们首先聚焦于借款这一面（加速器），然后转向各种存款机制（蓄能器）。无论是在借款还是储蓄中，日志记录家庭们都找到了方式来应对各种使累积大额资金变得困难重重的经济、心理和社会力量。

加速器

在本章伊始，我们谈到这样一个观点：大额资金的形成是依靠拼凑各种资源（将运气、技能和资产放在一起）来积累起所需的数量。在所有地方，借款都是这个过程中的一部分。

借款是大额资金形成过程中的加速器，这基于几点原因。显然，它们能够让各个家庭迅速得到现金，而不必经历缓慢的储蓄过程。但借款其实还具有其他能让这个过程加速的特征。价格是其中之一。

在印度南部一个叫维嘉亚瓦达的城镇的贫民区里，西玛（Seema）通过讨价还价从一个放贷人那里拿到一笔 20 美元的借款，月息 15%。之前她刚刚参加过自己的地方储蓄互助会的聚会，她在互助会的活期储蓄账户里有 55 美元存款。这次借款让我们感到震惊，因为觉得非常贵，甚至是个不理性的选择。但当我们问她为什么要这么做时，西玛说："因为我知道按这个利率我很快能够还掉这笔钱，但如果我取出我的存款，再要存这么多钱就要花很久的时间。"

甚至连一些更富裕的日志记录者也会按这个逻辑行事。生活在德里的萨提什（Satish）在研究年份结束时有 1 232 美元的现金资产，这在所有印度样本中排名第三，仅比两名富裕的农场主低。可是他却很喜欢借钱，而且各种利率水平的贷款都借。在这年年终，他有 575 美元的债务，其中有一半多是利息。他的解释是，利息的压力会推动他尽快还钱，这种感觉他喜欢。西玛和萨提什在富裕地方也不缺乏同伴：即使银行里有足够的存款但仍然选择以很高的利息来借钱，这种模式是研究美国低收入信用卡持卡人的资料时发现的常见现象。[9]

西玛和萨提什利用价格的压力来保证自己留出了钱。卡德嘉借了一笔年息高达36%的贷款，然后把这笔钱大部分花在购买金饰上，因为她认为这是能保障未来的有价藏品，然后利用了小额信贷提供商的每周还款规则的迫力来推动自己留出钱。与西玛一样，卡德嘉认识了一个听起来有些奇怪的悖论的本质：如果你很穷，借钱是最快的存钱方式。卡德嘉知道，如果没有某些外部力量来帮助她，她存够钱买金项链的机会微乎其微。因此当一个微型金融非政府组织提供给她一个机会，把一年的每周小额付款变成有用的大额资金，她马上就加以利用起来。

我们观察到，另一位孟加拉国人也发现了这个道理。

苏尔约（Surjo）是一个受过教育但很贫穷的年轻人，支撑着一个有些庞大的家庭，其中包括他守寡的母亲和好几个兄弟姐妹。他尝试了许多手段来为他们这个不断增长的大家庭的各种需求来积聚资金。当我们遇到他时，他告诉我们，他决心要存钱，还为此专门开设了一个银行账户。在当月，他照常从自己55美元的工厂月工资中拿出10美元存进了这个账户里。下个月是开斋节，他以此为借口没有存钱。在再下一个月他又有了另一个理由。于是我们没见他再存钱。

但他的母亲是一个微型金融小组的成员，发现了一个能让苏尔约存钱的更为可靠的方式。在研究年份里，她贷款180美元在他们的家乡村庄里租了块地，然后又把它分包出去种植，从而保证了家里的稻米供应。苏尔约认识到，比起继续他已经失败的银行储蓄计划，还不如按时还清贷款。于是，我们看到，在那一年，这家人一直定期坚持每周还款近4美元。[10]

　　如果卡德嘉和苏尔约能够有安全且像小额贷款那样具有约束力的储蓄工具，那他们的情况可能会更好，因为这样的话他们就不需要支付利息了。但考虑到他们的可选项有限，他们"借钱来存钱"的策略还是有道理的。

　　我们在表4-3中指出，孟加拉国的日志记录家庭在研究年份内形成并使用的大额资金中，有83%都是通过借钱而不是存钱的手段来完成的，印度的这个比例是73%。尽管他们也会通过非正式的互助会和其他方式存钱，但对大多数我们的南亚日志记录者来说，事实证明，借钱才是让他们能留出钱形成大额资金的、最为可控的方式。

　　借款方式在孟加拉国占主导地位的一个原因是，受到格莱珉银行大获成功的推动，该国目前已有众多微型金融机构，而正如我们已经看到的，我们的日志记录家庭很多都是这些机构的会员。表4-6揭示了在这三个国家中，在形成有用的大额资金方面，正式的、半正式的和非正式的机构作用的差异。

表4-6　大额资金是在哪里形成的

	孟加拉国		印　度		南　非	
	数量	占比	数量	占比	数量	占比
正式机构	8	9%	29	21%	27	42%
半正式机构	37	39%	10	7%	0	0%
非正式机构	49	52%	100	72%	38	58%
总计	94	100%	139	100%	65	100%

　　南非的正式机构能触及众多我们的日志记录家庭（诺姆沙就有自己的银行账户），但其半正式（或微型金融）机构却发展得不好，因此有58%的资金都是在非正式机构形成的——大多是我们在本章

前些时候提到过的各种互助会。孟加拉国丰富的微型金融组织能触及我们在那的日志记录家庭的绝大多数，因此，半正式机构与超过三分之一的大额资金的形成都有关联——大多数大额资金是通过贷款而不是储蓄账户形成的。印度在非正式机构中形成大额资金的比例是最高的：迄今为止，它所拥有的半正式的金融提供商比孟加拉国少，而它的银行和保险公司在触及日志记录家庭方面又没有南非的那么成功。

蓄能器

到目前为止在这一章中，我们已经多次提到日志记录家庭使用非正式的储蓄互助会。这是在世界各地的发展中国家中都非常常见的蓄能器。我们看到诺姆沙（本章开头就提到她）在自己参加的储蓄互助会中存了自己月收入的一大部分，而且她颇能代表南非日志家庭的总体状况。尽管她有一个用来接收政府养老金的银行账户，但管理着她大部分积蓄的金融工具却是她参加的储蓄互助会：扎根在社区的这种组织是久经考验的、帮助穷人从他们的月度预算中一点点挤钱出来进行储蓄的方法。它们不是依据法律规定形成的，也不依法签订合同，从这个意义上说，它们是非正式的。相反，它们的形成建基于信任与相互责任这些把邻人们结合成一体的因素。

在我们认识她的时候，诺姆沙参加了两个不同类型的互助会。较简单那个是单纯的存钱互助会。它由一群住在附近的妇女组成，她们每个人每月固定存入 9 美元。互助会的会头把这些钱保管在自己家中。到当年年底，这类互助会会将已经积累的金额均分给每个会员。诺姆沙在 12 月时将会收到 99 美元（每月 9 美元，共 11 个月）。

诺姆沙为什么参加这个互助会让人感到疑惑。毕竟，她在银行里有自己的账户，而且也能熟练交易。那为什么诺姆沙不自己存钱到银行呢？为什么还要这么麻烦地参加互助会（她得参加定期聚会），还要承担这带来的毫无疑问的风险呢？（如果这笔钱放在会头家里被偷了怎么办？）南非的许多日志记录家庭都参加了这类互助会，对于这个问题，他们最常见的回答是，成为互助会会员是最能约束他们为了特定目的而存钱的方式。"你感到必须要付出自己那份钱。如果你做不到，那你很可能会让你的朋友们失望。所以最好是你能排除万难付出自己那份钱。"

因此，储蓄互助会实际上就发挥了自动转账储蓄或在富人经济中的"限额购买"的作用：它们把钱转到一个"取不到的"账户里，因此就起到了警卫的作用，防止人们受诱惑，把钱乱花在无关紧要的东西上。从这个方面讲，它们具有重要的心理和社会作用，建基于普遍共享的观念之上，而这种观念是直到近期才被行为经济学家们意识到的。[11]其基本观念是，许多人，无论贫富，都会被困在一个两难境地里。他们感觉有必要为将来储备资源，但他们又缺乏耐心，总想今天就花光用光（通常都有很好的理由，比如为了健康和营养方面的原因）。如果缺乏耐心超过了对未来的关注，那为了满足日后需求的钱就存不下来。

考虑到这种困境，能让各家各户以一种既定的方式（或致力于迅速还掉债务）进行稳健储蓄的机制，就能让他们的状况变得更好。这种机制能抑制耐心的缺乏，帮助家庭让两种互相竞争的需求达到平衡。从本质上来讲，他们让用户能在非常关键的较早时刻就锻炼他们的自我控制能力——方式是开始持续数月的一个计划，而不是必须每天或一旦有重要的花钱项目要考虑时就开始天人交战（是现在消费？

还是为日后存钱?)。例如，一项在菲律宾进行的研究表明，如果能得到一个储蓄账户，允许他们在一段固定的期限内以固定的间隔期存入固定金额，那银行客户们就能存下更多的钱。[12]正如之前已经指出的，较富裕的家庭拥有许多手段来这么做——比如定期自动扣除工资到退休养老账户里。较穷的家庭则通常需要依赖他们自己设计的非正式机制了。[13]

会让穷苦家庭陷入两难境地的不单只有无法抑制消费冲动，还有不确定每项眼前的需求与更加遥远的需求之间孰轻孰重。此外，造成冲突的也总是自己本身的欲望和需求。对如何分配资金有异议的可能是你的配偶。或者是亲戚突然来访，寻求帮助。这使人们更加慷慨。像诺姆沙参加的存钱互助会以及其他下面讨论的非正式储蓄互助会则提供了一种普遍的方式，能设定并遵守公平合理的界限。[14]

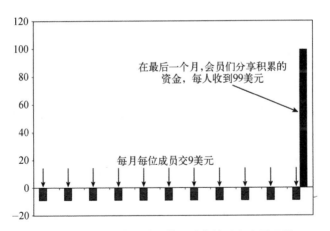

图 4-1　诺姆沙参加的储蓄互助会的现金流原理图
单位为美元，由南非兰特按市场汇率换算而成，1 美元=6.5 兰特。

存钱互助会。图 4-1 阐明了诺姆沙参加的第一个互助会——存钱互助会的现金流情况。它揭示了所有这类机制的普遍特征：它们撬动了小额的但稳定的现金流——对诺姆沙来说是每月9美元，并将它们转化为较大金额的资金。每月相对较小的投入使得人们能不需要花费太大力气就做到，但随着时间的推移，这个数额却足够累积到一个富有意义的规模。通常，在一个存钱互助会里，钱都存入某个银行或者收在某位成员家里，直到约定的期限结束。这个阶段通常是设定在某个重要的需要花很多钱的节日来临前夕，比如圣诞节前、开斋节前或排灯节前。

"缓慢但稳定的"周期安排与对卡德嘉和苏尔约帮助很大的小额贷款还款的安排是类似的。在这个层面上，存钱和借钱分享了类似的进程：小额资金稳步地留存起来，换来的是单笔在约定的日期能够拿到的大金额。但从这个角度来看，存钱与借钱之间又存在一个关键的区别，即这笔大额资金是什么时候拿到的：贷款的话是一开始就能拿到，而借助储蓄就是最终才能拿到。

RoSCAs。诺姆沙参加的第二个储蓄互助会是一个RoSCAs，即轮转储蓄和信用协会。在这样一个组织中，每位会员都在一个时间段内存相同数额的钱，比如说一个月，然后在这个特定时间段里大家存的所有钱都给其中一名会员。这个过程将一直持续到每位成员都收到这样一笔"奖赏"为止，此时这个组织也就走到终点了——不过其成员们也可以选择立刻或稍后开始新一个轮回。RoSCAs的魅力之一在于，它并不需要储存集体所有的资金（也没有这笔资金），也不需要复杂的簿记工作（全部所需就是一个列明谁已经拿到奖赏而谁还没拿到的单子）。

诺姆沙参加的RoSCA只有三名成员，都是亲密好友，这就让事情变得非常简单。他们每个人每个月存31美元，然后轮流在聚会的时候拿走93美元，三个月一个周期。第一次拿到"奖赏"的时候，诺姆沙拿一部分钱维修了一下她的隆达瓦尔（rondavel，一种传统的草顶圆形建筑），买了一个罐子，还清了一笔债务。第二次拿到"奖赏"的时候，她拿钱进一步维修了自己的隆达瓦尔，付钱让一个有拖拉机的人帮她平整了一下花园的土地，然后又还清了一笔短期债务。

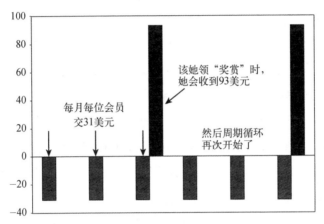

图 4－2 诺姆沙参加的 RoSCA 的现金流原理图
单位为美元，由南非兰特按市场汇率换算而成，1 美元＝6.5 兰特。

RoSCAs 机制非常灵活，可以容纳几乎任意数量的成员，可以任意设定付款周期以及任意数额的存款数。而且每一个轮回周期的条件到了下一个轮回时又可以被改变。[15]另一方面，它们又是有结构化规章的，所以就有很强的约束力。

ASCAs。第三种在南非的日志记录家庭中很流行的储蓄互助会是ASCAs，即累积储蓄及信用协会。与简单的存钱互助会不同，不论是RoSCAs 还是 ASCAs 都会在资金积累的过程中去利用已经存好的钱，而不会让它白白放着。而 ASCAs 则比 RoSCAs 更接近信用合作社。在ASCAs 中，成员们也是定期存钱，但他们不会像在 RoSCAs 那样在每次聚会的时候"一分不剩地"把钱全给某一个位成员。相反，他们会把资金分成几份给多位成员（有时也给非成员），数额不等，但都要收取利息，并与借钱者商量好一个还款周期。它还会将没有借出去的资金聚拢起来，全部存到本会的管理人那里或银行里。

诺姆沙并没有参加哪个 ASCA，但我们的另一位非洲日志记录者西尔维娅（Sylvia）参加了。该会有 33 名成员，每个人每月付 30 美元。随着聚拢的资金渐渐增多，根据互助会的规则，会员们必须在月内领部分资金借给非会员。西尔维娅通常会从互助会里领大量钱出来借给自己的邻居们。光是从 7 月到 11 月，她就一共借钱给了 16 个人，每个人平均 60 美元。这些借款的月息是 30%，这是互助会的规章里面明文规定的。借出的钱挣得的利息付给互助会，这就进一步增长了资金的规模。到某个约定的期限互助会解散，存款和利润就根据每位成员的储蓄额和出借记录进行分配。

像西尔维娅参加的这种 ASCAs 显然不仅仅在帮成员们存钱。他们是设计来帮助成员们从存款中获利的（我们在第五章将进一步讨论），这个特点会让这些组织不那么稳定，我们之后会看到。尽管如此，它们还是拥有自己的一席之地，与存钱互助会和 RoSCAs 一起成为我们的南非日志记录家庭们使用的广受欢迎的蓄能器，以克服他们在存钱方面的困难。从总数上看，67% 的南非日志家庭属于至少一个存钱互助会、RoSCA 或 ASCA。

非正式互助会的突变、革新和演化。我们前面利用南非的例子来介绍储蓄互助会，因为正如表 4 - 3 显示的，储蓄是在南非更受青睐的、用来形成"有用的大额资金"的方式，而在南亚，借钱才是更普遍的方式。尽管如此，印度和孟加拉国也拥有历史悠久的储蓄互助会传统。存钱互助会、RoSCAs 和 ASCAs 都能在南亚的日志记录资料中找到。与南非的情况类似，它们的形式多样，因为非正式互助会的优点之一，就是能够根据会员的要求迅速塑造自身结构。如果有必要的话，只要成员们达成一致，就可以改变互助会的规章，而不需要像正式机构那样很麻烦地咨询董事会成员或申请管理部门同意。其结果就是，储蓄互助会的各种形式几乎可以无穷无尽地演变，每一种都试图更接近于达到资金需求与成员手中现金流之间的完美匹配。

有些组织结构与其叫作互助会，不如就非正式地称之为互惠关系。在前一章里，我们看到它们在南非以葬礼互助会的变异形式出现并发挥作用，在这个组织中，钱不会被转手，直到需要举行一场葬礼。此时，所有参会家庭就组成了一张遭遇丧事者的社会关系网，帮助其分担成本。这样的关系是家庭"信用评级"的一部分，正如在富人圈里信用卡的作用一样，不过用得更少。这些义务不是持续"一成不变的"，而是平时只是好好维护着，到需要的时候再派上用场。以这样的方式，它们就起到了风险共担机制的作用，而不仅是借钱或存钱的工具。在印度，我们也发现了同样的用来负担婚礼（在南亚婚礼是最昂贵的仪式）成本的传统。我们的一名印度日志记录者拉杰什（Rajesh）告诉我们，以前他成功地运营着一家地毯编织作坊的时候，他总是慷慨赠送礼物来帮助家族成员们负担婚礼成本，价值一般在 385 美元左右。但后来他潦倒了，靠在当地市镇上做日工赚取大部分收入。就在我们调查开始前，他为自己的女儿操办了婚礼，付清费用的主要方式就是通过互惠的方式把自己以前送过的礼物收回来，尽管有些已经是好几年前送的了。

在南亚，如同在整个亚洲一样，RoSCA 很常见。具体形式多种多样，区分的方式是看确定成员们接受"奖赏"顺序的方法。有些组织是通过协商一致来确定，在存款周期开始前就定好接受"奖赏"

的顺序。如果成员们计划让这个组织持续不断地运转存在的话，它就能很好地发挥作用，因为这样的话，转了好几轮之后，你的顺序号就不再那么重要了——你只是按照固定的间隔周期得到一笔奖赏而已。诺姆沙那个只有三个成员的 RoSCA 就属于这个类别。

纳西尔（Nasir）和他的几个兄弟都是德里一家皮革出口工厂的糅革工，在一名当上经理的同事的撮合下，他们加入了一个共识型 RoSCA。该会一共有 10 名成员，每人每月贡献 21 美元，持续 10 个月。他们全都来自比哈尔的同一个地区（六名来自纳西尔他们那个村，包括他的两个兄弟，一个嫡亲表兄弟，以及他妻子的兄弟），在同一家公司工作。

因为这些兄弟以及这名经理（经常为他们提供无息借款）之间有近亲关系，又互相信任，所以该会的规则是很灵活的：不会征收什么罚金，兄弟们甚至其他成员之间也会互相替代出钱。在参加了一场针对工资太低的抗议活动后，纳西尔和他的一个兄弟丢了工作，他们的大哥于是承担起了为三个人交纳份子钱（每月 64 美元）的任务，条件是弟弟们供他日常的吃住花销。这个 RoSCA 能够存活下去，是因为其核心成员是近亲，会互相帮助。三个兄弟作为一家人，他们存钱是为了共同的目标的，而 RoSCA 如同南非的某些储蓄互助会一样，其实是赋予了既存的互惠关系以比较正规的形态。

这样的共识组织能改变存款的数额、成员的数量和聚会的频率，以在存款和收取奖赏的时间节点之间达到适应现实需求的平衡。

在内罗毕的贫民区里，[16]玛丽（Mary）参加的 RoSCA 帮助她解决了做小生意（每天从市场上买一篮蔬菜回来，卖给她的邻居们）和做一个单亲母亲产生的需求。她参加了一个七天每天都存钱的RoSCA，每七天她可以从那里拿到一份奖赏，价值相当于她的蔬菜营生。每当玛丽需要钱应付一些突发事件时——就在我们去采访她那一天，她儿子从树上摔下来，需要去看医生，她需要从自己的小生意资本当中拿取现金，但她发现，只要她坚持不动在 RoSCA 的存款，那不到一个星期的时间它又可以补充她的生意资金。因此，她很看重这个储蓄互助会。一家非常知名的微型金融机构突然进入了她所在的贫民区，她在那里进行了一次不太成功的贷款尝试，之后，她又回归了原先的储蓄互助会。问题在于，从微型金融机构拿到的小额贷款期限是一年，这并不太适合玛丽的现金流需求。

仅举四个我们曾观察过其运行的国家和地区为例，菲律宾、巴基斯坦、埃及和台湾地区都有自己的 RoSCA 传统，由此找到了另一条能满足穷人的现金流需求的路径。在这些地方，我们发现，RoSCAs仅持续一个周期，但每个周期都是为了某个特定的人有对大额资金的需求才启动的，这个人将设定适合其他成员的一套规则。

一个菲律宾乡间的教师想要为自己的新家买一套新家具，她就可能启动一个 RoSCA，目标是 100 美元（这是她需要的购买家具的金额）。出于表示团结和睦，她的同事们加入了，但条件是她能设计出一套适合他们的规则——比如在接下来的五个月里每个月出 20 美元，于是，事情启动了，该会将在花费不菲的圣诞季开始之前解散。

而另外一种类型的 RoSCA 则是用抽奖的形式来选择获奖赏的人，

这个人选只有到聚会的那一刻才会知道，其名字从一帽子的名字条（包括了所有还没获得过奖赏的成员）中被抽取出来，谁被抽中，就会因为幸运而开心大笑。这种方式很容易运作，而且这让获得奖赏的顺序看起来非常公平。"乐透奖式 RoSCA"可能是南亚最为常见的此类组织的形式。在印度的日志调查中，我们发现有些抽中奖赏的会员，会把自己的名额先让给此时更急需用钱的其他成员，有人甚至把这笔钱转借给非会员，这就让这个机制更加能够适合每个成员的现金流状况。有些更加需要钱的会员也会被获准占有不止一股份额。

我们的两名印度的日志记录者采用了一种更加精巧的形式，这属于另一种形式的 RoSCA，即"拍卖式 RoSCA"：所有仍然有拿奖赏资格的会员都出价竞争这份奖赏，最后是出价最高者得到。而所得的拍卖费就会被均分给成员。因此就会有人一直忍到最后几轮再出价竞争奖赏，这样的话拍卖的价格会比较低（因为这时剩下的竞拍者已经不多了），那么他就一方面能以低于平均竞拍价的价格拿到均分的奖赏，又能享受到之前的竞拍者均分的拍卖费作为"利息"收益。因此，拍卖式 RoSCAs 能以很聪明的方式吸引储蓄者（他们会较晚参与竞价，因此就能获得较丰厚的回报）和借贷者（他们很早就参与竞价，付出较高利息），而每笔奖赏的价格是在当时的那场拍卖会上决定的，取决于会员们对这笔钱的迫切需要程度。所有这些都非常精巧地把储蓄者与借款者连接在了一起，而所有相关的财务计算，都不需要刻意分析就能完成，更不需要纸和笔。此外，钱会直接从储蓄者流向借款者，而不需经过中间环节或中介来抬高价格，压缩收益。

凭借这样的方式，拍卖式 RoSCA 被视作世界上最为有效的中介体系。或许不令人意外的是，在印度，拍卖式 RoSCAs 已经发展成为一种需要获得执照许可的金融产业，被称为"银会（Chit Funds）"，已经有数万家有执照的银会管理人正在代表其成员运营各个 RoSCAs，并收取管理费。

印度的 RoSCAs 也和别的地方的一样，通过产生地方特色的变体来展现活力。例如，我们听说德里有这样的拍卖式 RoSCAs，如果某次没有人出价，那就抽签决定，但会从奖赏中抽取一个固定份额分给各位成员。这就产生了一种抑制行动的力量，有些人本来需要钱，但还是倾向于坐下来等待，希望别人也不会出价。有些印度的拍卖式 RoSCAs 会以让管理人完整地拿到（不做任何拍卖费用扣除）第一轮的奖赏，作为对其管理的回报（他可能是这个组织的发起人，如同上面描述过的菲律宾的例子一样），那么真正的拍卖其实是从第二轮开始的。

我们发现，我们在日志研究中碰到的人们都很郑重地对待他们所参加的 RoSCAs 和其他类似的互助会。它们在两个方面对他们来说都是非常重要的：社会和经济。

我们的南非日志记录者之一肯尼斯（Kennth）是一名备受尊敬的 81 岁老先生，住在兰加镇里。他有工作，而且还有来自前一份工作的养老金，每个月有 320 美元的收入。肯尼斯是我们在研究中发现的仅有的拥有单位信托基金的两人之一：他在一个非常有名的收益基金里投资了 2 900 美元。但他在自己的非正式斯托克维尔（stokvel，当地用来指各种各样储蓄互助会的词）里投得甚至更多。他参加斯托克维尔已经很多年了，他不会漏掉哪期存款，如果手头紧的话，他宁愿借钱履约——在我们研究的年份里他这么干过一次。他所在的斯托克维尔是轮流返款的，不过与 RoSCAs 的方式还不太一样。在每次聚会上，某位成员将从其他所有成员那里拿到一份钱。但金额并不固定。这个金额取决于收款人前几轮给了其他人多少钱。规则是，你给出的要比你得到的稍微多一点。因此如果他在自己出钱的这轮给了325美元给某位成员，那在他自己收钱的时候，他可能可以收到355美元。这种类型的斯托克维尔倾向于邀请较多中等收入和富有的近邻参加，有时能产生非常高的付款：在我们最近看到的一次里，一位成员总共收到了14 900美元！

按照我们之前给出的定义，那么肯尼斯参加的斯托克维尔不是一个简单的 RoSCA 或 ASCA。它实际上是一种非常纯熟的方式，把互惠性一对一借贷放到同一个组织构架里使之功效增强。肯尼斯与互助会的每一位成员之间都单独有一系列"合同"，但不同的人签的金额不一样。多组互惠的双方交易在公众领域利用了储蓄互助会的机制——定期举行正式的聚会。其结果就是，同伴压力以及承诺不断得到遵守而培养出来的信任，就被利用来加强和规范一对一的交易。尽管我们没有在印度和孟加拉国发现这样的机制，但却在与南非相对的世界的另一边发现了——在菲律宾北部吕宋岛上的山间村庄里。那里的乌布-汤格努尔（ubbu-tungngul）的运转机制就和肯尼斯的斯托克维尔一样。[17]菲律宾的村民们甚至还提到，这种机制提供的约束力是非常强的，以至于乌布-汤格努尔甚至会持续好几代人的时间，子女会继承自己父母的成员身份。一种理财工具强化了社会纽带，而社会纽带又反过来增强了理财的功能——这是一种共生关系，也正是非正式金融理财方式最为强大的优点之一。

RoSCAs 及其类似的机构让储蓄与借款之间的界限变得模糊。在一个 RoSCA 中，成员们一个接一个地从纯储蓄者变成了纯借贷者。会发生这种转变，是因为其基本机制就是协调一系列小额的存入款，将其变成单独一笔较大的返还款，而这种机制对储蓄者和借款者来说都是如此。

并非总是那么好

我们在这一章所讲述的故事都是证明贫穷人家也是有决心以他们的方式存钱或借钱来积累有用的大额资金的证据，也揭示了强大且有时还很精巧的、能帮助他们实现大额资金积累的非正式机制的普遍存在。我们已经在南亚（首先就是孟加拉国）看到了新形式的半正式供应商的出现（比如像格莱珉银行、孟加拉农村发展委员会（BRAC）和ASA这样的小额借贷商），它们也拥有同样强有力的基于小额定期分期的还贷模式。

但也有一些不那么理想的工具，在这一节里我们将讨论一下它们最常见的缺点：不可靠，期限设定不灵活，以及过短的周期。

不可靠

储蓄互助会虽然能够成为一种有力的储蓄工具，但并不总是这么可靠的。它们可能以很多方式变得不可靠——某位成员在你正需要返款的时候，可能没办法存上自己该存的份子钱。比如，在诺姆沙参加的存钱互助会里，就不是每个人每月都能及时存钱（包括诺姆沙），虽然大家的初衷都很真诚，保证的时候也都信誓旦旦。这就让时间节点和返款的金额都变得有些不确定。

这种互助会有时候还以更具灾难性的方式显示出自己的不可靠，

正如西尔维娅所发现的那样。

我们在本章已经提到过西尔维娅，她参加了一个 ASCA。这个组织会把相当一部分的资金借给非会员，收取很高的利息。但不幸的是，西尔维娅并没有从自己收到的返款中得到预期的那么多的收益。首先，如果有些从她这里借钱的人没能还款，她就必须自己掏钱补上，而这会严重侵蚀她的利润。其二，就在她将收到返款之前，ASCA 的财务保管者在从银行回家的路上遭到抢劫，被杀了。这一事件发生时，她只随身携带了 ASCA 成员们部分的钱。西尔维娅从其他负责保管另一半资金的会员那里拿到了 246 美元，但起初她是期望能收到比这多一倍的钱的。[18]

储蓄互助会出问题的情况不仅在南非有。德里的家庭提供的被骗钱的例子中近一半都和 ASCA 有关。

在孟加拉国的样本中，来自达卡的年轻人苏尔约（Surjo）极力阻止他姐姐加入工厂里的一个 ASCA，就是因为他自己曾经参加过一个 10 人的互助会（一个 RoSCA），但这个组织因为有些成员没能缴纳份子钱而解散了。他损失了大概 14 美元。不过还好，他姐姐参加的 ASCA 是由在工厂同一层楼工作的工人们一起运作的，大家出等额的份子钱，这个组织一直运转良好。苏尔约告诉我们，从这两次经历当中他"学到了好多……现在我知道了你应该让什么样的人加入互助会，怎么去经营它"。但他还不急着马上再加入一个。[19]

要注意让"对的"那类人加入 RoSCA，这是在德里的日志记录者们提到的重要因素。我们在这章曾提到过的纳西尔，享受到了运转良好的 RoSCAs 的好处，但他的两位邻居却说他们在邻里街坊中间没什么值得信赖的人，甚至在德里也没有，所以没办法信任和依赖谁一起来出份子钱。另一个贫民区的一名日志记录者说，他曾有一段时间试图加入某个 RoSCA，但却找不到任何愿意接纳他为成员的。最后，他碰到一个 RoSCA 的会长，会长告诉他，他可以加入，但必须最后一个拿奖赏。他的两个邻居参加了很棒的 RoSCA，但他们每个月都要横穿整个德里去参加聚会。他们觉得没有办法在离家更近些的地方找到合适的选择。

我们在德里的日志记录者参加的另两个 RoSCA 因为这些记录者无法交份子钱而承受了巨大压力，还好没有瓦解。

第一个例子是苏尔坦（Sultan）的。他是个小生意人，在苦苦坚持了几个月都出份子钱后，终于收到了自己缩水的奖赏。于是他决定自己不能继续下去了，就介绍自己的一位老客户顶替自己参加，这名客户还欠了他的钱。客户不需要再还钱给苏尔坦，而只需要每月付给 RoSCA 份子钱就可以了。这个安排非常巧妙，但如果这名顾客没能履行自己的责任，那风险就出现了。就在我们快要结束调查之前，他说他找到了另一个 RoSCA 愿意不顾他之前不太好的记录而接纳他。他解释说，因为会员里有愿意为自己担保的朋友，这位朋友需要保证他会坚持全程参与。

不匹配

尽管也有一些令人失望的例外，但总体而言，我们本章曾讨论过的孟加拉国的小额信贷都是值得信赖的。我们在之前的章节里提到过，用户们非常欣赏它们的"履约诚信"——事实是，员工们总是准时来参加聚会，按时按量发放贷款，而且也不收取贿赂。但它们也会出现第二类问题：周期安排与现金流不匹配。

某种程度上，世界各地的储蓄和还款机构都在与这个问题抗争——灵活性与原则之间的张力。从一个层面上来讲，这也是在用户的头脑里发生的心理战争：我们都知道应该定期储蓄，但我们也知道要实现这种良好意愿有多难。我们寻求外部帮助（自动付款、提前支取或漏存就要罚款的账户），或我们玩弄一些心理诡计把钱存在一个特别的地方（比如属于奶奶的茶壶里），然后设立某种禁忌，不准把手伸进去。这种"心理账户"是近期研究的主题。[20]

但从另一个层面上来讲，这又是很现实的问题。在孟加拉国，为了让事情更简单些，小额贷款商们只提供单一的贷款周期（一年），只有一种还款机制（等额每周分期还款）。这样一种严格的设定有利于规范，但对仅有很小且不稳定现金流的借贷人来说就太严格了。因此我们发现，在孟加拉国，最为穷困的人们要不就没办法参加小额信贷项目，要不然就是参加了一段时间，很快就因为没办法按时还款而退出。他们在**大多数**月份里都能每周还款，但并不能保障一年中的**每个月份**都能。我们的一些最穷的日志记录家庭在出现了这样的经历之后退出了小额信贷项目，另一些在研究年份内正在发生这种情况，而其他人因为害怕违约而不愿意去贷款。

我们在本章已经提到过的印度日志记录者西塔，就有过作为小额信贷用户的令人失望的经历。在我们遇到她的前一年，她贷了自己第一笔小额贷款，这之前她已经在该机构存了几个月的钱。这笔 43 美元的贷款预定在一年内还清。西塔按照贷款官员的建议，把它投资在了开办杂货店上。不到五个月，杂货店生意不好，她卖掉了存货，用剩下的 22 美元买了一头牛。她继续用自己的工资来还贷（因为儿媳生病，她有短暂的违约），就在整个还款周期快结束时，她用自己的强制储蓄款结清了最后两期分期付款。这家小额信贷机构撤离了这个村庄，因为这里的贷款需求不足。与很多人不同，西塔还清了贷款，可尽管如此，她却决定自己再不需要这类贷款了。[21]

西塔在银行有些存款，来自三年前政府发放给她用来建新房的 426 美元，这并不常见。她用其中的 170 美元买了材料，但剩下的大头用在了她长子的婚礼上，另外有一小部分（45 美元）存在了一家银行的一个定期储蓄账户上（五年到期后应该会有 53 美元）。但就在我们的研究快结束的时候，她遇到了两起突发事件：媳妇的葬礼（她死在了娘家），以及长子的健康状况日渐恶化（他需要治疗肺结核）。西塔没办法从邻居那里借到足够的钱，只好去银行，要求在自己的定期储蓄还差六个月到期的时候提前支取。但分行行长拒绝了她的要求。于是，她只好动用自己存在家里的 43 美元存款。这笔钱本来是用来赎回家里已经抵押掉的唯一一块肥沃土地的。在下一个农耕季节把这块土地利用起来的希望破灭了。她在银行的定期存款就这样保全下来，但代价相当大。正是因为会碰到这样的情况，所以我们发现，用单一工具积累起来的大额资金极少能用于应对突发状况。

在研究年份内，西塔证明了自己能够存钱和偿还贷款。她从邻居和亲戚那里借了三次钱，又都还掉了。她坚持在家里存钱，而她最小的儿子拉拉也一直用工资抵扣的方式在偿还从雇主那里借的一笔钱。虽然如此，但由于她使用的金融产品和她的需求不匹配，她的储蓄努力总是遇到问题。

像西塔那样在正式机构里存钱（银行或邮局），在印度和南非的较穷困人群中远比在孟加拉国普遍。印度的协议或定期存款项目（一般 5 到 10 年到期）比前一章提到的 LIC 持续 15 年的项目时间要短些，但比 RoSCAs 的更长（其周期极少超过两年）。在我们的印度日志记录家庭中，有 11 家（占 23%）拥有像西塔这样的定期储蓄或协议存款账户，但其中只有两家是属于日志家庭中最富裕那群。这种长期储蓄产品（以及被它们激发的储蓄能力）可以为安全的贷款提供基础（以存款作为担保），这种贷款比小额信贷机构提供的典型的无保障贷款具有更高的潜在灵活度。

太短了

我们的日志家庭们最为成功地用来积累大额资金的各种工具，其第三大局限在于周期太短，于是需要多年才能累积成功的储蓄或贷款计划（比如房贷或养老金计划）就没办法实现。正如我们已看到的，在大多数形成大额资金积累的非正式机构中，积累周期存在天然的局限。

出于非常正当的理由，大多数非正式储蓄机制都有时限，而且普遍规则是，其时限越短，其运营成功的概率就越高。目标定在某个特殊日期（比如某个重要节日）的储蓄互助会通常持续的时间为一年或更短。RoSCAs 本质上是有时限的：其生命周期等于成员数量乘以聚会间隔期，而大多数运转良好的此类机构持续的时间都不到一年，尽管会员们可能选择再开始一个周期。在孟加拉国，苏尔约的姐姐所在的运转成功的 RoSCA 持续了七个月——它一共有 14 名成员，聚会间隔是 15 天。在南非，诺姆沙参加的持续了三个月，玛丽所参加的仅持续七天。大多数成功的 ASCAs 也仅持续一年，或至多两年。[22]

较短的生命周期为某种机制的健康状况提供了常规测试。当项目结束时，存款和利润要返还给各个成员，他们要不能拿到全款，要不不能拿到返款。返款行为就如同"行为审计"。如果情况都正常，那成员们可以重新开始。如果不行，他们可以离开，正如苏尔约所做的那样，他意识到再也不能跟同一批会员在同一个互助会了。持续时间较长的互助会将面临很多风险：成员们可能搬家、吵架，或他们的境况可能改变因而无法再参加；由运营者保管的存款可能被侵吞；随着资金慢慢积累起来，成员们甚至更糟的是某些外人，可能会受到诱惑想要吞掉它。由于这些互助会都是私人性质的，没有法律的保护，如果出了问题很难通过上诉来解决。最好的方法是结清款项，就此走人，或重新开始。出于这些原因，菲律宾的老师们聚在一起花几个月的时间帮彼此存起买家具的钱，可比坚持好几年在一起存出养老金来可容易得多了。

借款的情况更是如此，而且也更加显著。非正式的放贷人，无论是出于社会关系还是为了利润出借，都会把贷款额度限定在他们在可期的时间内容易收回的数额，在这个时间段里他们必须能够随时联系到借款人。孟加拉国的小额信贷机构致力于创建一种模式，让贷款能投入到小生意中去，且生意要在较短期内就能盈利，从而在一年期限到了之后，新的数额更庞大的资本能够再通过贷款注入。但即使是这种模式也都很短期，它们是否敢于冒风险，是否敢在没有任何担保的情况下向没有安全的法律身份的贫困家庭提供长期贷款，这是值得怀疑的。[23]期望它们去探索如何才能为自己的用户创制长期储蓄项目才更为合理。我们在第六章将会重新回到这个议题。

结　　论

与较富裕的家庭一样，较穷困的家庭也需要承担生命中各种大事的费用支付。为此，他们需要大额资金。意料之中的是，积聚起大额资金的任务对贫困家庭来说更为艰巨。那么他们如何达到这个目标呢？

第一种答案是，他们靠积少成多。大额资金靠着小笔资金一点点积聚而成：借贷，接受赠礼，用掉存款。能够产生真正够大额的资金（从一个地方得来一笔）的金融工具在这里并不存在。

但这个故事并不悲观。第二种答案是，这些家庭会运用所有能用的工具来抓住并捏紧他们从月度预算中挤出来的小额资金。我们所追踪的那些贫困家庭确实有能力在预算中留出储蓄或还贷款的资金，而且大多数都在研究年份内运用了这种能力。尽管他们年终的资产负债表体现不出多少大额资金的存在，但我们的日志记录家庭们确实在每年都会积累起好几笔有用的大额资金。这些大额资金相当于平均月收入的好几倍。

帮助他们利用自己储蓄的能力来形成这些较大额的资金的工具有两类：一种是"蓄能器"，使得他们能以较快的速度规律地存钱；另一种是"加速器"，鼓励他们迅速还清大额贷款。蓄能器大多（并非全部）是非正式的，包括好几种形式的储蓄互助会。加速器则可以是非正式的、半正式（微型金融）的和（在更小的程度上）正式的机构。

这两种工具的潜在机制是相同的。它们都帮助贫困家庭最大化了他们的预算能力，方法是以一系列小额的规律付款来换取有用的大额资金。以这种方式，在现实中，储蓄和借贷的行为看起来非常类似（当然，除非借款人很快就能拿到需要的钱）。在这两种情况下，积累的钱都可以用于任意目的。比如，小额贷款绝非总是用于投资小生意获取利润，也不是用小生意的利润来偿还的。

蓄能器和加速器通常只是一个过程的某些部分。通过耐心地使用蓄能或加速手段，贫穷家庭有时能积聚起大额资金，然后通过购买贵金属和地产等能够提供安全保障的保值资产实现再次增值。以这样的方式，贫困家庭就能用可获得的短期工具代替无法获取的长期理财工具。尽管如此，当大额资金在还没变成资产之前短暂地从短期工具流回家庭手中时，它就面临着为满足眼前更紧迫的需求而被用掉的风险，从而不能留存更长时期。我们经常观察到，资金总是在较短时间内被积聚起来，但又被用掉，通常留存时间不会超出研究年份。

因此，现存的金融工具是有很多优点的。但这并不意味着让穷人们使用这些工具就行了。蓄能器和加速器通常都难以获得，或不可信赖。它们并不总能提供适合这些家庭的现金流状况或在出现突发状况时可用的项目设定。而且它们的周期一般都太短，妨碍了长期的积累。

通过建基于贫穷家庭固有的理财习惯，有志于为穷人服务的金融供应商们能够开始设立合适的工具，提供改进的、时限较长的积累和加速工具。第六章和第七章就描述了这种新的工具正在涌现的现象。

PORTFOLIOS
OF THE POOR
How the World's
Poor Live on $2 A Day.

2007 年春，墨西哥小额信贷银行康帕银行公开发行股票，获得巨大成功。受格莱珉银行启发，康帕银行在迅速发展的同时，仍然持续关注低收入妇女这一客户群。该银行利用收益不断发展，到 2008 年已拥有一百多万客户。在某些偏远地区，这非常值得庆祝，因为它证明了在贫困社区银行业同样具有商业可能性。而在其他地区，这种成功却因康帕银行对其客户收取高额利息而受到诟病。一份广为阅读的研究显示，康帕银行平均每年利率超过 100%。其中，15% 为客户支付的增值税，24% 成为其收益的一部分，剩余的用来支付贷款的各项基本费用。[1]

格莱珉银行的创始人穆罕默德·尤努斯对此表示十分愤怒。他所关注的与人们普遍的想法一致，即为穷人设立的项目不应因其客户为弱势群体且缺乏选择而利用他们。尤努斯认为，放贷人可能每年会收取 100% 甚至更多的利息，但小额贷款机构并非放贷人。格莱珉银行像其竞争者一样，并不会免费为客户提供服务。其目标是提供可靠的服务，收取合理的费用。在南非，年利率通常在 20%～40% 之间变动，远远低于康帕银行所收取的利率，但却大大超过免费水平。一份关于世界各地近 350 家微型金融机构的研究发现，考虑到通货膨胀，利率通常每年下降 10%～35%——同样远远低于康帕银行收取的利率。

该研究还发现，服务最贫穷的客户的机构面临着最高的贷款成本。为穷人提供金融服务意味着要处理无数小额贷款，而且若提供储蓄服务，还要处理许多小额存款。对于机构来说，小额交易意味着有限的规模经济，因而每次交易成本较高。出于必要，"扶贫"微型金融机构的利率往往最高；客户经济情况较好的微型信贷银行收取的利率却最低。即使不盈利、不交税，康帕银行的利率每年仍然需要为60%才可以支付其在墨西哥乡镇实施小额贷款战略的各项费用。[2]

日志中的事例也证实了为穷人提供金融服务的利率非常高。在南非，大部分放贷人的利率每月约为30%。甚至小型企业基金会（SEF）——一家位于林波波省、致力于长期为农村贫苦人民提供服务的微型金融机构，每年贷款的实际利率约为75%，但除去员工薪资、资本费用后，也仅够勉强支付各项费用。如此高的利率听起来或许像高利贷，但借款人报告称，当地的放贷人，虽收取很多利息，但借出的货币额度却非常小。若强制降低利率，SEF将不得不依靠捐赠者来扩大规模，而捐赠者是否愿意永久支持SEF的运作目前尚不清楚。

无论怎样，每当提及为穷人提供金融服务，没什么比价格能更快地引发争议了。价格如此重要，但却很难控制，本章我们将讨论有关价格的各种问题。

理财日志为贫穷家庭支付的价格提供了新的事例，并记录了这些家庭作出选择的方式。总之我们发现，当与经济富裕的家庭通常支付的价格进行比较时，这些贫困家庭**是愿意**支付高价的。一些经济学家曾因试图阐述穷人支付高价的能力而关注微型企业的资本投资回报率。[3]然而，这并未解释贫穷家庭似乎愿意且有能力支付高利率消费信贷的原因。

部分答案在于，与富人相比，针对穷人进行的贷款与储蓄结构存在许多不同之处。而正因为如此，两者之间难以作出精确的对比，且需要我们从新的角度来看待价格问题。所以，我们的一些发现可能听起来令人感到意外。比如，穷人**花钱**储蓄合情合理，而经济条件更好的家庭通常期望银行向**他们**支付存款利息。我们还发现，虽然放贷人规定的利率很高，但往往最终的价格却有所不同，常常低于但有时高于他们已定的利率。此外，第二章表明，很多家庭可能根本不为贷款（通常由亲戚或邻居提供）支付任何利息，却为当地高利贷支付100%甚至更多的年利率。该研究或其他研究都未提到贫穷家庭对价格不太敏感的问题，也未提到当他们寻求金融服务时，价格才是应该关注的首要问题。[4]

关于微型金融利率的两极争论所基于的差别和假设并不总能得到我们数据的支持。定价并非既简单又透明，而且实际支付的价格往往与已定价格不同。总的来说，我们的发现支持"限制利率的立法将对'扶贫'提供者产生不利影响"这一观点。最高限价将破坏像SEF这样的机构的努力，而这些机构却能缩减差距并为金融选择有限的家庭提供更多的机会。

定价的复杂起源

在富人的世界里，利率是向谁贷款以及在哪里存储的首要决定因素。如果有银行只收取利率为5%的按揭款，为什么要在别的银行支付5.2%？或当有机构给6%的存款利率时，为什么要在只给4%的机构存款？经济理论将价格置于金融决策的绝对中心地位。

金融服务的成本对于穷人来讲也非常重要，但要了解这些服务的定价标准却很困难。现代富裕国家的提供者在减少"交易费用"——使用设备的费用而非使用基金的财务费用——方面已取得了巨大进步。但对于穷人而言，交易成本仍然很高。他们可能将站在长长的队伍中等待的时间、不得不面对毫无帮助且摆出一张冷漠面孔的服务人员的情感成本、到银行所需的交通费用或者那些必须说服要在一笔有用的大额资金被积累成功前尽快花出去的、数不清的放贷人等都包含了成本之中。在一些日常交易中，除了偿还贷款与利息，可能他们对放贷人还要尽一些其他的义务，比如，低薪打几天工。只有当满足了所有其他条件——不是指存在大量相互竞争的供应商，而是拥有基础设施、公共物品以及顾客能够公平"购物"的运作环境——后，价格才会成为焦点。

在理财日志成百上千的贷款记录中，有许多虽显示相似的用途，但却有着不同的名义利率、到期日以及债务违约/延期率。此类差异亦存在于储蓄与保险合同中。分析这一数据可以帮助我们了解为穷人提供的金融服务的定价问题。

首先便是利息可能往往被当作享受某项服务所产生的**费用**而非某段时间因使用钱而产生的**代价**。银行从业者通常以年为单位计算利率——即每年约定一个百分比——即使这项贷款期限只有几个月或超过一年。年利率（APR）有助于顾客将多个价格与同一个衡量标准进行比较。[5]这虽有所帮助，但理财日志还显示将借出一周的小额钱款产生的固定费用转化为年利率，再将其与为期两年的商务资金贷款的年利率相比，这种做法没有抓住交易的本质，这点我们将在下一部分进行详细探讨。第二类洞见是价格会随着多种因素进行不断调整：人际关系、借贷双方先前的义务、合作者之间的相对关系，以及钱款的价值、到期日、来源和违约的可能性。考虑到贷款延期或被免除的频率，以及清还的速度，我们可以更好地了解价格对于穷人经济生活的意义。

费 用 vs 利 率

在富人世界的金融里，时间的价值对于投资决策至关重要。利率代表着失去了在某段时期内投资别处的机会。企业的财务经理使用"净现值（NPV）"这样的术语帮助自己决定投资与否。此类运算将某项投资的预期收益与将这些钱款置于风险更低的投资（比如货币市场账户或定期存款）上所得的收益进行对比。对于一台要价1 000美元的机器，人们期望它能产生 1 100 美元的收益，而只有这增加的 100 美元比将这 1 000 美元存入银行获得的收益多时，这台机器才值得购买。因此，当前的利率环境对投资决策有着极大的影响。

使用净现值这样的概念对于第一世界的存储与贷出十分重要，因为每一个当前投资没有任何回报的日子，进行其他投资都可能会产生收益。这样，人们不仅要关注每一天可能获得的收益，还要关注所得收益能够进一步带来的收益——复合收益。比如，银行储蓄存款通常会形成日复利，所以，晚一天取出存款会获得前一天产生的利息所产生的利息。我们处理个人财务时，有时也会像企业那样：如果能以5%的代价获得20%的回报，这便是不错的交易，因为能够净赚15%。

然而，在穷人的理财环境中，金钱和时间的联系并不会如此紧密。几乎不会有复利，有时即使你已偿还部分本金，直到还完贷款也还是同样的固定费用。例如，在南非，放贷人的利率一般是每月30%，由于产生利息后还需为利息支付利息，形成复利，所以可以转换成全部余额的有效年利率为 2 230%。[6]

但这种算法并未将两个常见的特点考虑进去。第一，南非的放贷人很少使用复利。这便使其利率更容易理解也更便于计算。同时也对还款慢的借款人有利。不能偿还贷款的客户将只欠下本金的30%的利息，而非除这30%利息以外还有其他未付利息。

第二，相反地，放贷人并不会因为早期已还钱款（全额或部分）而调整利息。这意味着还款较早或准时还款的客户比还款较晚的客户支付更高的利率。在"富裕世界"的银行，还款晚的客户会有惩罚，因为他们要承担额外的利息费用。但对于许多穷人借款者来说，财务收益和费用是被看作固定费用而非随着时间不断累积的利息的。

将利息看作费用而非利率，在某种程度上有助于我们理解为什么家庭有时乐意支付在我们看来非常高的利息。从第一章所举事例我们可以看到这点：穷人可能很清楚但却愿意每天支付大约50美分去借10美元来渡过难关，即使年利率加起来为500%。尽管百分率极高，但绝对支出却并非那么多。本章后半部分讨论乔蒂（Jyothi）为储蓄-收账服务支付费用时将给出另一个事例。

规定价格 vs 实际价格

根据这些洞见，我们发现了理财日志中关于贷款利息更为清晰的图景。我们查看了南非日志数据库中57例放贷人的贷款事件。对于每项贷款，我们了解了借出的本金以及服务于贷款的现金流。这些贷款每月都有报价，但与正式贷款不同，借款人并非每月偿还。他们偿还贷款的现金流不稳定，或许在一个月结束前偿还一点，再在两个多月后还一点，再过两个月最终全部还完，一切都要根据他们自己什么时候从别的地方收到现金。利息费用将同样不定期地进行调整或商议。所以名义上的贷款率并不能告诉我们借款人实际的贷款价格是多少。为了更好地理解这点，我们要借用上文提到的财务管理中净现值（NPV）的概念，并利用相关工具——内部收益率（IRR）。内部收益率是净现值等于 0 时的折现率。在不知道净现值计算中的适当回报率时，财务经理使用内部收益率来估算现金流的比率。

根据现金流数据，我们可以计算所举例子中每项贷款的内部收益率。首先，我们计算出每天的内部收益率，再乘以 30 得出每月的内部收益率。这些贷款规定利率的平均值为每月 30%。但由于并非复利，所以现金流的月内部收益率与规定的利率有很大不同。

在南非样本中的这三个地区，月内部收益率都超出了平均值为 30% 的规定利率。所以固定的费用结构并不利于这些借款人。在约翰内斯堡外围的一个城区，月内部收益率远远大于名义上的利率。这是因为调查者中许多人都只是从放贷人那里借用几天或一周，却要支付一整月的利息。临近约翰内斯堡意味着这里的居民大部分都有固定工作，收益良好，现金流稳定，所以他们可以更快地清偿债务。

那也就是说，利率会很高。但如果我们在此处停止分析，就会得出错误的设想，即对于所有贷款来说，利率都是天文数字。这一总体评估隐藏了这样的事实——内部收益率随着贷款期限的增加会急剧下降。图 5-1 更清晰地显示了这点。所有这些贷款都进行了隐式定价，看上去都像为期一月的贷款。所以当某项贷款只拿到几天时，尽管其期限不到一个月，支付的利息仍为本金的30%。正如我们看到的，对于短期贷款，内部收益率确实非常高（几乎达每月90%！）但由于并不是复利，内部收益率会随着贷款期限的延长而稳定下降。一旦期限超过一个月，内部收益率将从30%骤降为17%。若期限为三个月，每月的内部收益率则降为8.3%。

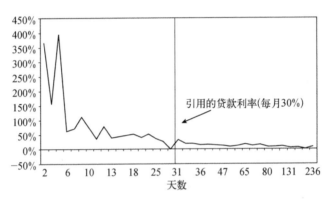

图5-1　逐日至到期时放贷人贷款的月内部收益率

　　尽管在该结构下，晚点偿还贷款具有很强的吸引力，但分析所选的57项贷款中有33项仍在月满**之前**得到了偿还。早点偿还贷款会隐形地提高利率，那为什么还有人这样做呢？我们从自己对穷人投资组合管理的理解中寻找原因。在第二章中我们看到，现金流时间是大多数家庭在管理其投资组合时考虑的首要因素。通常是在钱款未准备好但可以很快到位时才有了这些贷款。钱款就位后，贷款便得到清还。这样，我们可以认为这些贷款是现金流管理的工具而非长期理财的工具。从第三章中，我们了解到另一件有关穷人财务生活的事情，即生活充满风险，从多个渠道贷款是应对紧急事件的常见方式。然而，为了成功贷款，就需要有良好的信誉。人们会想尽量清还债务以防需要另一项贷款。最后请注意，这一南非案例中的贷款相对于收入来说金额很小。平均每项为 35 美元，不到这些地区平均月收入的 10%。以每月 30% 的名义利率计算，此类贷款的价格则为 10 美元。这是南非家庭平均月收入的 2%。为了使贷款隐形利率更低而延迟偿还的行为对这些家庭并没有实际意义。他们宁愿资金一到位就偿还贷款以清除债务，给自己留下选择的机会，在未来需要时进行其他贷款。

当贷款金额大于收入额时，偿还贷款的期限也会延长。这个过程中，利率会下降，尤其在贷款延期的情况下。我们的印度调研小组进行了一项研究，研究对象是西德里地区的三个放贷人，这项研究发现了频繁延期的证据。[7] 初看上去，放贷人规定的利率（年利率介于 61% 到 700%）似乎非常高。然而，一旦考虑了偿还期，实际利率则会急剧下降。一家非正规贷款企业的分支经理描述了他的客户的行为。"半数的穷人客户会将为期一个月的贷款拖成 90~100 天。大多数拖欠债务的行为是在客户回乡拜访的情况下发生的。"在 100 个穷人客户中，有五个可能完全拖欠还款，他告诉我们，"超出原定贷款期限后，我们最多跟进三个月。也会尽力重新商议分期还款的金额（使之更少），但最终整个业务进展只得依靠信任，并无其他追回钱款的办法。"

我们的一位印度记录者穆罕默德·莱克（Mohammed Laiq），在调研那年借了五次计息贷款。3 月，为了修缮房子，他从一家专门放债机构借了 32 美元。穆罕默德·莱克的平均月收入稍高于 40 美元且并不稳定，所以，这笔贷款数额对他来说已经很大。规定的偿还计划是每天 75 美分，共 50 天，其中 11 美分为利息。这相当于年利率高达约 125%。然而，他并未按照计划还款。到 7 月初他已还 27 天，8月初，又还了 8 天。9 月末，他还有 8.5 美元未还。直到 2 月中旬，他已贷款330多天时，终于还清了这笔贷款。但他仍然只支付了50天的利息，而不是330天。转换成年利率则为19%，远比最初的125%要低。[8]他向我们解释说他偿还贷款是"分批分天"的，通常一次还4~6美元，两次还款间隔很久。穆罕默德·莱克说，放贷人并不担心间隔——他们料到如此，这对他们来讲不算什么。我们可以换种说法：延期偿还是计算名义价格的一个因素，相当于按时还款的客户支付的价格最高。这种转换的激励模式可以看作非正式贷款融资更不尽如人意的一个方面。

为利润定价——或者减少曝光？

有一点很重要，放贷人像其客户一样，也是某社区的成员，这更有可能减免或延期贷款。[9]南非日志中记录的放贷人通常是近邻社区中较为富裕的那些人。在孟加拉国，也很少有专业的以放贷为生的人。很多所谓的马哈詹（mahajan）——这一孟加拉词往往被翻译为放贷人——仅仅是指"大人物"，即经济较富裕的人，他们不仅出于利益放贷，同样出于义务放贷；这也往往可能是他们愿意商量降低利息的原因。因为国有商业银行很少贷款给穷人，在孟加拉国，专门向穷人放贷的机构经营得最好，且通常都是小额信贷机构。

在印度，专业放贷人更为普遍，正如穆罕默德·莱克的债权人，他们经常被迫重定问题贷款的还款时间。但那些偶尔为之的放贷人，出于给予帮助或责任，更愿意免除最开始规定的月利息。在孟加拉国和印度的日志中，只有不到一半的私人有息贷款最开始规定的利息得到了全额支付。[10]所有贷款中的三分之一或更多，其利息被打了折扣、忽视、减免或忽略了，其余贷款的利息仍不清楚。在南非，除上文我们讨论的 57 笔放贷人贷款外，我们还追踪了累积储蓄与信贷协会（ASCAs，第四章描述的一种储蓄互助会）的 45 笔贷款。在南非放贷人贷款中，尽管 57 个案例中只有五笔贷款的利息被完全免除了，但会经常重定还款时间。然而，ASCA 贷款中，放贷人是社区里经济较为富裕的人，所以利息更容易被免除——45 项贷款中有 13 项的利息得到免除。

很难预测对问题贷款的商议什么时候有效什么时候无效。

在我们孟加拉国的样本中，让纳库（Ronakul）是一位上了年纪的穷人，他家里七个成员每月通过工厂的临时工作以及卖菜约可以收入 68 美元。他身体状况不佳，因医药费欠下巨额债务。早在 1997 年他得黄疸病时，就以每月 20% 的高额利息从几个债主那借了不少钱，多达 400 美元。这些债主像他一样也是那里的棚民，一次次地催他还款；但他告诉他们，"我那么穷，还有病，哪里还得起。"在 1998 年和 1999 年，他又以每月 10% 的利息从当地三个女佣那里借了三次钱，分别是 40 美元、40 美元和 20 美元，同样，什么都没还。这三个女人经常谴责他饱受折磨的妻子芮子亚（Razia）。因为太穷而无法偿还这些大额债务，调研那年这对夫妻曾尝试与债主进行商议并同意，若免除利息，他们愿意支付本金。但他们还是一分都没还。

那个案例中商议并没效果，但我们的研究表明，通常商议会取得成功。

萨拉姆（Salam），孟加拉国城区的一位参与调研者，比让纳库境况稍好，以每月97美元的收入维持着一家八口人的生活。我们见到他时，他有一项为期三年160美元的债务，每月利息10%，而他什么都未偿还，结果，单利息已累积到180美元。调研那年，他成功地达成一项交易，他同意支付利息120美元（确实支付了），并在以后的某天还清所有本金且不再有其他利息。萨塔尔（Sattar）来自达卡的城市家庭，1997年由于儿子骨折贷了300美元。他已经偿还了一部分，但调研那年，债权人告诉他，"好的，够了——只需还掉120美元的本金，不用支付其他利息了。"

我们见到来自德里的三蒂普（Sandeep）时，他也有一项为期三年的贷款，用来在村里盖房子。在我们调研初期，原来贷的340美元中还有85美元未还，每月利息为5%。慢慢地，他告诉我们，前18个月他大约支付了426美元，那时，他的债主说他已经支付了足够多的利息，剩下的277美元则无须再支付利息了。

根据我们的研究，能否打折或免息，关键在于借贷人与放贷人之间的关系。在德里，我们走到了一个社区（位于南马哈拉施特拉邦），这里的居民常偶尔充当放贷人向他们社区的其他居民放款，年利率按相同的40%的标准收取。我们了解到，只要这些贷款实行年度偿还，本金通常都会被贷用好几年。当一些居民将钱贷给附近社区的更穷的居民时，他们每月收取10%的较高的利息。

所以对于大额长期贷款，规定的费用很高但之后经商议而减少的现象很常见。从贷款者的立场来看，这存在两点好处。首先，可以起到一种挽留作用——若我规定的价格很高，潜在的借款者（我知道的贫穷且有还款困难的人）就不会借款，或减少借款数额。第二，这确保了我可以从所贷钱款中早点获得一些回报：如果我前三个月每月可以拿到 10%的利息但之后什么都拿不到，贷款期内总的利息仍是令人满意的。许多小额贷款机构都以类似的合理原因收取前期费用。显然，这种方式可以降低风险。

小 额 借 贷

小额信贷机构是如何适应这种环境的呢？在孟加拉国，他们每隔一周收取一次贷款利息和还款，它们以及正式的银行是唯一始终赚取利息的提供者。效仿格莱珉银行，孟加拉国的大部分小额贷款者和世界上许多其他的贷款者都收取"固定"费用，其中包含每周分期支付的、固定不变的本金和利息还款。这与正式银行为保证住房抵押款的每月分期付款额度相同所采取的方法不完全一样。按揭供款计划中，本金和利息在每期分期中所占份额每月都会变化，随着贷款逐渐偿还，利息所占比例会降低，而本金比例则升高。小额贷款系统最初设想借款者会按计划还款，所以他们设置的每周分期应还本金和利息额度保持不变。比如，1 000 塔卡的贷款分 50 期偿还，每期还款 22 塔卡，其中 20 塔卡为本金，2 塔卡为利息。若借款者偏离了计划，格莱珉银行和一些其他小额贷款机构则在贷款到期时小心翼翼地重新计算不断减少的余额的利息（这项任务让只能用计算器而非计算机的员工在分支机构加班加点），然后将多付的钱款退还客户，或向其收取少付的钱款。其他小额贷款机构则更加自由，比如南非的贷款机构，不会精确地计算贷款还完之前的天数产生的利息，这对提前还完贷款的那些人是不利的。但孟加拉国的借款者逐渐开始注意到这些差异，且日益激烈的竞争使小额贷款行业日趋公平，促使他们采用更加一致的做法。[11]

　　由于是按周收取钱款，报告中孟加拉国小额贷款机构的利息收入很高。总而言之，调研那年他们从我们的样本家庭那里赚取了 436 美元，15% 的总交易值赚取了 39% 的总利息。在孟加拉国，虽然私人有息贷款不规律地收取利息，但由于他们利率较高，所赚取的利息（446 美元）比小额贷款机构多一点，而且他们的交易值更少，仅占总交易值的 10%。尽管放贷人的利息明显比小额贷款机构的多，但由于贷款期限不同，我们依旧难以利用这些数字进行精确的比较。小额贷款机构的规定贷款期限较长，但大部分放贷人的贷款会超期且不收取利息，实际上减少了收取的费用。故而，他们的实际私人利率可能约为小额贷款机构利率的两倍，与流行的放债人的利率比正规银行业的利率高得离谱的说法相去甚远。

储 户 的 观 点

　　即使是在对延期偿还或根本不偿还的贷款进行了各种调整后，穷人的贷款利率无疑仍然比发达国家金融市场的平均利率高。但这确实给我们指明了贫民窟与乡镇地区的投资机会。回报如此高，当然有人要大赚一笔。

　　在南非的研究进行到一半的时候，我们认为我们可能已经知道这样的人是谁了。我们意识到，当一些记录者说起向放贷人借款时，他们事实上指的是向 ASCA 成员借款，就像第四章中描述的那样。瞬间我们脑海中"邪恶的放债人"变成了一群保守的邻家女士，她们竭力将其存款聚集起来以赚取尽可能高的利息。当我们了解到 ASCA 与放款人收取的利息相差无几时，我们需要站在储户的立场上仔细考虑这种情况存在的可能性。通常 ASCA 成员每月会在其账户中存入很小的金额，比如 15 美元。之后，在同一月度会议中，他们会被要求取出一定的钱借给邻居、朋友或家人。他们每月收取 30% 的利息。它会像对冲基金那样快速升值。

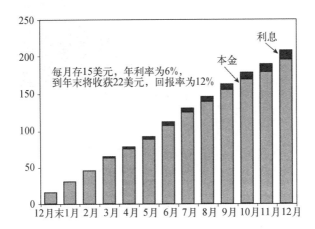

图 5－2　以银行利率积累存款，假设每月存款 15 美元
单位为美元，由南非兰特按市场汇率换算而成，1 美元＝6.5 兰特。

假设你决定每月存入银行一笔钱。你将 15 美元存入银行，每年得到 6% 的利息，并继续每月向同一个账户存入 15 美元。图 5－2 显示了你的存款的累积。到了年末，余额为 22 美元，或 12% 的回报率，超过你目前为止所有存款的净值。

现在我们假设你存入每月向借款人收取 30% 费用的 ASCA。同样地，每月支付 15 美元，假如所有的借款人都准时、全息还款，到年末，你的余额将比整年的净存款多出 714%，也就是生成你之前没有的 1 317 美元！如图 5－3（该图的垂直刻度与图 5－2 大不相同）所示。

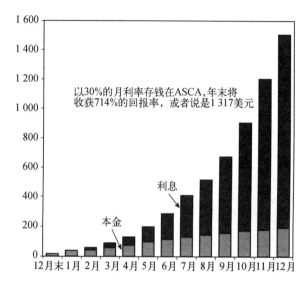

图 5-3　以 ASCA 利率积累存款，每月存 15 美元
单位为美元，由南非兰特依市场利率换算而成，1 美元＝6.5 兰特。

然而，要获得这样的存款回报要求每项贷款在一个月内得到清还，而这种情况很少发生。首先，许多借款者要超过一个月才会还款，而且并非是像银行那样计算的复利。其次，一些借款者可能根本不会偿还，ASCA 成员不得不自掏腰包来支付本金和利息，这样纯收益就会减少。

在南非的理财日志中，共有 21 家 ASCA 以这种方式将钱贷出，这 21 家都有一个或多个成员参与了我们的调研。大多数每月收取 30% 的利息。然而，并不是所有资金在全部时间都外贷出去的，而且一些贷款并未得到偿还。贷出的那些贷款中，本金和利息流失率或免除率都很高。当我们为这些 ASCA 计算其月内部收益率时，我们发现每月只有 1%。这比银行所给利率更高，但却远远低于名义上每月向借钱人收取的 30%。

在上一章中我们详细叙述了这些 ASCA 中的一个不错的例子。西尔维亚加入的 ASCA 依赖于其客户以高利率对外放款。但当我们在日志访谈中追踪该 ASCA 发现，借款人往往延期偿还或根本不还，这使 ASCA 外贷的实际收益直线下降。西尔维亚及其 ASCA 遭遇了偿还风险，这种风险在金融部门很常见，即使是在成熟的市场也难以完全规避它。

其获得的回报通常也比根据规定的利率所计算的收益低，且正如我们从西尔维亚的故事中看到的，风险很高。这可能是家庭愿意忍受存款零利息的原因，正如我们在大部分 RoSCA（除拍卖 RoSCA 外）所看到的。比生成利息更重要的是可靠性、安全性以及适合家庭特殊现金流时间的结构。

印度有一个例子可以告诉我们这些因素对于穷人储户究竟有多重要。[12]

乔蒂在南部城市维杰亚瓦达工作，我们的一个作者在之前的一本书中曾对她有过描述。乔蒂是居住在贫民区的一位中年妇女，就在贫民区工作，工作内容是每天在各个贫民区四处走动，收集客户的小额存款，她的大部分客户都是家庭主妇。她给她们一本粗制的存折，实际上只是一个分成 220 个单元格的卡片，由 20 条竖线、11 条横线组成，供储户记录其账务进程。当 220 个单元格全部标完后，乔蒂将 200 个单元格代表的钱款退还给客户，自己留下剩余 20 个单元格的钱作为服务费。这样存在她这儿 44 美元的人将得到 40 美元。如果我们将这 20 个单元格的费用看作利息，而且假定 220 项存款的存期为 220 天，余额将不断增加，那么乔蒂支付给客户的实际存款利率为负值——一年**负 30%**。[13]如果告诉储户这一事实，他们会让你放弃这种异想天开的计算：事实是他们需要这 40 美元来支付孩子下一年的学费。由于丈夫收入不稳定，攒下这个数目的钱的唯一办法就是从每天的家用开支中拿出几美分交给乔蒂。得到 40 美元仅仅需要他们花费 4 美元，而乔蒂要做全部的工作。考虑到实际情况，支付这样的价格来存下急需的钱款，就合情合理了。

我们很容易认为乔蒂垄断了这方面的收益：如果有更优惠的提供商来与她竞争，她一定会降低利率。那么谁会成为这些竞争者呢？可能是有组织、有品牌的专门收集存款的人，比如遍布印度各地的撒哈拉（Sahara）与皮尔利斯（Peerless）金融公司。此类服务商的服务期限较长，但他们为类似的服务支付而非收取利息（2001 年为 4%~6%）。

但有悖常理的是，居民们与乔蒂间的管理关系比与类似这些规约公司间的关系更舒适自在。像撒哈拉这样的品牌公司甚至国营的 LIC 会严重依赖需要支付佣金的代理商来接触客户并对客户负全责。这种模式具有激励结构，虽然非常高效，但却使其品牌与信誉易受代理商行为的影响。印度记录者记录了一些损失与欺骗的案例。参与我们调研的人中有两位在撒哈拉代理商那里损失了钱，且就在最近至少有一位在 LIC 代理处损失了钱。

这些案例所涉金额超过了我们到达该印度农村地区之前两年在这里发生的重大损失。一家根据新立法律成立的公司通过各种储蓄产品聚敛了大量钱财后竟消失不见。我们的受访者中有四个因此赔了钱。

但还有一种风险，即当客户将存款投入距离较远且信息较少的市场时所需承担的风险。在第三章提到过的菲扎尔，有一个儿子，尽管家里经济困难，他的儿子还是设法完成了该地区一家新公司提供的一份合同储蓄计划。当我们去见这家公司的经理们时，他们告诉我们收集的存款用于投资位于首都的一家小公司所发行的债券。公司两次更名，且有传言称它即将倒闭，我们看得提心吊胆。不像这些公司或其代理，乔蒂就在当地，看得见摸得着，且与其客户都有社会联系。因此她愿意友好地对待客户，而不会携款潜逃。

乔蒂的客户不会成为当地金钱幻觉的受害者。我们也发现世界各地都有承袭几代的类似体系。最有名的或许是西非人的例子，在加纳用苏苏人（Susus）来称呼他们之后，他们便已被统称为苏苏人了。[14]他们采用很多形式，但市场商贩经常采用的形式是，他们每天将固定的金额交给"苏苏收集者"，月末将钱取走，得到的总额被扣除了一天的份子钱。这也意味着客户所得利息为负，但同样这也是为有效地将一个月来的每日零散存款聚成有用的大笔金额而支付的一点费用，该服务为商贩持续的资本需求提供便利，以购买存货。

留意一下存款收集者的其他情况，有助于进一步揭示非正式产品的价格，甚至是如何界定它们。乔蒂的大多数客户，以及几乎所有苏苏人客户每个周期都会重复其储蓄计划。他们每个周期都支付一小笔，取出一大笔，以这样的节奏生活着。若这一系列周期始于一次性总额，多年后，严格来说我们会称每个周期为贷款周期；但若始于小额钱款，我们就叫它储蓄。然而五年后，其中的差别便不再有意义。那些不熟悉这种生活状况的人会陷入一种概念陷阱：40 美元 220 天产生 4 美元的利息，这样的贷款利率听起来并不糟糕，但作为储蓄利率，40 美元产生负 4 美元的利息，则令人难以置信。在维杰亚瓦达，有些客户根本不区分存款收集者与放贷人，他们提供的服务太过相似。两者都是收费提供货币积累循环服务的。

结　论

以上几章远未揭示穷人的各种金融关系及其使用的工具。比如，南非的受访者西尔维娅，在她的投资组合中，她不仅有 ASCA，还是几个无息 RoSCA 的成员，还有一个低息银行账户以及她女儿的一项储蓄计划。贷款 ASCA 在她的组合中属于高风险、高回报的部分，但其风险受到其他小风险、满足不同现金流计划需求的工具的对冲。在这方面，西尔维娅的做法与我们许多日志记录者的做法相同。在南亚，日志记录者平均手持九种不同类型、不同风险等级的工具。正如我们不愿将自己全部退休资产用于购买对冲基金，穷人似乎通过采用满足不同需求的不同工具力图（并非总能成功）平衡其投资组合。

此类多元化意味着家庭的投资组合中同时包含有息与无息借款。为什么这些家庭不尽可能多地选择免息借款，尽可能多地储蓄以获得更多的利息？原因之一便是我们在第二章中讨论到的时机问题。尽管或许有几个朋友和亲戚愿意提供免息借款，但在你需要时他们手上可能并没有闲钱，或者你已经向他们借过钱了。

但另一个原因取决于价格对于客户的真正意义。本章中，我们已经解释了考虑到穷人区域的货币价格时，实际情况相当重要的原因。我们很容易假设高利息背后的主要原因是与低收入人群做生意存在风险。[15]但货币价格较高的原因还有其他几点：借款时间短，资本数额小，无复利，协议灵活等。价格不仅是大形势的一部分，其本身还必须适应许多其他因素。

穷人理财组合的多样性原因部分在于当地适合的提供商太少，这也有助于解释为什么穷人对接近他们需求的服务有着惊人的需求。由于正式的服务提供商对于贫民窟、城镇以及乡村的潜在市场一直很谨慎（认为有高违约风险以及需要用高利率来补偿），所以可靠的服务提供商仍然很稀缺。此类服务提供商拒绝了给这些穷人社区一个机会，也拒绝了给自己一个机会。如果他们的目标是更大的规模，那么利用更棒的体制以及技术，他们当然可以降低成本：小额信贷提供商对此已作了充分的例证。

但他们也会降低整体价格，抢了放贷人的生意吗？在孟加拉国，小额信贷的普及已使价格降低，但与预期的方式并不相同。拥护小额信贷的人希望能够迫使放贷人降低利率。他们还未开始，而越来越多的贷款市场份额正在由小额信贷机构占据，所以借款的平均价格已经有所下降。

此外，通过这些章节，我们已经指出尽管非正式金融服务非常宝贵，但并不总是可靠。正式服务提供商更注重可持续性，可以说比非正式服务提供商更可靠。而可靠性是穷人需求的金融服务类型的重要特征。

在价格方面，不可靠性的本质是什么？第一，因固定合同与重新商议的合同不同，非正式服务提供商缺乏透明性。尽管这样有一定灵活性（正如我们指出的，穷人非常看重这点），但它还需要客户付出特殊努力来争取更宽松的条款，所以这样的灵活性也有一定代价。比如，那些支付较晚的客户还得忍受威胁与焦虑。当然，并非每个人都能有效地谈判，所以客户很少会被平等对待。第二，非正式条款内置了激励拖欠还款的措施，惩罚优质客户而奖励糟糕客户。而这种结构可能被看作一种分配正义（利润来自那些有现金的人，而非无现金的人），这也是放贷人严格控制规模且局限于穷人及高风险市场的原因之一：因为他们不奖励有资本的"优质"客户，却可能吸引大量"糟糕"的或囊中羞涩的客户。第三，尽管价格优惠，但大多数非正式有息贷款都很难安排。所以，对每个借款人或甚至对不同时间的同一个借款人来说，都存在额外的交易成本。

贫穷家庭关心价格，但他们也关心便捷性与灵活性，并愿意为这些特性付费。他们乐意为乔蒂提供的那种可靠性支付费用，当他们在越来越多的小型信贷机构发现可以同时获得可靠性与相对低廉的价格时，他们感到非常惊喜。针对穷人构建的可操作的金融工具必须以便捷性、灵活性以及可靠性为核心，这三个特性也是更广泛地理解穷人家庭经济生活的关键。正如我们发现没有哪个家庭真的毫无结余（即使是最穷的家庭），我们还发现没有哪个家庭绝对受限于其资源而使价格成为其金融选择的决定因素。

第六章

重新思考微型金融：格莱珉二期日志

PORTFOLIOS
OF THE POOR
How the World's
Poor Live on $2 A Day.

孟加拉国的格莱岷银行是知名度最高、模仿者也最多的微型金融先驱。但格莱珉银行却在 1990 年代末陷入困境。该银行一直广为宣扬的高达 98% 的按时归还贷款率没能延续：在某些地区，比率已经降到了 75% 以下。1998 年，一场该国历史上数一数二的破坏力惊人的洪灾，摧毁了数百万房屋，也加剧了格莱珉银行面临的问题：贷款偿还率进一步下降。危机迫在眉睫。

它对此的应对是进行了重大调整，放弃了旧的原则，采取了新的方法——其中有些是从当地的竞争对手那里借鉴来的，还有一些则是完全新创的。2001 年，就在我们刚完成之前的孟加拉国日志后不久，格莱珉银行的管理层已经准备要发售一批新调整过的产品了。这些产品被称为"格莱珉二期（Grameen Ⅱ）"。这次发售很成功，成功得甚至有些超出了银行管理层的意料。这也表明以我们前几章里阐述的观念为基础能开创怎样的可能性。

自此以后，格莱岷银行在客户数量和产品数量方面一直持续快速增长，其增速与孟加拉国的其他微型金融机构旗鼓相当。其中就包括格莱珉的两大竞争对手，BRAC（如今已经成为一个品牌，而不仅仅是一个首字母缩写组合）和 ASA。2006 年末，格莱珉银行和他的创建者，穆罕默德·尤努斯被授予了诺贝尔和平奖。一年后，美国商业杂志——《福布斯》（Forbes）将 ASA 列为"全球 50 个微型金融机构"之首。[1]

为了从顾客的角度更好地理解这些进步，我们在 2002 年 5 月开展了一组特殊的理财日志项目。[2]这些日志验证了从原来一批日志中得出的见解。孟加拉国的机构利用它们来了解市场改善的情况，并进一步研发新的具有可行性的产品。现在孟加拉国大约有两千万微型金融客户，其进步并非是微不足道的。

针对穷人的有组织金融活动

历史上曾经有过向穷人提供有组织的金融服务的尝试，可以一直追溯到 19 世纪欧洲的乡村信用合作组织。但 1970 年代在亚洲以及 1980 年代在拉丁美洲，新的先驱们着手要向穷人和非常贫困的群体提供大规模的零售金融服务，与此同时，也收取足以抵消成本的较高价格。人们已经达成共识，这些进展标志着一种鲜明的为穷人提供的"现代"金融服务传统的诞生。

格莱珉银行诞生于 1976 年，它的创建者不是一个银行家，而是一名经济学教授——穆罕默德·尤努斯。他这么做，不是受到为穷人提供银行服务能够赚取高额利润的驱动，而是期望能够在自己那饱经战争蹂躏、极端贫困的祖国内消灭贫穷。首先认定他的工作非常重要的，是发展援助机构的官员们，他们开始为他提供资金支持，随后，人道主义非政府组织也开始效仿它的形式。的确，似乎他不仅创造了一种抗击贫困的体制，同时也创造了一种新的银行形式。

这种体制相当简单，因此很有吸引力。格莱珉集中关注乡村中最贫穷的人家，他们拥有的耕地少于半亩。[3]这种人家的代表受邀组建每五户一组的小组，每家只出一人。每个小组中成员性别相同。起初全男性小组的数量与全女性小组一样多，但到1990年代时，几乎所有小组都由女性组成。每位格莱珉员工负责一定数量的此类小组，每星期到他们的村里与他们会面。这种会面的主要目的（在会上成员们也会强制每人存入一小笔金额，放入共同所有的基金里），是便于成员们归还从格莱珉借来的贷款。当初成员们都承诺过这笔贷款将用于已有或新启动的小生意中。作为一个群体，成员们负有责任，要互相监督贷款的使用并确保贷款及时得到偿还。偿还形式是每周定额偿还一部分本息，一年还清。按时还款能够保证迅速得到下一笔金额更大的贷款。这些村民们之前可能被困在低收入和低技能的恶性循环中无法自拔，而为这些小生意提供信用贷款，被视为最为有效地释放他们生产力的方式。在达成上述目的的同时，银行也会收取20%的年利率。这个利率基本等同于美国银行向不安全贷款，比如信用卡贷款，征收的利率。[4]

1991年，格莱珉银行已经有了上百万客户，社会活动家、捐款人和跨国发展计划的政策制定者们开始越来越关注它。到第一批孟加拉理财日志诞生的时候为止（1999—2000），格莱珉群组的活跃"会员（即对客户的称呼）"超过200万。与此同时，孟加拉大批非政府组织也建立起了类似的机制。其中BRAC和ASA的规模已经几乎与格莱珉银行一样大。第一批孟加拉理财日志表明，在我们随机抽选的42个家庭中，不少于30家在一个或多个微型金融机构开有账户。如我们在第四章中所表明的，总体而言，他们喜欢从这些机构得到的是相对而言值得信赖的小数额、分多期方便偿还的便捷金融服务，以及不需要离开村子就能办理银行业务的机会。

世界各地都已经认识到了其中的关键信息：以借款人的经济和社

会进步来衡量的成功，依赖于女性、群体团结、小生意以及贷款。可是，格莱珉二期却将提供全然不同的信息。这是基于对更加广泛的银行服务的观察得来的，包括越来越根据个人及其多种需求来定制的储蓄业务。

格 莱 珉 二 期

格莱珉新的"泛化体系"，或称"格莱珉二期"，是为了应对该行贷款组合质量下降而诞生的。1998 年的洪灾加剧了这种质量下滑，但该行认识到，就算洪灾的影响逐渐消失，深层次的问题仍然挥之不去。在就这些问题进行的一次坦率的公开讨论中，穆罕默德·尤努斯提及"体系中的内在弱点。该体系由一系列界定完善的标准化规则构成。任何背离规则的行为都不被允许。一旦有借款人偏离规则，她会发现很难再回头。"[5]作为回应，格莱珉二期进行了两套改变。第一套处理的是尤努斯所指的借贷体系过于严格和不能变通的特性。单一的贷款年限（一年）和单一的还款安排（每周分期偿还，不可提前还款，必须在一年的时间里每周每笔偿还）无法适应大多数贫穷人家的现金流状况。在第二章我们详细研究了现金流，并证明了上述观点。格莱珉二期就根据这一点引入了更多可选择的贷款期限，从三个月到三年不等。[6]为了应对如果现金流在贷款期中途出现衰竭，或者新的投资机会出现的情况，贷款可以在还没全部偿还的情况下就全额生效。假如出现严重的还贷困境，借款人可以重新商定自己的贷款条件，可以延长贷款期限，由此减少每一期的偿还额。这一点能够在一个内含让借款人"重新回到正轨"的动力的体系内实现，因为它承诺，只要问题得到补救，借贷权就能重新恢复。在废除了必须不断借款的规定之后，借款也变得更加灵活。格莱珉二期还降低了对群体团结的要求，废除了对借款人承担群体连带还款责任的要求。

第二套改变包括新的或改良过的产品，这些产品扩展了用户能够获得的交易范围。通过这样的措施，格莱珉二期不再假设其客户全都意在借款：其中大多数的改变措施与存款有关。在这一点上，我们基于理财日志得出的结论再次支持了这些改变措施。在格莱珉银行原先的体制内，也就是在孟加拉国其他所有微型金融机构争相效仿的那种体制内，会员们都被要求必须每周存一小笔钱，置于群体共有的账户之中。这些存款不得取出，除非成员们已经开立账户达到十年，或重新调整了自己在格莱珉银行的会员归属。在格莱珉二期中，这种强制储蓄被废除，取而代之的是新引入的两款储蓄产品。个人存取款账户允许个人在任意时间存取任意金额。同时引入的还有一份认同式（或"合约制"）存款计划，即所谓的格莱珉年金储蓄（Grameen Pension Savings，GPS）。它为定期每月存款超过五年或十年的储蓄账户提供更高的利率。在这方面，格莱珉银行效仿了 ASA 之前的开拓之举，取消了强制性不可取出的储蓄，格莱珉银行也效仿了其中等规模竞争者 BURO[7]的创新举措：认同式储蓄。

这些调整坚持了要让囊中羞涩的穷苦人家更易于管理日常现金流并利用安全的存款机制逐渐积少成多的承诺。而这正是我们在之前的章节中通过研究确认的穷人的两大理财服务需求。可是，值得注意的是，格莱珉银行作出上述调整的主要目的并不在此，而是希望通过让更多的存款流动起来以增加可用作贷款的资本。1990 年代末洪灾发生时，格莱珉银行发现获取新的资本比之前预期的更加困难。而有了格莱珉二期，它就不仅能够从贫穷的借款人那里筹集到更多的存款，而且还能从普通公众那里得到更多的存款。这项调整取得了巨大的成功：到 2004 年末，该银行的储蓄总额首次超过放款总额，而且自此以后存款的增长速度始终快于贷款的增速。到 2007 年底，格莱珉银行的客户在该行的存贷比为 1.40 美元比 1 美元。

事实上，这让格莱珉银行从一家小型放贷商转变为一家真正的零售银行，但其核心关注点仍然是穷人。

格莱珉二期理财日志

从 2002 年到 2005 年，非政府组织微存（MicroSave）想要深入了解格莱珉二期的创新之处，于是赞助了孟加拉国新一轮的理财日志项目。这些"格莱珉二期理财日志"（我们这么称呼是为了让其与之前孟加拉国的理财日志相区别）持续时间为三年而不是 12 个月；记录日志的家庭每个月都会受访一次，而不是像之前那样的每两星期一次。由于这些改变，我们从日志中得到的细节比之前那批双周日志更少些，但我们却能够观察到在更长时段中出现的变化。

我们选择日志记录家庭的标准也发生了变化，不再以贫困程度为依据，而是以他们与微型金融供应商的关系来选择。其中大多数都在微型金融机构开立了账户（大多数是在格莱珉，因为这是这批日志集中关注的对象，但也有一些是在其他供应商那里），不过我们也选取了少量不是任何一家微型金融机构会员的家庭，或者之前是会员的家庭。这让我们能够研究和比较同一些村庄中理财组合各异的家庭。

总体而言，格莱珉二期理财日志中的理财组合与之前那批孟加拉国日志中的情况类似，因此也与在印度和南非研究的那批类似。这些家庭虽然很穷，但在理财方面也很积极，这一点再次得到了验证。他们与众多理财伙伴合作，主要采用但也并不限于非正式形式。从收支状况来看，他们利用理财手段处理的现金流是比较庞大的。各种手段的混合——从无息私人借贷到有息借贷、家庭储蓄、揽储，储蓄互助会，以及介于正式与非正式之间的金融产品提供商，等等，都与第一批日志中出现的类似。与日志记录家庭进行的谈话再一次证明，他们很看重理财这件事，为此忧虑，而且时时都在观察有没有什么方法加以拓展和改善。

但两者之间也存在惊人的差异。最主要的是，微型金融提供商在后一批日志中的作用更加突出。与之前 1999—2000 年那批日志中接触了微型金融供应商的那些样本相比较，我们发现，格莱珉二期日志中借助了微型金融手段的家庭，其金融交易通过微型金融提供商处理的份额更大。这在一定程度上反映了微型金融部门在孟加拉国增长之迅猛，其中三大巨头——格莱珉、BRAC 和 ASA 在 2000 年到 2005 年之间一共增加了 900 万个账户。因此，格莱珉二期日志的记录者们更有可能在某家微型金融供应商那里开立账户。他们还更经常地通过微型金融进行交易，得益于新产品的出现，交易金额也更大。

在接下来的章节中，我们将研究一下格莱珉二期的各种创新对上百万贫苦家庭最难应付的财务难题的影响，即管理现金流，和通过长期储蓄及借款积累一笔较可观的资金。

利用存取款账户管理现金流

在之前那批日志记录的时间段里，格莱珉银行的顾客们都被要求每周往一个共同储蓄账户中存入资金，但他们要取钱却受到严格限制。格莱珉二期借鉴了孟加拉国已经出现的变动，取消了取钱限制，并开始进行各家独立存款。到格莱珉二期日志记录的时间段（2002—2005 年）里，大多数微型金融机构的顾客，包括格莱珉的，都可以自由地在每周例会上决定要存钱还是要取钱（不过他们通常还是需要亲自前往银行分行所在地取款）。这项改变最初遭到了银行工作人员的反对，他们担心不受限制的取款会让余额变得很低，但顾客们却很高兴。大多数人都利用自家新的储蓄账户来帮助解决现金流管理的问题。而正如我们在第二章中指出的，这个问题给之前那批日志记录家庭带来了许多麻烦，占用了他们很多时间。对大多数顾客来说，这是他们第一次拥有灵活但有可靠的账户。典型做法是，他们每周存一点点钱，每季度取两到三次。

卡皮拉·巴鲁阿（Kapila Barua）是格莱珉二期日志记录者之一。她在家做些手工活来补贴丈夫在农场劳动挣得的每天约 1.50 美元的工资，但这笔钱只有他找到活做的那些天才能拿到。在我们第一次与她访谈时，她告诉我们她非常喜欢格莱珉新开立的个人储蓄账户。她那个账户里的结余一般稍低于 18 美元，任意支取能帮她处理很多小额的花费。她的日志表明，每个季度她会利用每周例会存入 4 美元到 10 美元。[8]每季度她至少取一次钱。在第一个季度因为食物不足她取了 1 美元；在第二个季度她为自己的儿子取了 13 美元学费；然后在第三季度取了 4 美元来帮助同组一位成员偿还贷款；在第四季度取了 2 美元来偿还贷款；在第五个季度她取出 1 美元支付自己的格莱珉贷款保证金，又在第六季度取了 11 美元用来买金耳环。这之后她暂停了一下，在第七季度没有取款，但在第八季度她取了 11 美元来购买手工活必需品。在第九季度她取了 4 美元购买格莱珉新启动的人寿保险项目（担保她丈夫的人身安全）。在之后的六个月她都没取钱，而是努力存钱给儿子治病。在我们追踪的最后一个季度里，她取了 15 美元支付医生的诊疗费和药费。

卡皮拉的最后一笔大额取款让她的账户余额跌到还不足 1 美元。在格莱珉二期日志记录者中，这种存取款账户中平均余额相当少的情况非常典型，不过在这三年中，37 个格莱珉二期日志记录者的这类账户中的个人储蓄总和确实增长了 21%，从 248 美元增长到 299 美元（大约每位储户 8 美元）。但从存取次数来看，总的流量相对而言还是很大的：在三年时间里（包括利息在内），这 37 个家庭一共存入 4 228 美元，取出 4 176 美元。因此，正如在第二章中一样，我们观察到了较大的现金流，但平均账户结余却很少，不过，比起之前 1999—2000 年那批日志中所记录的（当时往微型金融账户中存款仍是标准化的，利率也很低，取款也较难），现金流也更大了。这些家庭得到的不仅仅是一个支取存款的机会：他们得到的是一种全新的、非常有价值的货币管理机制，而且是一种他们此前从未体验过的。因为微型金融机构会派一名员工到村里来收取，所以想每周节省一点钱，存到一个能出于任何原因任意查看的去处就会很容易。这一发现增强了我们在第二章的论断的说服力：穷苦家庭欢迎安全、本土化、方便的活期储蓄，而且会经常使用。

这还表明，仅仅基于他们**现在**没怎么存钱的事实，就推断出穷苦家庭并不**想**存钱，这种想法是多么危险。格莱珉二期证明，引入更好的产品能大大打破一种僵局，即只要提供简单易用的存取账户，储蓄行为就会大大增加。

管理现金流并利用更灵活的贷款形成大额资金

读者们可能注意到了，在卡皮拉利用她在格莱珉二期项目储蓄账户中存款的各种用途中，有一项是偿还她的格莱珉二期贷款。这种行为之前格莱珉银行是不欢迎的，但事实上它却让贷款更加容易管理——如果你手头缺少现金还款，那你可以先用存款来应应急。如果依赖邻居们的帮助也是选项之一的话，利用自己的存款来应急的压力比前者小很多。

格莱珉二期的一项被证明非常便利、也很受大多数借贷者欢迎的创新，就是"复贷"机制，在这种机制下，你可以重新将贷款翻新到最初设定的额度。这可以在还款周期之内进行，比如说，你最开始贷了一笔200美元的款项，并且已经偿还了100美元，那你可以把已经偿还的100美元又借出来，让贷款额又恢复到200美元，然后每个星期继续还款，但还款周期就得到了延展。这种方式能让贷款更加适合穷苦人家的现金流状况。

"复贷"机制尤其受特别贫困家庭的欢迎。我们的另一位格莱珉二期日志记录者拉姆那（Ramna）家就是这样。她和丈夫一点土地也没有，靠种她兄弟的土地为生，而且还要养育两个在上学的儿子。丈夫没什么技能，健康状况也不太好，虽然他也试图做短工，在一家茶铺帮忙，还去钓螃蟹，但在日志记录的三年里，一直没能维持稳定的收入。

拉姆那在我们遇到她的前一年加入格莱珉二期项目，贷款83美元用于在手头紧的时节购买储备粮食。每周她利用多种来源的收入，包括她丈夫的工钱、家人和邻居提供的无息借款，以及她自己在格莱珉二期项目中的存款来偿还贷款。2003年4月，她"复贷"了自己在格莱珉的贷款，用来买谷物并存储起来应对即将来临的雨季。这次复贷以及之后的几次复贷并不意味着拉姆那陷入了越来越多的债务当中：复贷只是允许她将自己的贷款额再次达到最初的金额，而不是更多。11月，她公公过世了，他们再次进行了价值67美元的复贷以支付丧葬费。在冬季干旱季节里他们成功地进行了还款，于是在2004年5月，当她又可以进行复贷时，她又来了一次，然后把钱存到一个揽储人那里，之后再从那里赎回来，用来还清一笔他们拖了很久的私人贷款。12月，她又复贷了75美元。这是稻米丰收的季节，这笔贷款被用于谷物储存费和她丈夫的医疗费，另有一部分用来偿还每周的贷款分期。2005年初她家难以偿还贷款分期，因为她自己的父亲病了，她们急需钱给他看病，但到了7月初，她又做了一次复贷（65美元），这次是为了付学费和补充食物储备。2005年底我们最后一次见她时，她还有70美元的贷款需要偿还，并指望再做一次复贷。

她的贷款让她每年需支付20%的利息，而且也没有直接投入可以产生收入的地方，但拉姆那还是很肯定这项机制帮了忙。她问我们，要是没有这种制度，她怎么能储备足够的食物，继续供孩子上学，并在丈夫需要买药的时候买给他呢？如果不能得到格莱珉贷款提供的、有用的大额现金流，所有这些维持家计的任务就会更难完成，付出的代价也会更大。拉姆那的故事让在前面章节中总结出的两点变得更加有力：贷款在便利跨季节的消费和管理风险方面都能得到很好的运用，而且可靠性非常重要。在一个她可以信赖和持续指望的、由规则管控的可信赖框架内，拉姆那能够按照自己的意愿得到和使用贷款。

正如卡皮拉的储蓄账户一样，在拉姆那的贷款账户中，我们也看到了大规模的现金流和小额的结余。拉姆那最开始有一笔 35 美元的贷款，三年终了时是 70 美元：在这三年间，她总共贷款 337 美元，偿还 302 美元，支付利息 44 美元。[9]格莱珉贷款服务的高频率和可信赖都使它对拉姆那这样的家庭极具吸引力，而且也能为她们所用。我们在选择日志记录者时选了三家特别穷困的，我们以为没有微型金融机构会接受他们的，但有两家在调查进行的三年内确实开设了活期账户，这是因为他们发现微型金融机构现在提供了一种适合他们的服务，而不是与此相反的只适合"能投资的有钱人"的服务。这吸引了他们。

这也呼应了我们的另一个主题：集中关注为小生意提供小额信贷能够大大增强微型金融的吸引力、成功的可能性和普及度，但它也有消极影响的一面：让人们注意不到穷苦家庭更多样化的需求。他们寻求、评估并可信赖地持续偿还为许多其他目的而借下的贷款。令人高兴的是，在现实生活中，拉姆那能够按照自己的意愿使用她的贷款，不再受格莱珉银行的传统要求的拘束。它曾认为贷款只能用于"生产性投资"。

对微型金融贷款的使用

格莱珉二期理财日志涉及用户们三年内金融交易的各种细节，因此，为研究者们提供了一个非常难得的机会来研究微型金融贷款到底是怎样被使用的。[10]在日志记录的时间段里，在所有家庭中有43户至少有一笔小额贷款——来自格莱珉或其他机构。他们总的贷款数是239笔，按照这段时期的平均汇率，其支付价值大约为39 000美元。单笔贷款的平均支付价值大约为165美元（中位值是120美元）。

这些数字虽然挺可观，但也仅代表了他们一部分的借款。因为这些家庭还会从亲戚、储蓄互助会、邻居、放贷人那里借钱，有些甚至还能从银行借一点。我们以日志为工具得以比较这些不同来源的情况，如表6-1所示。

表6-1 格莱珉二期日志：借款总支付价值，按来源计 （单位：美元）

	借款价值	借款占比
从亲戚或邻居那里借的无息借款	15 989	23%
商店主提供的赊账	1 692	2%
从亲戚、邻居或放贷人那里借的有息贷款	9 033	13%
从储蓄借贷互助会借的贷款	2 468	3%
从正规银行借的贷款	2 167	3%
从微型金融机构借的贷款	39 668	56%
合计	71 017	100%

注：美元与孟加拉塔卡按照1美元=60塔卡的市场汇率换算。本表包括了所有借款，不仅微型金融机构的小额贷款。所有都是出自43份格莱珉二期理财日志中，从记录起始日开始统计的期间数额。

因此，微型金融机构提供了这些家庭总借款的一半多（大约56%），尽管这些贷款往往也是从一个以上的机构借来的。这个比例已经大大高于之前1999—2000年那批日志中记载的38%。

这些借款被用于什么用途呢？如表6-2所示，我们将其中的237笔分成六个大类。

表6-2　格莱珉二期日志：小额贷款的数量和支出价值，按用途分类

（单位：美元）

	数量	百分比	价值	百分比
零售进货或商业及技艺交易	75	32%	15 231	39%
购买或/和维护资产	37	16%	5 583	14%
转借给家族之外的其他人	27	11%	5 764	14%
偿还其他债务	25	11%	3 413	9%
消费	18	8%	1 425	4%
混合用途	55	23%	7 535	19%
合计	237	100%	38 951	100%

注：美元与孟加拉塔卡按照1美元＝60塔卡的市场汇率换算。43个借款者总共借了239笔小额贷款。两笔没有统计在内的贷款被投入到了某种储蓄中。

　　大多数借款都能被归入单一的用途大类，但"混合"类别中的55笔被拆分用于多种用途。在这个大类中又可细分。其中35笔（约占三分之二）大部分金额用于"消费"；30笔（比一半多一点）大部分金额用于偿还其他债务；还有26笔（稍低于一半）以带有投资性质的用途（资产或商业股票）为主。因此，一笔典型的"混合用途"贷款金额大约为150美元，其中30美元用于食物，70美元用于维修房屋，还有50美元用于偿还其他债务。

　　"资产"类别相当广泛，包括购买、分期贷款买或租用土地，建造和维修房屋，以及购买或维修各种各样的车、船或商用设备，以及用于诸如木器之类的商用工具。

　　如果我们视头两类——零售进货和所有种类的资产为微型金融贷款提供者们青睐的"产出性"贷款，我们能够看到，有大概半数贷款是属于此类（贷款数量稍微少于总量的50%，贷款价值稍微高于

总价值的 50%）。

不过，这并不意味着有一半的贷款用户将贷款用于"产出性"目的。这是因为，只有特定几位借款人会强烈地倾向于产出性用途。在 43 个样本中，一小撮人——只有六位借得支出价值最大的"商业"类别中的 11 810 美元，占四分之三。而他们借的所有贷款的三分之二都属于这个类别。因此，虽然按照贷款数量和贷款价值来衡量，商业都是贷款最为常见的用途，但按所涉及的借款者来衡量，它却并不是最普遍的。

主导了商业类别的这六户家庭全部都有已经成熟的零售或贸易生意，并最大限度地利用借款来进货。他们中有些是格莱珉的会员，对他们来说，贷款复贷机制的引入确实是一项福利。他们大多从多家微型金融机构获取资金。

有一位养牛人（或更确切说是他妻子）最初从格莱珉贷了一笔款，他每六个月再贷一次，每次大概 100 美元，另外他同时在另两家机构贷了金额是这个两倍的贷款。在所有样本中贷款最多、金额最高的是一家商品丰富的杂货店的老板：在调查覆盖的三年时间里，他一共从三家贷款提供机构（格莱珉，ASA 和 SafeSave）借了 15 笔贷款，金额总计 4 580 美元。其中最大的一笔是从格莱珉拿到的 1 670 美元的"特别投资贷款"。这位借贷者总共占到样本贷款总价值的 12%。

这个简短的综述反映出的最惊人的发现，是所展现的贷款用途的多样性，一方面，小额贷款将会投资到小生意里，这种最初的预期并没有实现。另一方面，商业和资产投资占到贷款支出价值的一半以上，但主要借给了那些有条件将它们用在这个方面的少数几位借贷者。

认同储蓄账户中逐渐积累的大额款项

微型金融机构利用新产品对穷人能拥有的理财手段所做的重大改革之一，就是把某些日常现金流管理转变成了小额储蓄和贷款账户。另一项则是为更长期的、能够产生有用的较大数额资金的金融资产提供了存在可能性。在前文中我们已经看到，拉姆那是如何利用复贷来支付父亲的丧葬费、儿子的学费以及丈夫的医药费，从而得以借助一个可信赖的、灵活的贷款机制得到急需的资金。一种更慢但长期来讲更为强有力地创造大额资金的方式，则是在一个可信赖的储蓄账户中慢慢存钱。

孟加拉国的商业银行很早就开始为并不贫困的客户提供"年金储蓄项目"。事实证明，这种项目作为为长期打算而存款的计划很受欢迎。少数微型金融先驱（主要是 BURO），在 1990 年代已经试验了一个面向穷人的版本，但直到格莱珉二期开始向其上百万会员提供这种服务，这个概念才真正成为现实。[11]格莱珉银行版的年金项目叫作"格莱珉年金储蓄（Grameen Pension Savings，GPS）"，针对同意在五至十年的长时间内每月至少存 1 美元进账户的会员，这个项目会提供较高的利息率。它只是名义上叫作"年金"。存款的用途不仅限于退休之后的需求；众多更加年轻的家庭成员把这个"年金"项目看作为中期可能需要的费用积累资源，比如最终他们必须为孩子的学费或婚礼付费。

与 RoSCA（其定义、描述以及其他类似的储蓄互助会可见第四章）等非正式机制类似，GPS 这样的认同储蓄项目提供了一个定期储蓄的时间框架。这个框架帮助其用户约束自己，定期存款，以供未来不时之需。[12]不过，与储蓄互助会不同的是，互助会储蓄的时间都很短，这样能降低在非正式机构中多人共同存款带来的风险，而认同储蓄项目则没有这种时间顾虑：只要金融机构是值得信赖的合规主体，像格莱珉银行这样，那么认同储蓄项目的存续时间就可以很长。GPS 的最长年限是十年，但事实上存款还可以转入定期账户，于是另一个 GPS 周期又开始了。未来格莱珉银行有望提供年限更长的 GPS。

GPS 项目介绍给第一批格莱珉会员时，其中有些人已经熟悉了认同储蓄的概念——或许他们认识开有 BURO 或银行的此类账户的人，但对另外一些人来说，这可是全新的东西。前者一般都没那么穷，倾向于很快就对此表示欢迎并加以使用。

贾力蒙（Jharimon）就是其中的代表。她和丈夫有一所很好的房子，他们租了一个店面用以开设一家小小的洗衣房，和邻居相比，他们每天收入还不错，能挣 3.50 美元。这让他们处在微型金融使用者收入阶梯的顶层。在格莱珉二期项目诞生之前，这对夫妇并没打算加入微型金融项目。贾力蒙是我们的理财日志记录者中特地为了 GPS 项目才加入格莱珉会员的案例。

这对夫妇起初以为，他们可以不作为借款人就加入格莱珉会员，只参加 GPS 项目，但格莱珉银行不允许这么做。于是在 2002 年，贾力蒙加入了当地的一个格莱珉银行群组，并很快开设了一个 GPS 账户，每月存款 3.5 美元，为期十年。她想为自己的两个女儿预先存好筹办婚礼的钱。她们现在一个 12 岁，另一个还是个婴儿。她还借了一小笔钱，"因为他们要我借一笔"，很快还清了，然后再也没有续借（尽管承受了格莱珉工作人员的压力，因为工作人员认为会员们应该要续借）。2004 年 4 月，因为对 GPS 的服务感到很满意，她又开立了一个为期十年的账户。这次是每月存 2 美元，意在为现年八岁的儿子预先存好长大后上学或做生意的费用。而到了 2004 年底，格莱珉银行非常正确地评估她为优质客户，于是向她提供了一笔金额较大的"特别投资贷款"来扩张洗衣店规模，金额是 416 美元。她接受了，并同时开设了另一个 GPS 账户，也是 2 美元每月。到 2005 年底，贾力蒙在三个 GPS 账户已经存了 262 美元，不包括利息。她的"特别贷款"还剩 225 美元。她厌倦了每周的例会，于是现在通常请另一名更穷的会员替她把每周的还款和存款带过去。不过她对格莱珉银行的服务感到满意。

与大多数理财日志记录家庭相比，贾力蒙的家境是比较好的，并在加入格莱珉会员之前就很看重认同储蓄项目。但对于从没体验过类似项目的更穷的家庭来说，GPS 会不会受欢迎呢？要回答这个问题并不容易，因为格莱珉银行正式要求，如果要借款超过 133 美元，那就必须开立一个每月 1 美元的 GPS 账户：所以有些 GPS 用户仅仅是因为有这项规定才开立账户的。

桑卡（Sankar）是一名人力车夫，他没有土地，也不识字。他的妻子是格莱珉的会员。他们家向格莱珉银行借过几次钱——事实上正是其中的一笔贷款帮助他买下了人力车。突然，他妻子告诉他，如果想要再借钱，就必须开立一个 GPS 账户。他告诉我们，他当时感到很疑惑。"那现在呢？"我们问。他轻笑了一下："现在我们努力不再贷款，而只使用 GPS 账户。"我们一再敦促他作出解释，于是他说，他的收入不多，但足够日常开支了，他们也不需要借一笔昂贵的贷款来投资。他们现在优先考虑的是孩子们，而与贷款相比较，在为未来提供支持方面（一个女儿要结婚，一个儿子要做生意），GPS 似乎更加便宜，而且没那么严格，期限也更长。与贾力蒙一样，桑卡有时会借钱，但大多数时候是在存钱。"格莱珉好多年前就应该这么干了"，他说。而这也呼应了其他许多人对我们说的话。

在 GPS 数百万的用户中，我们不知道有多少人像桑卡一样认可它，又有多少人只是因为想借款而成为会员必须开立这个账户才这么做。但从我们的日志记录者们那里，我们多少能得到一点线索。在我们的样本中有 27 户拥有 GPS 账户，其中在 20 户的账户中的存款超过了贷款必需的最低存款额，其中又有 11 户拥有不止一个 GPS 账户。因此，可以认定，他们大多是为了 GPS 本身的原因才开立这个账户的，而不是作为贷款必需的代价。在剩下的 7 户中，有些人可能像桑卡一样，开始不太情愿但渐渐却变得充满热情。总体来看，对"认同储蓄"的好处的理解已经确立并在逐步扩大。

这 27 户拥有 GPS 账户的日志记录者们的理财组合与之前 1999—2000 年那批日志记录者们的组合多少有点不同。不仅微型金融机构在总储蓄单中所占有的份额翻了一倍多（从 14% 增长到 31%），而且其中部分储蓄如今非常安全。它们由个人直接拥有，而且是不断在增长着。

GPS 不仅帮助格莱珉的客户们改变了理财组合，还帮助格莱珉银行自身改善了其金融体制的健康程度。在 2002 年末我们开始调查时，该行的存款总量是 82 亿 8 400 万塔卡（当时约等于 1 亿 4 200 万美元），是其总贷款量 121 亿 4 900 万塔卡的 68%。当 2005 年我们结束调查时，贷款额已经快速增长到 279 亿 7 000 万塔卡。但存款量的增长速度更快，达到了 316 亿 5 900 万塔卡，甚至比贷款总量还要高出 13%。从第四章的观点来看（我们分析了贫困家庭很难积累起有用的大额资本，以及他们为了达到这个目的而求助的手段），种种证据表明，像 GPS 这样的账户（前提是一直管理良好）如果能在全球得到效仿和优化，则将成为向穷人提供理财服务的一大进步。[13]

格莱珉三期？

孟加拉国的微型金融产业是世界上最早也最大规模的，并且如今仍在高速发展着。我们在本章中描述过的组合——随意支取的储蓄账户、更加灵活的借款方式，以及认同储蓄账户，表明为了改善向穷人提供的理财服务，孟加拉国已经取得相当大的成就。穆罕默德·尤努斯最初设想出来的格莱珉银行帮助世界看到了这样一种可能性：仅仅是得到小额贷款的权利就能够帮助村民们开办起小生意。格莱珉二期引入的革新则应对了更多我们在理财日志中发现的关键需求：管理现金流、应对风险，以及逐步累积起有用的大额资金。

不过，也并不是每位微型金融机构的顾客都是卡皮拉、拉玛、贾力蒙或桑卡。就连这四个人，与大多数顾客一样，也还是在大量利用非正式机制进行交易理财，其原因并不难发现。与微型金融机构的接触机会仍然是每周的村庄例会，这在 1970 年代看来是一大突破，如今却多少有些陈腐：会议浪费了太多宝贵的时间，私密性不足，个别的需求没有得到关注，男性员工倾向于资助女性会员，而且越来越多的会员倾向于尽可能翘掉会议，或者只是尽快地出席一下付掉会费了事。几乎完全只与女性会员合作，这一开始可以被视为一种对性别不平等的矫正尝试，但随着时间推移，越来越多的批评指出了其对男性的忽视。许多微型金融机构称，他们已放弃连带责任，但一线员工因为害怕贷款违约，仍然继续着某种形式的连带偿还。同样的，尽管机构层面已经努力让还款条件和期限变得更加灵活，但大多数贷款还是一年期的，每月固定等额还款，而且不能提前偿还：格莱珉银行上层提供的灵活性和竞争者提供的短期应急贷款仍然还是个例现象，而非行业准则。大多数客户还是照例承担着压力，一旦还清一笔贷款，马上就贷下一笔。[14]账户关闭的高比例说明，很多客户认为这些条件很苛刻。[15]

此外，孟加拉国的行政管理体制如今已经远远落后于其他国家：与柬埔寨或巴基斯坦等同属亚洲的国家不同，微型金融提供商至今没有法律上的合法指称。由于特殊的法规，只有格莱珉银行一家获准自由动员存款，尽管它的许多竞争者们也已经显示出有能力安全地管理存款；对非政府组织能做什么和不能做什么缺乏明确的规定也阻碍了想要进入租赁、保险或小企业贷款领域的微型金融非政府组织。另一方面，顾客在遇到微型金融机构的不公待遇时也求助无门，而微型金融产品没能提供成文的基本条款和条件让情况变得更糟。现在正是孟加拉国的非政府组织开始在"信息权"领域发力的时期，却面临这样的窘境，这实在有点讽刺。

今天的缺陷都是可以克服的。假以时日，立法者们可以颁布得到改进的微型金融立法。基于我们从理财日志中的发现，我们对孟加拉国的微型金融机制能如何演变的看法是（或许可以称为未来的"格莱珉三期"），微型金融机构应把自己定位为针对贫困家庭的综合理财体系的供应商。这样的话，他们就不再坚持要客户不断贷款，或仅为开设小生意才能贷款了。相反，他们将不断改善三项核心产品的灵活程度——活期储蓄账户、贷款和认同储蓄账户，让自己不再是"以不变应万变"的服务商，而且更能够贴近客户的实际需求和现金流状况。一旦这一系列灵活的"核心服务"到位，改善后的专业活期储蓄、贷款和保险服务就能够发展起来。它们将能够响应人们对房屋修缮、医疗和教育费用、养老以及小生意开办的要求。

在孟加拉国，微型金融的目标一直锁定在消除贫困，微型金融供应商们也始终关注着穷人。它们已经展示了令人惊叹的产品开发及迅速推广的能力。这样的组合——关注穷人并有能力迅速推广——应该能让它们利用新的观念和技术，去改善格莱珉二期已经打下的基础，再次提供一种金融革新的模型，从而让全世界能够借鉴和学习。

第七章
更优的理财经

PORTFOLIOS
OF THE POOR
How the World's
Poor Live on $2 A Day.

没有足够的钱只是贫穷的一部分。我们在理财日志中记录的贫困家庭所面临的困境并不局限于金钱上的匮乏。他们还可能遭受种族或阶级歧视，也可能发现自己的合法权益被忽视，更可能在低质量的公共服务和低技术水平间挣扎。幸福指标的提出有助于扶贫范围的扩大，如联合国提出的监测个人健康、教育水准和收入状况等数据的人类发展指数。

理财日志使我们重新思考贫困与金钱的关系，更具体地来说，贫困与理财的关系。如果没有金融中介机构的帮助，突发的健康问题会给贫困家庭带来更大范围的经济危机；他们也无法抓住时机增加自己的收入；而且他们在遇到经济危机时也只能求助于身边的亲友，这种求助往往会给他们带来耻辱感、焦虑感和依附感。

理财在收入较少时显得十分重要。从金融的视角来看，贫穷的根本悲剧表现为低收入和不确定收入在缺乏理财手段调节时给穷人带来的三重打击，即穷人往往在不合适的时间获得收入，这样的收入很难被管理，也很难通过借贷和储蓄来增加。

重视理财不仅不会阻碍改善健康状况、受教育程度和农业生产的实践，反而有助于这些目标的实现。有一个突出的例子是在肯尼亚西部应用化肥时，农民采用新技术时面临的最严峻的挑战并不是学习这种技术和了解其优势，而在于定期储蓄以便于他们在需要的时候购买化肥。[1]一旦金融工具提供了解决这个问题的办法，化肥的使用和生产量都会随之增加。基础理财工具通过帮助穷人获得一些基础的权利，如更容易控制金钱和时间，使过去获得的收入和未来的预期收入能够在最需要的时候可以起到作用，成为他们实现更广泛的愿望的基础。关于经济增长的研究还指出了金融理财服务的提高在总体水平上作出的基础性贡献。[2]

追求普遍性的服务

小额信贷，作为面向贫困人群的理财服务，近年来正呈现出前所未有的增长态势。各种各样的全新资本从四面八方涌入该领域，越来越多的供应商正在世界各地开设营业点。究其原因，一部分机构是为了改善穷人的生活水平，一部分机构则是受到了可观利润的诱惑，而绝大部分机构则是被这两种因素同时吸引，这些机构被称为"双底线机构"。近年来，随着民间金融投资水平的急剧上升，小额信贷不再依赖于公共资金。[3]新技术，特别是能够连接现场工作人员和客户的移动设备，以及后台供应商使用的智能计算机程序，带来了效率的提高、成本的降低，以及更大程度的便利[4]。几乎每天都有关于面向穷人的理财产品的新想法提出，并且能够运用有效的手段来测试这些想法的成效。正如我们在本书中所描述的那样，新的研究正在帮助穷人寻找理财伙伴。[5]

理财日志所揭示的穷人的理财经表明，供应商对于向穷人提供理财服务的兴趣激增可能源于真实的、持续的和实质性的需求。日志表明，尽管穷人收入较低且不稳定，但穷人通过各种可能的手段，积极参与金融中介活动。

　　未来十年，随着供应商更好地应对穷人的理财需求，金融服务将开始一场前所未有的竞争，而这场竞争将为穷人带来第一个高质量的基础性金融服务。如今，对于大多数国家的穷人来说，比起拥有一家小额信贷机构的分支机构，他们更有可能在他们所在的村庄里得到一所学校或一家健康诊所。然而绝大部分的这类学校和诊所只是在继续着糟糕的服务，并且需要大量的公共资金和一定的政治压力来保障它们能可靠运作。相较而言，小额信贷的优势在于其不依赖于公共资源，并且一旦有相应的针对微型银行的法律体系出台，无须政治上的操控，它们即可自行运作，而且很多政府已经出台了类似的法律体系。[6]

　　金融服务不仅仅对于穷人自身来说是一件好事，而且随着金融服务的普及，也将有助于推动其他服务业的发展。根据理财日志的记录，许多人把送孩子去上学放在首要的位置，但是由于使用了糟糕的理财工具，他们很难确保自己在有需要时拿得出学费、校服费或书费。在前面的章节中，我们看到卡皮拉·巴鲁阿和拉姆那利用小额信贷供应商提供的储蓄和贷款服务来管理医疗费用以及学校开销。她们之所以能够这样做是由于供应商提供的理财工具具有可靠性和便利性。由于借助了良好的理财手段，穷人能够获得更多的资源来满足他们对健康、教育和其他服务的需求，因此，他们将对金融服务的改良施加更大的压力。

机 遇 与 原 则

　　本书充满了细节。我们观察了数以千计的贫困家庭进行的小交易，并且深入了解了这些交易产生的原因。许多案例证明，穷人的确在进行理财。然而，他们的理财经往往是不可靠和不完善的。

那么，什么是能够改善穷人的理财经最为有效的方法呢？根据我们日志的记录，我们将在下文阐述供应商可以抓住的三大机会，以及能够帮助和指导他们的原则。

机遇

我们在本书中研究了约 250 个穷人的理财经，其中的每一个都是独一无二的。每一种选择都反映了选择它的家庭成员的特点：他们的年龄、职业、收入和期望。这些特点影响了他们的理财偏好。旁姆扎（Pumza）和扎内莱（Zanele）是来自南非的两个 74 岁的女人，她们都是多代同堂家庭中的长辈，她们的家庭极度依赖政府提供的养老补助金。但这两位妇女选择了不同的方法来管理她们的补助金。旁姆扎是一个乐观主义者，她利用补助金进行贷款，并且只在必要的时候偿还。而扎内莱则尽可能地避免负债，即使要以挨饿作为代价。来自印度的桑迪普（Sandeep）和普拉卡什（Prakash）是娘舅关系，他们俩也选择了截然不同的理财方式：桑迪普性格外向，并且利用自己的人际交往能力发展了一群金融合作伙伴，而更内向的普拉卡什则选择私下里谨慎地管理自己的积蓄。

尽管他们在理财的选择上存在着分歧，但是日志显示了他们都通过寻求金融中介的服务来达成理财的目标。他们选择的理财手段有时候是成功的，有时候是失败的。从广义的角度来看，他们选择的理财维生之道有三种关键的服务，这三种服务有着广泛的社会需求但却供给不足，因此，针对这些关键服务提供解决方案将会给小额信贷供应商带来三大机会：

1. 帮助贫困家庭进行日常理财。

2. 帮助贫困家庭建立长期储蓄。

3. 向贫困家庭提供用于各种用途的贷款。

在某些情况下，向贫困家庭提供保险对于供应商来说也是一个良好的机会，但日志提示我们，从家庭的角度来看，重要的是能够解决金融危机，而不是被保险。正如第三章所描述的，有大量的储蓄可以依靠和在需要的时候可以借到足够的资金，往往是解决家庭金融危机最关键的方法。

现金流管理。这里的现金流管理指的是日常资金管理：通过调控少量和不规律的，或不可靠的收入来保证现金在需要的时候是可使用的，因此穷人能够保证每天的餐桌上都有食物，并且能够满足自己的一些微小但不可预知的需求，如生病时需要去看医生，也可以提供一些少量但经常性的支出，如学费和书费。我们在第二章看到，贫困家庭理财的大部分精力都花在了这个上面。这是绝大部分家庭所展示的真实理财状况，无关理财偏好和境遇。

因此，要抓住上述提到的三大机会中的第一个，首先就是要向贫困家庭提供既方便又有效的现金流管理工具。这种工具将为穷人提供一种机会，使他们能够在任何时间进行任意金额的小规模储蓄，并且这种储蓄能够在需要的时候被取出；同时，这种工具也将为穷人提供适量的贷款，这种贷款能够按需要迅速取出，并且可以少量（在需要时可以不定期地）分期偿还。

建立储蓄。日志显示了贫困家庭在他们的理财预算中有部分用于储蓄，并且他们也认识到了储蓄的必要性。他们对储蓄互助会的使用显示了他们希望得到定期储蓄的机会。但是，由于大多数储蓄互助会的存在期有限，所以穷人很少有机会长期将储蓄积累为大额资金。这是一个严重的欠缺，因为建立长期的缓冲性的储蓄是处理昂贵的生命周期事件、购买大型资产以及处理紧急情况的一个非常重要的方式。

因此，要抓住上述提到的三大机会的第二个，就是要向贫困家庭提供长期的契约性的储蓄服务。模拟储蓄互助会使定期储蓄小额资产成为可能，除此以外还增加了穷人进行长期安全储蓄的机会。正如第六章所提到的，在孟加拉国的村庄里，这种已经很常见的储蓄互助会式的账户满足了巨大的需求，类似的理财方式也在其他地方良好运作着。但是，长期的"微储蓄"的革命才刚刚开始，并且还没有在尚未立法允许微型银行开展储蓄动员的国家开展。日志同时表明了克服这些障碍的重要性。

用于各种用途的贷款。即使向贫困家庭提供了长期储蓄的方法，他们仍然需要通过贷款来筹集更大规模的支出。人们对大额款项的需求太多，单靠储蓄是无法得到满足的。但日志表明，在需要大额贷款时，特别是在需要处理重大的生命周期事件、购买大型资产以及处理紧急情况时，穷人依然缺乏可靠的贷款渠道。

因此，要抓住上述提到的三大机会的第三个，就是要向贫困家庭提供用于广泛用途的贷款。由于无抵押贷款的发展已经成为小额信贷活动最重要和最广泛的成果，这种贷款的基本机制已经成型。然而，许多小额信贷供应商仍然希望他们的贷款人将贷款用于一个单一的目的——小型企业。当这种贷款的使用方式是强制性的限制时，贷款人就不能将贷款用于其他重要的用途，即使他们有资金流水来满足贷款的要求。根据之前的章节，我们在孟加拉国的研究表明，许多表面上用于小型企业的贷款实际上正在用于其他目的。小额信贷不仅要面对这个事实，更要抓住随之而来的机会。

通过提供**多种用途**的、在金额和结构上匹配贫困家庭资金流动的贷款，小额信贷将打开贫困人群（尤其是城市中被雇佣而非自雇的贫困人群）中最大的单一市场，这种市场被我们日志中记录的多数贫困家庭所需求。

大部分的贷款将用于处理紧急情况。虽然在理想情况下，风险应该通过保险来规避。保险虽然由投保人共同出资，但是在遭遇投保事件的投保人和其他投保人之间有着不平等的收益分配。保险只有在投保风险得到明确界定的情况下才有效，因为只有在这种情况下虚假索赔才可以被拒绝。这就要求投保人对于不同的险种分别投保。低收入家庭一般不太愿意在多项险种上花钱投保，因为并不是所有的投保都会带来收益。如果有一种"通用保险"，即一张保险单可以包含广泛的投保事件，贫困家庭会更加愿意选择投保。在没有这种保险的情况下，处理风险的最佳方式就是利用存款获取贷款来保障，这一点也在第三章记录的案例中有所呈现。

原则

本书中经常出现的**可靠性**、**便捷性**、**灵活性**和**规律性**，是政策制定者和微型金融服务供应商应当牢记的关键原则，因为他们制定法规和推出理财产品的目标人群是贫困人群。

可靠性。可靠性是小额信贷能给穷人的经济生活带来的最大帮助。它是指在约定的时间，以约定的价格交付约定数量的产品和服务。我们在之前的章节中讨论了贫困家庭为实现他们的经济目标必须做的事情，并解释了他们为什么必须要做这些事。可靠性在穷人的生活中是不常见的：他们享有的服务大多数是不可靠的，包括从学校到诊所，从警察局到法院，以及电力供应等。他们自己的收入也是不可靠的：收入不仅少，而且经常是不规律和不可预测的。靠 2 美元生活的最大挑战之一是穷人无法保证自己每天都有 2 美元。假如你每天确保有 2 美元的收入，你就可以计划支出，并且精确地衡量自己的储蓄或偿还能力，来扩大现有收入的购买力。拥有可靠收入还能够给自己带来可靠的金融伙伴。

便捷性。便捷性是指在家庭与工作地点附近频繁地出现各种借还贷款和存取储蓄的机会，并且能保证这些行为是快速的、私人的、隐秘的。随着这些金融活动便捷性的提高，贫困家庭借助金融中介进行理财的频率也可能随之增加。印度和非洲的收款员和放债者的事例表明：一个每天被收款员在家或者工作场所友好拜访的客户的交易水平要远远超出在其他情况下该客户的交易水平。世界各地的小额信贷供应商已经表明，在一个便利的场所与客户进行经常性会面通常会带来基于很高的准时还款率的良好贷款行为。典当业，作为一种旧的经济体系，一直提供了一种快速和私人的将资产暂时地转为现金的方式，并因其便捷性而受到重视。

灵活性。灵活性是指交易可以与现金流相适应。灵活性的水平和类型将随着服务发生变化。对于日常理财来说，交易金额和频率的灵活性是十分重要的，因此贫困家庭可以最大限度地利用他们的金融中介，在任何时间交易任意金额，无论交易数额多小。对于建立储蓄，贫困家庭也需要一张灵活的存款时间表，使短期的财政困难不会妨碍储户受益于该账户的长期收益。

对于贷款来说，灵活性要求向客户提供多种贷款方式以适应客户的现金流。客户可以在一系列的贷款条件中选择，这样他们就可以避免在"赤贫的月份"还款。他们可以在手头有大量金额可用时提前还贷，或者在流动资金中途受到制约的情况下借助一种支付机制恢复贷款。还款时间表应该在不违背规定的基础上，通过允许宽限期，增加信用额度以奖励按时还款，允许借款人在有困难的情况下动用储蓄偿还贷款，以及发放短期补充贷款等方式来保持灵活性。在孟加拉国的首都达卡，由本书作者之一创立的小额信贷供应商安储（SafeSave），允许借贷人在他们愿意的时候还贷，但是该供应商通过每天拜访借贷人的方式来增加他们的快速还贷的可能性。[7]在印度，"基姗卡"成功地让农业还贷像传统信用卡还贷一样灵活。虽然无抵押贷款已经成为小额信贷运动最引以为傲的成果，但明智地使用金融担保可以让贷款更利于穷人使用：日志表明，许多穷人不反对"借回自己的储蓄"，一方面是因为他们非常看重储蓄，他们宁愿借贷也不愿意降低自己的存款数量，另一方面是因为有一定的储蓄可以让他们安心，因为一旦面临困难，他们可以利用自己的储蓄贷款。

规律性。规律性是指能够促进自律的规律性行为，如银行职员的定期访问，以及制定储蓄或还贷的计划时间表。随着金融活动涉及的价值和时间周期的增加，规律性变得愈加重要，尤其是在认同储蓄计划和长期或大额借贷活动中。正如我们所看到的，对于短期的日常理财，规律性显得不是很重要，并且一些短期交易可能会被随时关闭，但是对于长期的储蓄制度和还贷计划来说，它是很有帮助的，特别是当适度的灵活性在一定程度上降低了金融制度的严格性时，规律性能够加强可靠性。[8]

供应商的挑战

就在十年前，我们提出的这些面向穷人的理财服务可能被认为是一种空想。但微型金融的进一步发展，加上穷人愿意为这些服务付费的证据，完全改变了人们的观点。

在第六章中，我们回顾了微型金融服务供应商在孟加拉国的快速发展，它为全国大多数贫困家庭带来了方便的资金管理账户、结构性的储蓄和灵活的借贷。它们制定了类似于美国的信用卡利率的贷款利率，并因此获得了丰厚的利润。孟加拉国的安储为其客户提供了高水平的便利服务。客户每天都在他们的家或者工作场所被拜访，并且可以选择没有固定条款限定的贷款，甚至如果愿意的话，他们也可以选择每日还贷。当然这种服务同样也是有利可图的。

孟加拉国是一个人口稠密的国家，这一特点无疑有利于大众化的微型金融在农村和城市的推广。肯尼亚也是一个提供便捷和灵活理财服务的突出例子，虽然它是一个人口稀疏的国家。股份制银行借助"移动银行"已经取得了成功，工作人员每周驾驶四驱车到达偏远村庄，向当地居民提供一系列低成本的储蓄和贷款服务。因而股份制银行能够迅速地从肯尼亚的穷人和中等收入人群中吸引大的客户群。非洲也有一个供应商开发无线设备潜力的案例。肯尼亚的移动银行（M－Pesa）第一个在手机上推出了转账服务，尽管它被菲律宾的供应商打败了。

更广泛的金融服务产业现在已经意识到了这种发展的潜力。虽然并不是所有的新事物都能如愿以偿地发展，但是小额信贷现在已经进入了一个快速发展的阶段。在这种情况下，供应商迟早会想出如何完美地满足贫困家庭渴望优质服务的理财需求。

利 益 最 大 化

没有足够的钱已经十分糟糕，不能管理好自己拥有的钱更加糟糟。这正是贫困的盲区。由于缺乏在适当的时间分配适量额度金钱的理财手段，穷人们可能会由于一时没钱拜访医生，继而造成全面的家庭健康危机。缺乏可用的现金会迫使孩子离开学校，并妨碍成年人抓住机会增加收入并获得经济稳定。

除了发展金融业，减少贫困还需要付出更多的努力。提供良好的就业机会，稳定经济增长的基础，加强公共基础设施和安全网络，都是必不可少的。日志揭示了中央财政提供这些对于穷人生活的意义。贫困人群必须努力应对金融挑战和抓住金融机遇。一旦穷人们远离仅能勉强糊口的生活并且有闲余资金在手时，他们会把钱存在自己家里；加入储蓄互助会和储蓄贷款互助会；与家人、朋友、邻居和雇主进行交易；并且可能会与理财服务供应商签约。这些理财活动正是我们在这本书中所研究的穷人的理财经。[9]

伴随着更多理财工具的出现，这种理财经可以更好地服务于穷人，让家庭积攒的每 1 美元都能够增值。要做到这一点，首先，需要向穷人提供三个关键性的可靠服务：日常理财、建立长期储蓄和提供用于各种用途的贷款。通过观察理财日志和新型微型金融组织的经验，我们认定贫困家庭是有机会提升他们的理财手段，并且改善他们的生活的。

附录一
投资组合背后的故事

PORTFOLIOS
OF THE POOR
How the World's
Poor Live on $2 A Day.

<big>穷</big>人自身的言行是本书所得发现的重要来源。我们尤其借助于与孟加拉国、印度以及南非约 300 个贫困家庭为期一年（1999—2005 年间不同时期）的合作所写出的"理财日志"。

想要了解日志中人物的强烈心情为我们对理财行为以及对所收集的数据的审查提供了视角。我们与我们的现场团队不仅了解了那些参与调查的人在使用怎样的金融工具，而且对这些人是谁有了更深层、更切身的了解：谁对自己的财务常常困惑不已，谁家因意见不统一而影响了他们的决策，谁没能应对其面临的情况。金钱很强大，尤其在你没有钱的时候，而且只有深入到他们财务来往的"一线"，我们才觉得自己可以理解穷人是如何以及为什么那样管理他们的金钱。

混合定性与定量研究法

关于穷人管理其金钱的确切方法的系统研究目前尚不多见。雪莉·阿登勒（Shirly Ardener）与克利福德·格尔茨（Clifford Geertz）等人类学家所做的定性工作认为，20 世纪 60 年代复杂的储蓄互助会以及可憎的放贷人掠夺般的账户的情况可见于 19 世纪印度殖民地和其他地方的英国官员的报告。其他研究主要关注的是非正式金融市场的机制与产品，值得注意的是弗里茨·布曼（Fritz Bouman）所作的《小额，短期，无担保》，这项研究的对象是印度马哈拉施特拉邦的非正式金融。[1]

另一方面是探讨有关贷款和储蓄问题的定性研究，但这些研究大多数都或忽略或低估了非正式金融工具与服务，且只提供家庭理财行为的总结性概况。[2]许多研究人员使用的是他们正在研究的小额信贷机构提供的数据集或他们手中拥有的数据集，但这些数据集涉及的面较窄，这往往意味着各种各样的财务管理设备被淡化或忽略了。而利用回想的方法（关于 12 个月前的财务生活细节，你能想起多少？）以及受访者与采访者仅能在一次性会议上建立的有限信任（在一次初次见面的会谈上你会给采访者多少关于自己私人财务状况的信息？）也降低了数据质量。

尽管这些其他类型的研究有很多富有洞见的观点，但我们认为有必要找到一种处理穷人管理其金钱的各种方法的途径。这种途径应该能够捕捉到穷人丰富且复杂的财务生活，同时在数据收集方面又足够系统，不会使所收集的数据被当成一段"轶事"而被忽略。通过创建一组日志来取得这方面的平衡的想法来自曼彻斯特大学发展研究学教授大卫·休姆（David Hulme），他已著有大量有关贫穷及穷人金融服务的文章。[3]休姆与本书作者之一的斯图尔特·拉瑟福德（Stuart Rutherford）有着密切的合作，后者曾深入参与孟加拉国的小额信贷研究。拉瑟福德注意到孟加拉国的银行与民间组织常常表现得好像在金融服务的空白之地活动一样——好像它们为之服务的穷人家庭除它们之外再无其他金融合作伙伴。他自己与三个大陆上几十个贫民窟和乡村居民的谈话（他当时正在写的一本书中的研究）使他相信，穷人通常有着相当丰富的金融生活。[4]

在几个国家进行了多次反复试验后，我们开启了创建新的混合研究方法的探索之旅。利用后见之明，在孟加拉国、印度和南非开展研究的过程中，我们看到所使用的研究方法由一种基于定性数据（定量数据作为补充）的比较民族志的方法逐渐发展成为一种更积极的基于定量数据的方法（定性数据作为补充）。1999—2000 年间由拉瑟福德主导的孟加拉国日志提出了一个简单但却从未得到满意答复的问题，即穷人拥有理财生活吗？它关注于他们使用的一系列金融工具，试图梳理出经过金融操作的每一分钱的轨迹，并找出那些家庭作出如此选择的原因。在 2000 年的印度研究中，奥兰达·鲁思文（Orlanda Ruthven）寻求在使用它们的那些家庭的生活情境下理解他们的财务生活，为此，她在收集财务数据之外还收集了更为详细的收入与支出数据。[5]在 2004 年的南非日志中，为将我们的数据置于范围更广的金融分析之中，创建出允许将样本规模扩大从而使统计分析更加可行的系统，达瑞尔·柯林斯（Daryl Collins）将重点转移到了定量上。在理财日志的大部分现场工作中，对微型金融及贫困有着专业知识的乔纳森·默多克（Jonathan Morduch）对这项工作提出了建议，并作出了评价。

理财：时间与金钱的交叉

理财日志背后最基本的概念是理财是时间与金钱之间的关系，要充分了解这点，必须同时观察时间与金钱。对于我们如何成功地做到这点的最佳描述是称此方法为"日志"，该术语恰当地表达了我们在追踪财务管理的详尽细节这一意思。然而，理财日志并非文学意义上的日志，不仅是因为许多日志是非文学性的，还因为我们收集的信息详情远远超出那些家庭自己来记录时所需的耐心或时间。我们使用一组熟练的采访者在为期一年、间隔 15 天一次的家庭访问期间记录下他们的交易与意见，而非依赖于家庭成员自己来写日志。[6]

将如此详尽的信息聚在一起，意味着我们必须清楚采访人员需要与哪位家庭成员交谈。构建最合适的"研究单元"是社会研究中的一个常见问题。我们决定遵循已有的惯例，将家庭作为单元。尽管许多一次性研究仅仅采访一家之主，但我们要求团队即便不能每一次都做到，但也要尽可能多地与每个家庭成员都做些交流。[7]因为可能存在并非所有家庭成员都了解各种情况或家人间互相隐瞒信息的可能性，所以我们的采访人员必须非常敏感。这只是与每位家庭成员建立友好关系以及创造鼓励受访者敞开心胸的舒适环境的巨大努力中的一部分。为帮助促成这种环境，我们需要依靠会讲方言且在阶级和背景上与受访人员都相差无几的研究者。

毕竟，我们并没有特殊权利要求受访者回答我们所提的非常私人且常常具有侵犯性的问题，或让人们从百忙中抽出时间，其中有些人甚至正在生存的边缘奋斗。这种研究对他们有什么好处，我们问自己，有时也会被日志记录者所问。我们尽可能简单真诚地回答这个问题：他们所提供的信息不可能直接帮助他们，尽管可能帮助改善某个地方某些人的财务生活；但他们给予我们的时间将在研究年末得到奖励。[8]我们曾注意到这一关系非常敏感——家庭成员向我们透露其最私人的财务细节，因此我们从未慢待自己"倾诉对象"这一角色。这意味着淡化了将采访作为"工作"、结束时受访者应有所报酬的角色，而将其作为有助于双方理解人们管理金钱的方法的谈话。有些受访者觉得他们需要给我们提供茶、小点心等以示热情，对此我们尽量不给他们带来过多的负担，比如，我们会自己带上水果、点心以及在当地货摊上买茶的钱。我们满怀同情地倾听被生活搅扰得心烦意乱的受访者。但同时我们也尽量保持观察者的姿态。我们也会注意不给他们提供建议，也不作任何评论，尽量不介入或给家庭增加负担。采访往往在受访者做日常家务（比如做午饭、喂牛等）的时候进行，而且常常会被其他来客打断。

选择受访家庭

然而在勇敢地面对这些困难之前，我们必须决定要与多少个家庭沟通以及如何选择这些家庭。显然，我们没有资源去处理统计人员认为足以代表整个国家、某个区域或某个特定社区的贫困家庭的样本。当我们开始实施这个新方法时，我们更看重从单个家庭中获取信息的深度，而非从许多家庭中获取信息的宽度。在孟加拉国和印度，样本数量分别是 42 与 48。在南非，尽管采用了新的数据收集机制，我们可以有效追踪更多的家庭，但样本数量也只增加到 152，远远达不到在统计学上能代表某个群体或区域的规模，更别说代表一个国家了。[9]在这三个国家，为了捕捉因城市与农村的经济和环境的不同而引发的财务行为上的任何变化，我们既与城镇也与乡村的家庭进行了合作。对于社区的选择则由一项国家调研显示为贫困的社区所引导，但也主要取决于现场人员可以稳定地两周一次地周游的地方的实际情况。表A1－1总结了我们日志中记录的家庭数量及其位置，并配有其社区、生计以及贫穷指标的一般性说明。

表 A1－1　金融日志中所记家庭所在区域

位　置	说　明
孟加拉国：农村 位于孟加拉国中北部农村地区三个几乎相邻的村庄的 21 个家庭。其中两家很快因不合作而被取代，之后的那年我们与新的 21 个家庭进行了合作	这些家庭中的大部分家庭收入极少（人均水平少于购买力平价每人每天 2 美元，有些购买力平价每人每天 1 美元），但样本中包含三个拥有 2~3 英亩良田的农民，还有四个在零售业和木材贸易方面很活跃的家庭。其他大部分家庭无地或少地，男性要么在农场工作，要么做苦力，要么拉黄包车，以捕鱼、在砖厂做季节工、拾穗等来勉强维持生活。最穷的是一个年老的寡妇，她与半失业且患有残疾的儿子一起生活。[1]尽管大部分儿童都上学，但文化程度却很低。房子主要是单间，土墙泥地，茅草或铁皮屋顶。大多数家庭户主生于并拥有其自己的宅基地以及生长其中的树木[2]
孟加拉国：城市 位于距国家首都达卡中心不同距离的三个贫民窟的 21 个家庭。起初，一个家庭因不合作被取代，之后那年我们与新的 21 个家庭进行了合作	每个家庭（我们后来了解到）都是在其户主活着时从村里迁至达卡的。几乎所有家庭收入都很少，虽然有少许家庭有着薪资稳定的工作，比如像司机每月 80 美元（约等于购买力平价每人每天 2 美元）或在一些薪资更加低廉的服装厂工作。大部分营生都是临时工作或自谋职业，比如黄包车司机、搬运工、建筑工人、收废品人，或茶摊或路边摊经营者等。大部分完全无地（尽管少数仍在其老家拥有土地），租用狭窄贫民窟的竹边铁皮屋顶小屋，卫生条件极差。一些拥有自己的小屋，很少租用水泥砖一室的房子。许多人是文盲。大多数儿童都注册入校，但并非总能去上学。最穷的是上了年纪的那些人
印度：农村 位于印度中北部北方邦东部两个乡村的 28 个家庭。一个家庭因不合作很快被取代	位于印度中北部北方邦最不发达的角落之一的两个村庄，参与我们研究的 28 个家庭中有 15 家至少三分之一的收入来源于农业，或是自己家的农场，或在其他农场做工。28 家中只有三家完全无地，13 家（只有不到半数）仅有 2 英亩或更少的地。那些不太依赖于农业收入的家庭或从事自营贸易或在农场以外的地方劳作，比如在区域城市拉人力车或当建筑工人，或在当地灌溉地点和采石场，或依靠建造与重修房子。大部分（61%）的受访家庭生活在国际公认的贫困线以下，购买力平价每天赚取不到 1 美元。三分之一的家庭中，有几个或全部孩子都不上学（或是退学或是从未注册入校）

位　置	说　明
印度：城市 位于德里三个贫民窟的 30 个家庭。有 12 个家庭或者离开了贫民窟或者不愿意参与研究，所以我们失掉了他们的资料。我们替换了三家，但几个月后又失掉几家，因此研究结果基于 20 个家庭	所有这 20 个家庭，分布于德里的三个棚户区，都是在户主活着时从农村地区迁过来的（平均在城市生活 7.5 年）。他们中有半数仍与农村有着密切的联系，作为与那里的（有或没有土地的）父母和兄弟联系的家庭成员，某些情况下，远离其居住在农村的妻子和孩子而住在德里。城镇受访者的人均收入远高于农村受访者，部分原因在于前者受赡养的人数更少。85%的家庭每人每天购买力平价在 2~5 美元之间。城镇受访者中最富裕的人有稳定薪资的工作（比如帮手，工厂工人，保安或司机等），而较贫穷的人则做家政和临时的随时面临失业和/或有着多个需要养活的家人的计件工作
南非：农村 位于卢庚格尼农村距东开普省一小时路程的 Mount Frere 城镇的 61 个家庭；研究当年有三个家庭退出，故研究结果基于 58 个南非农村家庭	南非农村样本中则既有最穷的也有最富裕的人。25%的人每人每天的购买力平价不到 2 美元，其中大部分依赖于每月的政府补助。另外 20%，大多数为教师与护士，情况则好得多，每人每天赚取差不多 10 美元的购买力平价。大部分家庭有自己的家和足够的土地来种植玉米和一些蔬菜，但他们很少出售所种的物品。所有的家庭都继承了其生活的土地和（通常）居住的住宅。住宅由一种或多种结构构成，或是传统的土质圆形茅屋，或是铁皮屋顶的砖结构。大多数孩子都入校读书，大部分成年人都识字。最穷的是照顾许多孩子的爷爷奶奶们，这些孩子有的是孤儿，有的只是父母不愿意抚养。村里没有通电，也没有电话线，虽然确实有一些手机信号
南非：城镇一 位于约翰内斯堡外一个城镇的 60 个家庭；研究当年 11 个家庭退出，故研究结果基于该地区的 49 个家庭	城镇样本中有半数抽取于迪普斯鲁特小镇，该小镇距约翰内斯堡约 45 分钟的车程。该样本中只有两个家庭购买力平价人均每天低于 2 美元。该样本中 56%的强壮成年人拥有稳定工作。该地区开发的初衷是作为重置区，安置从受洪水灾难及过度拥挤的城镇迁出的群众。迪普斯鲁特小镇居民最终得到由政府支持的重建与开发项目住宅的承诺，但很多人还在等待中。四分之三的家庭居住在一室的小棚屋。政府支持的水箱是这里的居民唯一的水资源，而且厕所少得可怜，也是由政府支持的。其余的四分之一居民居住在由政府或住房抵押贷款计划建造或提供的住宅内

位　　置	说　　明
南非：城镇二 位于开普敦外一个城镇的 60 个家庭；研究当年 15 个家庭退出，故研究结果基于该地区的 45 个家庭	另一个城镇样本是从临近开普敦市中心最古老的城镇之一中抽取的。样本中约 10% 的人以购买力平价人均每天不到 3 美元过活；他们基本依靠政府补助生活。最富裕的 40% 人均每天购买力平价约 10 美元，通常这样的家里有一个人有薪水。中等收入的家庭（人均每天购买力平价 3~10 美元）以临时工、亲戚汇款以及幸存企业等为生。样本中三分之二的人居住在曾作为城镇租来存货的地方，但 1994 年政府变革之后契约转给了居民。一些受访者居住在这些住宅的后院棚屋中，并向住在房子里的主人支付租金。另一群受访者住在公家招待所。最后，部分样本抽取于邻近的棚屋区，居住在这里的主要是从农村过来要在开普敦找工作的人

[1]赫尔姆 2004 中有该家庭的详细信息及对其生活策略的分析。

[2]在孟加拉国，人们可以拥有长在别人土地上的树；或树的主人们可能会"共养"一棵树，这样树的主人与看护人会共享由树的果实、柴火及木材带来的收入。

贫穷是动态的，人们时时都在贫穷这条梯子上或上或下。贫穷也是相对的。为此，我们需要区分贫穷度，且涵盖不同社会—经济简况的家庭。我们利用贫穷社区邻里相熟这一事实，能够使用"财富排序法"来决定选择哪些家庭。[10]该技巧在于对比重要知情者对其邻居相对财富的评估，进而编制从最富裕到最贫穷的家庭排名名单。[11]该过程不仅使我们能够选择名单底层、中间、顶层的家庭，还有助于我们发展与社区的关系，使他们对这项研究有种主人翁的感觉。财富排名是与整个社区建立关系的第一步，我们还要通过定期向社区领导传达报告并开展会议的方式来确保继续维持这份信任。当我们走进家庭，让他们参与研究时，一直维持的这份信任给了我们很大帮助。

我们一旦完成了每个区域的财富排名，就会从最穷、中间以及最富的家庭中抽取样本。[12]虽然不同地区不同国家情况各不相同，但我们对这些不同的富裕水平下了定义：贫穷、中贫、非贫。

●贫穷家庭。多种证据表明这些家庭已长期（很多月，往往多年）基本人类需求难以得到满足了。比如在"糟糕的日子"里缺吃少喝，住房条件差，缺乏基本医疗服务，孩子不上学以及被社会遗弃。由于负债，此类家庭的收入几乎总是很低且不稳定，几乎无任何资产或只有负资产。当地重要知情人的评价也证实此类家庭是属于贫困或"在名单底端"的家庭。

●中贫家庭。这些家庭也表现出一些缺失人类基本需求的特征，但这些特征没有贫穷家庭表现出来的多或严重。通常，他们的收入更稳定（薪资低但工作稳定），资产水平更高（有锡做的屋顶、壶与锅），可以更好地获得服务（大多数孩子都上小学），比贫穷家庭需要的依赖更少。此类家庭几乎不会挨饿，但他们的食物消费处于简单且基础的水平。一般来说，此类家庭可以描述自己是如何通过努力工作、成功的企业以及继承遗产等"脱离"贫穷的，或自己是如何因疾病、失业、年老、事故及其他因素而"衰落"的。当地重要知情人往往这样描述此类家庭："处于中间位置……他们不是非常穷，但过得并不舒适。"

●非贫家庭。在所有社区中，我们仅选出了一小部分被当地重要知情人认作生活"舒适"、"经济富裕"的家庭，他们较高的收入、资产水平以及可以获取的服务都表明他们经济状况良好、社会幸福感强。此类家庭几乎从不挨饿，他们购买各种各样的食物，其中包括价格昂贵的。他们拥有优质住房，可以上学，享有医疗服务以及清洁饮水。这些家庭安全感高：除非发生灾难，他们的基本需求可以保证得到满足。

在选择家庭的过程中，我们没有明确地衡量贫穷水平或客观地把房子分为三六九等，因为我们相信严格完成这项工作所需的资源必将降低所得的有关微型金融的信息的水平。了解到这些家庭分属这三类，或向上发展或向下衰落或保持稳定，对我们的目的而言已经足够了。然而，略述我们的分类与国际上的贫困衡量标准之间的关系是非常有益的。方便的是，这些已经整理到了联合国千年发展目标之中，我们正是与此对照设定了我们样本的关键参数。这种对比突出了有关我们所选家庭的以下几个方面：

1. 我们选择的所有贫穷家庭都低于几个关键的贫困指标，且其中一些家庭，尤其是印度和孟加拉国乡村地区的家庭，位于世界最穷之列。

2. 我们选择的中贫家庭都在不同程度上低于一个或几个贫困指标。他们中大多数都在千年发展目标规定的每人每天 1 美元的极端贫困标准之上。然而，这些家庭中的大多数都容易遭受赤贫。如果养家糊口的人生病了，那么就失去了关键的生产性资产，或出现一个重大的花钱事件（医药费、丧葬费），家庭就将陷入绝望的境地。

3. 我们选择的非贫群体通常收入超出每人每天 2 美元的标准，且有渠道享受必要的服务。然而，在这些家庭中，某些成员——尤其是女孩、年轻妇女、儿媳以及寡妇——可能正经历着贫困。即使是在我们所选的非贫家庭中，最富裕的那些也没有获得欧洲与美国下层中产阶级所享有的经济与社会保障。

一言以蔽之，以国际标准来判断，我们的样本都是穷人或接近穷人的人。在我们的印度和孟加拉国样本的底端，有很大比例的极端贫穷家庭。表 A1 - 2 提供了三个国家不同层次的入选家庭的生活细节。

表 A1－2　所选日志家庭人均日收入平均购买力平价（以美元计价）

家庭与户主	人均日收入平均购买力平价（以美元计价）	说　　　明
孟加拉国城镇，汽车司机	1.76 美元	塞拉（Siraz），37 岁，每月赚取可靠的工资来养活妻子和两个孩子。但他经常无息向同事借钱，向雇主预支工资，使用商店专用赊购卡，而且拖欠租金，才能成功度日。他们在家储蓄，也是几个储蓄互助会的成员，并贷款给其他人。他的妻子是三家微型金融机构（MFIs）的成员，并在其中储蓄与借款
孟加拉国城镇，建筑工人	1.44 美元	这个三世同堂的六口之家中有三个赚钱的人。萨利姆（Saleem）在建筑工地打零工，他的妻子买卖鸡下脚料，16 岁的儿子偶尔帮父亲做工。这家有两个黏土"银行"，且他们在互助会以及三家小型贷款机构存钱。他们谨慎借款，宁愿减少微薄的存款与拖欠工资
孟加拉国农村，没文化且无地的农场工人	0.75 美元	埃拉尔（Helal），26 岁，有一个年轻的妻子与一个孩子，他通过在农场做工、拉人力车、在砖厂做工等养家糊口。他们经常在当地借小额无息的钱款度日，但有时也会借有息贷款。他们有几种非正式的途径在家和互助会存款，年末，他的妻子加入了一家微型金融机构
孟加拉国农村，上了年纪的寡妇	0.73 美元（包括预算的农产品净值）	62 岁的贾斯明（Jasmin）与她 21 岁的儿子一起生活。他们有三分之一英亩的土地，种着大米与蔬菜，有资本的时候，儿子会买卖水果，或在公共湿地里钓鱼。贾斯明尽力卖鸡蛋。他们在家里的黏土银行和储蓄互助会里存钱，她也从互助会借钱。他们出借也借入无息贷款。她的儿子加入了一家微型金融机构，但发现每周还款太困难后便离开了

家庭与户主	人均日收入平均购买力平价（以美元计价）	说　明
印度城镇，燃气工人	1.56 美元	30 岁的纳伦德拉（Narendra）是德里一家天然气经销商的装配工。他的妻子兼职裁缝，三个孩子都上学。纳伦德拉的工资随着升职而增加，他可以专注于为实现在比哈尔村庄的长期目标而存钱。在体验了小组工具即每日储蓄计划与银行账户后，纳伦德拉说，自从他通过朋友和同事能够管理现金流上不足后，便不再需要有息借款
印度城镇，家政人员	1.35 美元	米拉（Meera），有两个十几岁的孩子，现与丈夫分居，在四个公寓里做家政以支持孩子上学。她微薄但可靠的收入使她能够定期储蓄，一家储蓄互助会（一家 RoSCA——见第四章）帮她下决心完成每月储蓄。作为唯一的养家人，她完全避开有息贷款，仅依靠小额工资预支及亲戚与邻居的免息借款
印度农村，裁缝	1.66 美元	莫汉阿里（Mohan Ali）在当地城镇开了一家裁缝店，他的妻子麦娜姆（Mainum）卷雪茄烟（廉价香烟），他们唯一的孩子在上学。这个家庭不怎么存钱（莫汉阿里的赊销除外），但却经常从一家微型金融机构借贷发展裁缝店。麦娜姆的健康每况愈下，家庭也因此负债。尽管结婚旺季的高收入使莫汉阿里能够跟上还款，但当干旱的夏季来临，由于收入减少以及麦娜姆并无好转，这个家庭便陷入了更大的负债与违约之中

家庭与户主	人均日收入平均购买力平价（以美元计价）	说　　明
印度农村，小农民/农场工人	0.98美元	西塔（Sita），中年寡妇（我们在第二章与第四章曾提到），与两个儿子一起生活，其中一个刚结婚。他们的主要收入来源于断断续续的农场工作，所有家庭成员都参与其中。西塔尝试了当地的微型金融机构，但并不成功。尽管她成功地还清了借款，但她开设的杂货店失败了，且当她的儿媳生病时，她又将收入用于治疗儿媳。这个家庭挣扎着定期存钱，尽管西塔在银行有一个很少用到的、用于接收政府救济金的账户。对于结婚、丧葬以及收入减少时的日常需求，该家庭完全依赖于农场雇主、邻居和亲戚
南非城镇，个体户羊肠卖家	3.87美元	（在第二章出现的）普穆萨（Pumza）是一个54岁的老妇人，居住在近开普敦一个城镇的客满为患的招待所里。每天她都购买羊肠，在户外的摊位上进行烹调，然后卖给路上的行人。由于每天收入微薄，她很难为学费等长期目标进行存款，所以她在储蓄互助会非常活跃——是八家不同互助会的成员。其中之一完全符合她这种频率高、价值低的现金流，这家互助会要求每天都有小额储蓄
南非城镇，建筑工人	8.25美元	塔博（Thabo）（样本组合之一）是一个26岁的男性，与其妻子祖吉斯瓦（Zukiswa）和两个孩子住在城镇的棚户区。他是一名建筑工人，也是家里唯一赚钱的人。他的工资直接打入账户，并通过设置停止令将其20%的收入送到固定存款账户，从而获得收益。前年他已经成功存下1 815美元（1993年购买力平价以美元计价）

家庭与户主	人均日收入平均购买力平价（以美元计价）	说　明
南非农村，赠款接受人	2.82 美元	萨佩洛（Sabelo），34 岁，男，身体患有残疾，眼睛有点失明，与其妻子和四岁的孩子居住在只有一间屋子的小土屋里。他通常靠国家每月的伤残补助金为生，但当补助金办公室人员说他的记录不完整时，这便难以为继了。在等待补助金继续发放的日子里，他依靠从两家当地商店获得信贷，并从邻居处取得许多小额贷款来维持生活
南非农村，工人	1.14 美元	萨多（Thando），39 岁，与妻子玛杜拉（Maduna）、三个孩子以及一个侄女共同生活。他们每月收到两个孩子的国家儿童抚养金。他们努力通过各种途径增补这一收入：开了一家很快就倒闭的商店；玛杜拉做泥砖；萨多做日工。价值低廉且不稳定的收入不允许他们管理大规模正规投资所需的信贷。他们通过信贷购买的商店冰箱由于错过了付款而被收回。但他们确实每月向一家非正式储蓄互助会存入 29 美元（1993 年购买力平价以美元计）

注：单位为美元，由当地货币依照 1993 年通货膨胀调整后的购买力平价转换率转换而成。

陌生人造访……

如果有陌生人造访，且开始询问关于你的钱财的各种问题，你会如实回答吗？未必。我们知道需要采取一个策略来慢慢赢得并保持居民的信任。首次采访中我们问了有关家庭成员的年龄、教育等温和的问题，这让我们慢慢开始了解这些家庭。而在接下来的采访中，我们冒险问了有关收入和生计等略微侵入性的问题，然后最终问了财务方面的问题。

这种前期准备帮助我们设立了了解家庭财务机制的基本框架，但并不意味着我们从最初就得到了完全资讯。在所有这三个国家，随着时间的流逝，我们总得不断重做、重新审视数据。其中的一个原因是我们会遇到与我们的采访者所使用的概念范畴不符的信息。比如，有人会告诉我们——农村地区经常会这样——他们将一部分钱"存放（Placed）"在了邻居那里。

要知道这究竟意味着什么，我们需要问问我们的现场调研人员——他们把钱**借**给邻居或**寄存**给邻居妥善保管了吗?[13]有时我们会得到答案，但有时并不能。我们不得不接受有时这种"存放"金钱是有意模棱两可的（若不自觉）：作为汇集储蓄和相互借贷的传统制度的一部分，邻居有时会持有可能被视为贷款或存款的钱，这要取决于随时间不断变化的形势。

但弄清楚这些家庭的实际行为还需花费时间，这点还有其他原因。财务行为是一种复杂又个人性的行为，且通常涉及与多个正式或非正式合作伙伴的关系，从银行经理到朋友和邻居。有很多原因使人们不告诉外人甚至是最信任的外人有关其财务的全部信息。

以卡利姆（Kalim）为例，他在我们孟加拉国农村样本中属于经济状况较好的人。他告诉我们自己在银行账户里存了一大笔钱。他以我们所尊重的隐私为由，没有向我们展示其银行存折。后来他才告诉我们那钱根本没有被存入银行，而是被放在了在集市上开商店的一个朋友那里。他告诉我们，他之前隐瞒是因为在银行有一笔过期的贷款，直到完全确定可以信任我们时，才说出自己在别的地方有存款，以防我们告诉银行经理。

住在南非农村的塔博（Thabo），一次又一次地从银行获得收入，他的生活来源也使我们困惑了好几个星期。是有人给他寄钱？不，他说，这是他的钱。最终，经过多次交谈，我们了解到这是他在固定存款账户中的一笔巨大存款的利息收入。几年前，塔博被辞退后，他的前老板建议他将裁员金存入定期存款账户。在大多数情况下，塔博会在下个月将利息重新存入账户，但他不时也会用之于特殊目的，而这引起了我们的注意。塔博不知道如何解释这项投资，我们也未曾想到像他这样的人会有如此大的投资。经过许多采访者的不懈努力，我们才终于梳理出究竟是怎么回事。

所有这些都不是穷人所特有的：经济发达地区的人对其金融行为可能也并没有清晰的认识，甚至更为沉默。但日志方式的力量就在于随着时间的流逝，它能够将这种沉默与困惑打破十之八九。因此，在前两周，我们的主要采访焦点放在了差距与失衡上，这点在随后的采访中会继续跟进。我们鼓励采访者坚持下去，直到追踪出完整的交易链。比如，如果有人告诉他们有笔贷款用来买牛了，采访者就要核查这笔钱是否支付了牛的全部费用，或者有没有拿其他的钱贴补。如果受访者说也用了存款，他们要问一下购买的时候以及创建这笔储蓄金时那些存款存在何处，按照这条费时的例行程序，我们能够揭示并理解被大多数其他研究人员所低估的行为。比如"揽储"——将钱存在信任的邻居、亲戚、雇主以及店主那里——在某种程度上显现出之前从未被揭示的一面。

表 A1－3 概述出了我们在每个国家发现的金融工具。"工具"即日志中记录的家庭用来管理其金钱的方法。包括"服务（比如由银行提供的）"与"方法（比如储蓄互助会等自助方法）"。我们以其正式度进行划分，也包括表格下方少有人知的工具。

表 A1－3 微型金融工具、服务和设备

类　别		金 融 工 具	国　家
正式服务	由银行、保险公司以及其他受监管实体，包括正规部门的雇主及零售公司所提供的服务	银行贷款	孟加拉国、印度、南非
		银行存折储蓄	孟加拉国、印度、南非
		银行期限储蓄	孟加拉国、印度、南非
		银行活期存款账户	孟加拉国、印度、南非
		银行信用卡/借记卡	南非
		正式人寿保险	孟加拉国、印度、南非
		正式丧葬保险	南非
		职工养老基金/公积金	印度、南非
		私募投资基金、单位信托基金	印度、南非
		商店专用赊购卡	南非
		零售账户	南非
		工资预支	南非
		在管理债务	南非
		银会	印度
		扶贫人寿保险	孟加拉国
		扶贫保险贷款	孟加拉国
半正式服务	由专家扶贫非政府和一些其他组织提供的服务	非政府组织贷款	孟加拉国、印度
		非政府组织储蓄	孟加拉国、印度
		非政府组织保险	孟加拉国
非正式服务与工具	组群工具：互助会所有，用户经营	**储蓄互助会**	孟加拉国、印度、南非
		RoSCAs	孟加拉国、印度、南非
		ASCAs	孟加拉国、印度、南非
		葬礼互助会	南非
		集资互助组	南非
		计时工资	南非

续表

类　　别		金　融　工　具	国　　家
双边服务	双方间订立的合同	**互惠无息借贷**	孟加拉国、印度、南非
		有息私人借贷	孟加拉国、印度、南非
		放债马哈詹（mahajan）	孟加拉国、印度、南非
		和马少尼萨（mashonisa）	孟加拉国、印度、南非
		揽储	
		典当	孟加拉国、印度、南非
		店铺信贷（非正式）	孟加拉国、印度、南非
		店铺信贷（分期付款）	印度
		工资预支	孟加拉国、印度、南非
		提前出售劳动力或作物	孟加拉国、印度、南非
		休闲创投	孟加拉国
		贸易信贷	孟加拉国、印度、南非
		租金拖欠	孟加拉国、印度、南非
个人服务	个人储蓄工具	保存在家里或由某人保存	孟加拉国、印度、南非
		向村里汇款	孟加拉国、印度、南非

注：不太熟悉的工具以斜体标注，下文有具体描述。本表中未列出的工具并不意味着在这些国家无法找到——仅指在研究期间我们日志中的家庭未用到。

银会是由政府管理的一种互助会形式（见下文），仅发现于印度。

扶贫保险公司仅发现于孟加拉国：它们采用非政府组织小额贷款银行的方法，向穷人提供捐助，并将保费作为贷款贷给穷人。

储蓄互助会是参与者共同储蓄，用于特定事件，比如宗教节日：他们不会重新将基金用作贷款。

RoSCAs，或轮转储蓄与信贷协会，是一种储蓄—贷款互助会，其成员定期向储蓄库中存入定额金钱，每次会由一名会员取走所有会费（这一形式多种变体）。

ASCAs，或者叫累积储蓄与信用协会，与 RoSCAs 是不同的。当一个或更多的会员有需要时，在 ASCAs 存款的会员可以积累起资金，也可以把存款贷出去。

在南非发现的葬礼互助会采取了非正式互助会的形式。成员之间相互为对方保障葬礼费用。

斯托克维尔（Stokvels）和木盖尔罗斯（umgalelos）在南非分别指的是 RoSCAs 和 ASCAs。

工资定时（salary timing）指的是一个约定了共享工资的协议。

交互式无息借贷（Reciprocal interest-free lending and borrowing）指的是朋友、邻居和家庭成员之间的借贷，在将来的某个时间，借贷人有义务进行酬答。

马哈詹（Mahajan）和马少尼萨（mashonisa）分别是南亚和南非对当地为获利而放贷的放贷人的称呼。

揽储（moneyguarding）指的是有人为你保管你的金钱。揽储人通常是亲属、邻居、雇主或店主。

城镇居民经常汇钱到乡村，他们以此作为在故乡存钱和积累资产的一种形式。应该注意的是，在南非的研究中，我们将汇钱到乡村看作是一种支出，而非一种金融工具。这是因为我们知道，收到这些钱的家庭会将它们用于满足自己的需求而不是存起来。在孟加拉国和印度，把投入到土地、住房或贷出的情况更加普遍，所以在这两个国家的研究中，我们把汇到乡村的钱是作为储蓄的。

投 资 组 合

这一现场工作的最终结果会是理财日志所记录的每一个家庭独特且明确的一系列"投资组合"。正如富人的投资组合，穷人的投资组合同样因方法不同而具有多元化，以满足不同的需求与时机。附录二列举了来自三个国家的五个家庭样例。查看三个样本中更多家庭的背景与投资组合，以及利用理财日志数据进行各种主题的研究，请点击 www.portfoliosofthepoor.com。完整的南非日志数据集可见于 www.datafirst.uct.ac.za。

理财日志方法的优缺点

仔细地追溯每个家庭的现金流突出了与以调查问卷的形式进行的调研相比时理财日志的优点。在南非创建的、更为复杂精致的日志版本中，达瑞尔·柯林斯能够将日志问卷如何很好地捕捉完整的现金流正规化，将每个问卷期间（通常为期两周）的资金来源与资金的使用（家庭开支及资金外流）进行了对比，并在采访开始与结束时对现金进行了调整。差异称为"误差幅度"，代表了该家庭高估或低估其现金流量的数额。这被用作追踪数据质量的方法。现场工作人员会立即得到反馈，便于下次采访追踪。图 A1－1 显示，在前六次采访中，误差幅度随着采访者与被采访者彼此了解程度的加深以及信任的增加而逐渐减小。我们发现经过六轮日志问卷甚至在初次问卷调查后，我们才有得到一个家庭现金流全部信息的信心。[14]

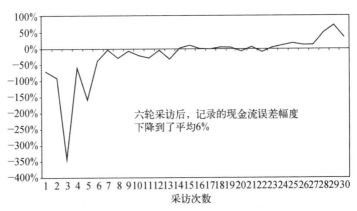

六轮采访后，记录的现金流误差幅度下降到了平均6%

图 A1－1　记录的现金流误差幅度，南非（占资金来源的百分比）

我们还鼓励采访者去探索每次交易伴随的情感，以得到对采用的不同方法的评价，并评估户主认为理财活动在其生活中的重要性。我们一字不差地记录了他们的评论，特别是那些引人注目的评论。最后形成了同时混合的方法——捕捉当下及跨时间的定量与定性的方法。

日志方法的局限之处是其优点的镜像：毕竟正如我们所说，我们所研究的家庭数量太少无法代表全部人口。我们对于参与日志采访是否能够改变一些受访者的行为这点仍存疑虑。在有些情况下，它或许已经做到。当一些受访者说"我们帮了他们很大忙"时，从他们的谢言中我们便知道日志采访改变了他们的行为。"太棒了"，我们感叹道。但很难确定这些感谢是为感谢我们一年来的陪伴，还是受访者真的看到了详述其财务交易带来的好处。可能就像节食减肥的人一样，不断地被询问财务交易情况引导着那些家庭做出与以往不同的行为。然而，若没有不同类型的研究设计，很难准确地梳理出我们究竟能够产生大的影响。

　　理财日志聚焦金融服务和工具的用户也意味着我们对这些服务提供者的直接了解甚少。日志并无助于我们参与一些在微型金融业中流行的激烈讨论——有关可持续性与补助的作用。[15]但我们为另一场辩论带来了新的视角，而该辩论应位列各金融服务商列表的首位，即从客户的角度理解微型金融服务与工具。[16]

PORTFOLIOS
OF THE POOR
How the World's
Poor Live on $2 A Day.

本附录中的每个投资组合都包括了丰富的定性和定量信息。我们首先会描述一下这家的情况，家庭成员可能来自哪里，他们靠什么谋生，以及他们拥有什么有形资产。在描述信息的对页是一张家庭经济净值表，分成资产和负债两大类，并根据每类理财工具的正式程度进行区分。我们列出了每种理财工具在研究年份开始以及结束时的账户结余。为了体现每种工具在总组合中的重要程度，下一栏列出了它在总的资产或负债中的占比。正如第二章已经表明的，某些工具产生的周转数可能会与最后的结余有巨大差值，所以接下来我们又列出了每种工具的周转数。为了体现各自的重要性，我们又列出了占比。对每一种工具我们都加了备注，为读者提供关于这种工具如何得到使用的细节。

在每一份组合结尾处，我们简单描述了一下在一年中这个组合的变化情况。我们强调哪种工具起到了管理现金流、积累大额资金以及控制风险的作用，还指出了经济净值是增加还是减少了，以及其变化的原因。

在解释这些组合时需要特别注意两点。第一，理财日志使得我们能够发现或重新解释我们在研究伊始没有意识到的、这些家庭在使用的某些理财工具。虽然后来建立在数据库基础上的南非样本让我们能够发现这些被遗漏的账户结余和流水，但之前在孟加拉国和印度做的日志已经没有办法再考虑这些类别。这也是为什么读者会在这两个国家的某些组合类目中发现起始值为0的原因。第二，读者必须时刻牢记，理财组合的起始值和终值都是在每个月的开始和结尾记录的，但每个月的交易并不是从月初开始，从月末终结的，比如南非的有些家庭每月的工资收入是定期打入他们的银行账户的。如果我们记录的月末结余刚好是在工资存进去却还没取出来之前，那我们可能就会得出这家人在这段时期存了很多钱的错误结论。尽管有这些潜在的瑕疵，我们还是希望读者能发现这些案例以及其他在 www.portfoliosofthepoor.com 上的例子会有用。

孟加拉国达卡的一个司机之家

贾迪德（Jaded）小时候，在村子里上了 10 年学，然后到达卡来找工作，学会了开车——对孟加拉国的穷人来说，这还不是一项普遍的技能。他现在五十多岁，住在洪水冲刷过的河岸边上一幢非法建起来的锡顶棚屋里。同住的还有他的第二任妻子和他们的三个孩子，还有第一任老婆为他生的年龄更大些的一个儿子。他为一个中产阶级的寡妇开车，每月 80 美元。钱不多，但寡妇总是按时付钱，还允许他提前拿工资。除了这座棚屋和里面的家具（一台风扇、一台电视、一张木床、一张桌子和几张椅子）之外，他们几乎没有其他资产了。房子和家具加起来大概值 450 美元。他的妻子施琳（Shirin）个性主动，自己做了点小生意，在街坊邻里卖莎丽服：她一个月挣的钱常常比贾迪德还多。他们家里掌握财政大权的是施琳，虽然按照当地的习俗贾迪德才被视为一家之主。

如同我们记录的许多孟加拉国理财组合一样，债务与现金流相比非常微小。在这个案例中，资产大大超过了负债，尽管在研究年份内，正净值有所下滑。这主要是因为他们在微型金融机构里的存款减少了——施琳取出现金投资在了莎丽服买卖和家庭开支上。这对夫妇积极利用多种理财手段上，包括半正式的微型金融机构（MFIs）（施琳和她女儿成功地在超过七家 MFIs 开立了账户，并从其中四家借了钱）以及非正式机制。他们满足日常财务需求的方式包括从丈夫的雇主那里借钱，从商店里赊账，从邻居那里借有息或无息的贷款。施琳很善于存钱，而且还经常向私人放贷，无论有没有抵押，她发现这种手段很有利可图。MFIs 为她的莎丽服生意提供了部分资金支持。但她抱怨说总是要花太多的时间打理这些跟钱有关的事情。

表A2-1 在研究年份开始和结束时的经济净值（按市场汇率换算成美元）

			初始值	终值	在组合中占比[1]	流水	占组合流水比[2]	备注
资产	正式的	银行存款	8.00	8.00	2%	0.00	0%	全年休眠
		扶贫人寿保险	180.00	190.00	49%	10.00	1%	不经常存
	半正式的	MFIs的存款	216.40	136.70	36%	176.30	20%	每周存，有时取，在多家MFIs
	非正式的	借出去的无息贷款	0.00	26.00	7%	72.80	8%	至少借了七笔小钱给邻居
		借出去的有息贷款	0.00	1.60	小于1%	1.60	小于1%	地借出一笔1.60美元的贷款，利息1.60美元
		抵押资出款	0.00	0.00	0%	60.00	7%	借出两笔以全饰作抵押用的小钱
		靠信用贷款买卖货	0.00	0.00	0%	258.00	30%	地成功地还清了所有因生意欠下的钱
		家里的存款	100.00	20.00	5%	280.00	32%	地的不锈钢碗柜里总是存着和流动大量现金
		一家泥土银行里的存款	0.00	0.30	小于1%	6.54	小于1%	地精微尝试了一下泥土银行
		身上的钱	1.00	1.00	小于1%	4.00	小于1%	他工作的时候带着
	总计		505.40	383.60	100%	869.24	100%	—
负债	半正式的	MFIs贷款	212.00	98.00	94%	454.00	41%	从多家MFIs贷款，主要用于莎丽服生意
	非正式的	借到的无息贷款	0.00	6.00	6%	26.00	2%	从邻居那里借的两笔钱，有一笔是大儿子借的
		借到的有息贷款	0.00	0.00	0.00	200.00	18%	艰难获得的一笔贷款
		预支工资	0.00	0.00	0%	80.00	7%	他的雇主每隔几个月会一次向她支付工资
		商店赊账	0.00	0.00	0%	240.00	22%	定期从杂店里赊账
		代人保管钱	0.00	0.00	0%	100.00	9%	两名邻居经常存钱在她地这
	总计		212.00	104.00	100%	1100.00	100%	—
经济净值			293.40	279.60	—	1969.24 （周转总额）	—	—

1 年终的资产或负债值除以总值，后面各表相同。

2 流入本工具的金额除以流出本工具的金额，后面各表相同。

孟加拉国达卡的一个制衣厂工人之家

我们在第四章里见过这家人了。它由长子苏尔约（上过高中）、他母亲、他妹妹以及三个兄弟组成，三年前，苏尔约带着一家人来到达卡，因为在自己村子里他们找不到工作。到了达卡之后，他们一起租了一间砖瓦房安了一个家。苏尔约随后开始给家里的每一个人找工作（除了最年幼的弟弟），都是在达卡迅速扩张的制衣行业中。他们的工资从每月20美元到45美元不等。最小的弟弟才12岁，在上学。

他们雄心勃勃（除了妈妈之外），身体也都不错。他们为家里添了几样东西即一台风扇和一台电视。他们还有后盾，就是村里的土地，值大概1 200美元，而且他们还保持着跟村里的联系，会通过抵押土地从一家MFI贷款，而这家MFI还会与他们每季分享一定的收成作为粮食。

他们也很精明，很快就了解了MFIs、RoSCAs和ASCAs提供的机会，尽管长子参加的RoSCA解散了，而且他差点就要血本无归。妹妹参加了一个制衣厂工人一起组织的ASCA，这个组织运转良好，能存钱也能借钱。尽管是新来到这个贫民区，但他们很快就和邻居混熟了（其中有很多人跟他们来自同一片乡村地区），因此能够拿到小额的无息借款来帮助解决家里偶尔遇到的现金流问题。

他们很快就利用起了各种各样的理财机制，从正式的银行账户（尽管苏尔约很难遵守自己每月存点钱进去的誓言），到半正式的MFI，再到非正式的机制。它们帮助这家人提升资产价值。他们的债务也增加了，但这是为了从MFI拿到贷款去买更多的土地进行投资。

表A2-2　在研究年份开始和结束时的经济净值（按市场汇率换算成美元）

			初始值	终值	在组合中占比	流水	占组合流水比	备注
资产	正式的	银行存款	84.00	94.00	50%	10.00	4%	试图每月都存一点但通常不太成功
		扶贫人寿保险	20.00	36.00	19%	16.00	6%	代理人不再定期来拜访之后就停止了
	半正式的	MFIs的存款	12.00	24.50	13%	12.50	5%	妹妹是会员，每星期存钱
		RoSCA存款	20.00	14.00	7%	6.00	2%	这个互助会后来解散了，亦尔约拿回了自己那份钱
	非正式的	ASCA存款	8.00	4.00	2%	108.00	42%	妹妹参加了自己工作的工厂里发起的ASCA
		借出无息贷款	0.00	0.00	0%	20.00	8%	借了一毛钱给一个姻亲，很快还了回来
		在家里存钱	14.00	14.00	7%	40.00	16%	在一棵树干里存了些钱
		在私人那里存钱	1.00	1.00	小于1%	4.00	2%	在家长那里存着
		零钱回笼家	0.00	0.00	0%	40.00	15%	送给还在村里里住的兄弟，把家里的房子修一修
	总计		159.00	187.50	100%	256.50	100%	—
负债	半正式的	MFIs贷款	26.84	50.24	84%	336.60	40%	母亲是MFI的会员：贷了两笔款，一笔用来赎回老家的地，地里还能有些产出
		借到的无息贷款	0.00	0.00	0%	156.00	18%	至少借过10笔小钱，都很快还了出
	非正式的	ASCA贷款	0.00	0.00	0%	80.00	9%	姐姐借了两笔钱用于家用
		商店赊账	10.00	10.00	16%	254.16	30%	经常，大多数是买日用杂货
		现金拖欠	0.00	0.00	0%	24.00	3%	不经常
	总计		36.84	60.24	100%	850.76	100%	—
经济净值			122.16	127.26	流水总额	1 107.26	—	—

孟加拉国中北部乡间一个无地日工之家

赛福尔（Saiful）和纳尔吉斯（Nargis）是一对年轻的夫妇，他们有两个年幼的孩子。他们没有土地，也没受过教育，住在赛福尔自己建造的一个棚屋里。他一般在农场做日工，有的时候也租一辆人力车拉。做农场日工的时候，他每天大概挣价值80美分的谷物，另有大约70美分的现金。通过拉人力车，他每天大概能净赚1到1.5美元。平均下来，他一个月大概工作22天。这家人在孟加拉国的样本当中属于最穷的那部分。大点的孩子在上学，小的还是婴儿。这对夫妻都很健壮，大多数时候都很健康。

如同我们记录的许多投资组合一样，这家人的年终结余，无论是资产还是负债，无论是讲绝对值还是与现金流相比较，都很少。整个组合由两类交易组成——多种数额不高的存款和贷款是一方面，用来弥补他们每天日常现金上的短缺，另一方面是极少数的大额交易。最大的一笔是来自MFI的一笔贷款，纳尔吉斯在研究年份快要结束时加入了这家MFI，她说，这是因为"我看其他的女人加入了"。起初他们把贷款放在家里，因为不确定要怎么最好地使用它。然后，因为害怕自己会浪费掉，他们就借了出去，借给了家族成员，收取一点利息。这同样也改善了他们的资产状况，加入MFI也使她开始在那里存钱。

他们没有任何与正式金融供应商的交易，即使是在附近的市场就有好几家商业银行，而保险公司在这个地区也很活跃。他们唯一的半正式伙伴就是这家当地的小的MFI。这家机构运作得不是很好，之后倒闭了。他们所有其他的理财关系都发生在非正式部门，与家族成员和邻居展开交易，以及通过他们自身的努力在家里完成。他们很为钱发愁——尤其是她。

表A2-3　在研究年份开始和结束时的经济净值（按市场汇率换算成美元）

		初始值	终值	在组合中占比	流水	占组合流水比	备注
资产	半正式的						
	MFIs的存款	0.00	49.00	70%	49.00	22%	每周例会的时候存钱
	非正式的						
	借出去的无息贷款	0.00	0.00	0%	0.60	0%	借给邻居的一笔短期借款
	借出去的有息贷款	0.00	20.00	29%	60.00	27%	借给家族成员的两笔贷款，资金来自MFI贷款
	在家里存钱	0.08	0.10	0%	103.12	47%	存在一个泥土"银行"里，之后就用掉了
	在私人那里存钱	1.00	1.00	1%	2.00	1%	通常存在他口袋里
	存在提储人那里	2.00	0.00	0%	4.00	2%	有一阵子存在隔壁邻居家里，为了防止自己滥用
	总计	3.08	70.10	100%	218.72	100%	—
负债	半正式的						
	MFIs贷款	0.00	33.32	63%	46.68	42%	一笔贷款，年底的时候还了一部分
	非正式的						
	借到的无息贷款	0.00	4.30	8%	41.70	38%	从邻居和亲戚那里借到的13笔小额借款
	借到的有息贷款	4.00	10.00	19%	14.00	13%	两笔借款，一笔用于消费，另一笔用于买药
	商店赊账	1.00	1.00	2%	4.00	4%	三笔小的赊账，从当地百货商店
	预支工钱	0.00	4.00	8%	4.00	4%	钱是从一个表亲那里借来的，他打工在非丰收季用劳力偿还
	总计	5.00	52.62	100%	110.38	100%	—
经济净值		-1.92	17.48		329.10 流水总额	—	—

孟加拉中北部乡间的一个木材商之家

扎曼（Zaman）和普丽堤（Preeti）这对夫妻都上过高中，他们 18 岁的儿子现在在上学。但教育并没有带来接近资本的机会，他的木材生意因为缺少资源而有些艰难，通常他们更依赖于开在家里的小商店来赚取日常收入。尽管他们是一对乡下夫妻，但却没有土地可以依靠，只在一块很小的自家土地上有一所小房子。

扎曼的木材生意是在深山里的伐木工和当地市场上的锯木厂之间充当中介运送木材。他试图尽可能在"不涉及金融的"基础上去完成这个交易——只在拿到锯木厂的结款之后再去付钱给伐木工。但这非常困难，因此一旦他得到贷款，就要用于交易的垫资周转，而不能用于扩大生意。

为了方便自己的木材生意，他试图尽可能从更多的来源获取贷款。他是三家 MFI 的会员，但是一直在抱怨每一家每年只能借给他一次钱，而且它们都坚持要每周还款，这给他带来了些麻烦。尽管如此，这几家 MFI 仍然是他最可信赖的借贷商，而且与他能找到的私人有息贷款相比，价格也更加便宜。他尽可能利用"互惠的"当地无息借钱体系。一个后来在政府工作的老同学答应预借一笔钱给他，而且只在扎曼赚到钱的情况下才要分一部分利润。这件事他从来没告诉过家里。就在我们在他店里那天，借钱的老同学过来要拿回钱，结果普丽堤和儿子都非常惊讶。

在研究年份里，这家人的经济状况似乎有了大幅改善，从负净值转为结余不少。出现这种转变的原因之一是，他们在 MFI 的账户上慢慢存下了钱。另一个更加有风险的原因是，他把从自家宅地上砍的树预先发货给了一家锯木厂，但还没实际收到钱。这笔交易在纸面上增长了他的资产，但风险是，锯木厂可能会赖账不付钱。与此同时，他的负债也增加了，因为从 MFIs 借的钱和几笔有息非正式借款的数额都增加了。

表 A2－4 在研究年份开始和结束时的经济净值（按市场汇率换算成美元）

		期初值	终值	在组合中占比	流水	占组合流水比	备注
资产	正式的 银行存款	4.00	4.00	小于1%	0.00	0%	以她的名字开的休眠账户
	半正式的 MFIs的存款	32.60	114.30	8%	114.92	8%	是三家MFIs的成员
	非正式的 借出去的无息贷款	0.00	0.00	0%	4.00	小于1%	借了一笔小钱给一个亲戚
	卖出商品尚未收款	0.00	1 270.00	91%	1 330.00	91%	主要是预支了自己的木材给一家锯木厂，但还没收到货款
	家里的存款	3.00	3.00	小于1%	6.00	小于1%	数额很小，藏在屋梁上
	一家泥土银行里的存款	0.00	0.00	0%	6.00	小于1%	他主要用这个来帮助店里的资金周转
	总计	39.60	1 391.30	100%	1 460.92	100%	—
负债	半正式的 MFIs贷款	114.50	229.42	52%	1 345.08	66%	他是两家MFI的会员，他妻子参加了一家，他们总是尽可能多借钱
	非正式的 借到的无息贷款	0.00	0.00	0%	210.00	10%	我们注意到有九笔，但应该不止，把细节全都告诉我们
	借到的有息贷款	38.00	130.00	30%	368.00	18%	我们注意到有四笔，但应该不止
	商店赊账	20.00	20.00	5%	110.00	5%	定期从店里赊账
	从朋友那里借的钱，有利润就分成	58.00	58.00	13%	0.00	0%	一个政府工作的朋友的投资
	总计	560.50	437.42	100%	2 033.08	100%	—
经济净值		−270.90	953.88	流水总额	3 494.00	—	—

孟加拉国达卡一个女人做户主的家庭

安巴（Amba）在达卡的贫民区出生和长大，没受过教育。在我们遇见她的时候，她大概 48 岁。安巴长得非常瘦，看起来不太健康。14 年前，她丈夫抛弃了她跟另一个女人跑了。自此之后，她就和儿子一起养家糊口。儿子现在正值少年，有事会出去拉人力车，那是她一个外甥的车。安巴另外还需要照顾一个女儿。

她的情况一目了然：她那间只有一室的房子比旁边许多邻居的都大些，家具也好些，有一台风扇、一台电视和一组大型的木制音响。我们第一次见到她的时候，她外甥正在跟她讲话，说房租和伙食费的事情。当时我们觉得她的境况可能挺好。但外甥很快走了，她的财富在这年剩下的时间里减少了。安巴采取的方法是把房子分隔招租，她还为租客做饭。能拿到本钱的时候，她就贩些莎丽服来沿街叫卖，这里的人都认识她；或者接受抵押放贷。可是在研究年份开始没多久，她儿子染上了海洛因毒瘾，开始变成家庭资源的消耗源。她找了份没多少钱的女仆工作，还不得不把自己 12 岁的女儿也送去做女仆。

她最大的现金流是与 MFI 贷款以及抵押贷款相关的：这两者又是相关联的，因为 MFI 贷款有时就会成为借出的本钱。她会通过非正式渠道借钱，有时候会付利息，有时候不会。

因为她努力（虽然只取得了部分成功）坚持支付一项针对穷人的保险的费用，尽力坚持不取出在 MFI 的存款（她成功劝说了自己的一位债主来替自己存），并基本上还是按时偿还自己的 MFI 贷款，所以虽然面临她儿子带来的经济难题，她年末的经济状况也比年初有所改善。她最大的债务是两笔无息的借款。

表A2－5 在研究年份开始和结束时的经济净值（按市场汇率换算成美元）

		初始值	终值	在组合中占比	流水	占组合流水比	备 注
资产	正式的						
	银行存款	8.00	16.00	5%	8.00	3%	我们觉得这个账户可能是她外娚的
	扶贫人寿保险	76.00	100.96	30%	24.96	10%	是以她女儿的名义办的
	半正式的						
	MFIs的存款	24.00	41.60	13%	17.60	7%	从年中开始，存钱是由她出借了MFI贷款的那人未完成的
	非正式的						
	借出去的无息贷款	40.00	40.00	12%	0.00	0%	一笔老的借款，休眠的
	借出去的有息贷款	0.00	135.60	40%	184.40	77%	她把自己的MFI贷款抵押借出去了，有一部分已经还回来了
	身上的存钱	2.00	2.00	小于1%	4.00	2%	放在她的莎丽服上缝着的一个钱包里
	总计	150.00	336.16	100%	238.96	100%	—
负债	半正式的						
	MFIs贷款	42.40	95.00	43%	267.50	42%	她还清了一笔，又贷了一笔
	非正式的						
	借到的无息贷款	0.00	100.00	46%	120.00	19%	她借了三笔，很快还了较小的一笔
	借到的有息贷款	0.00	0.00	0%	120.00	19%	她借了两笔，用于消费和偿还债务，利息为10%
	抵押贷款	0.00	2.00	1%	40.00	6%	借来治疗儿子的毒瘾
	房组延迟	22.00	22.00	10%	88.00	14%	始终拖大
	总计	64.40	219.00	100%	635.50	100%	—
经济净值		85.60	117.16	流水总额	874.46	—	—

印度德里的两个零工之家

索姆纳斯和加纳斯（我们在第二章讨论过）两兄弟在比哈尔长大，后来从东部来到西部找工作，在1994年的时候来到英迪拉营区。他们都是大概25岁左右，上过几年学。这片营地是英迪拉·甘地那届政府在1980年的时候拨出土地设立的，这里住着5 000户人家，都受雇于德里的奥克哈拉工业区的各家工厂。这里的房子是砖砌水泥"平房"。这里的房子一般是两到三层的单间，配有窄窄的下水沟用于排放污水。两兄弟都结婚了，他们的老婆孩子、父母和弟弟都住在老家的村子里。家里没有农田，所以非常依赖两兄弟从工资里剩下来多少寄给他们。在研究年份里，两兄弟几乎没剩下多少寄回家，这直接导致家里人要借高息贷款来维生。两人都在奥克哈拉的制衣厂和化工厂找工作。他们始终不断地面临着不确定性，而且在调查期间，他们同时失业了四个月。

由于在这一年中他们处境艰难，两兄弟的经济净值越发滑向负面。他们只成功存钱往家寄过三次，而且金额也不大。他们不断遭遇工资不够的赤字状况，结果就是债务不断上升。为了避免向他们在城里仅有的几个亲戚借钱，他们只好靠从同事和邻居那里借些小额的无息借款来维持日常生活，而在租金拖欠和杂货赊账上的欠款在一年当中不断累积。他们在村里的时候会借有息贷款，但在德里却尽量不借，因为利息更高。由于工资太低而且工作还不稳定，所以他们几乎完全无法存下一部分收入往家里寄。他们觉得，如果有组织化的存钱项目的约束（比如像每天收储或类似RoSCA的形式），他们可能会受益，但两年前受过一次骗后，哥哥已经不愿意把自己本来就微薄的工资交给陌生人去保管了。对这两兄弟来说，存钱到银行，即使很方便，也是不可能的，因为他们在德里的住处并没有合法的身份证明。

表A2-6　在研究年份开始和结束时的经济净值（按市场汇率换算成美元）

		初始值	终值	在组合中占比	流水	占组合流水比	备注
资产	半正式的　寄钱回家	0.00	48.12	100%	48.12	100%	全年中只成功往家寄过三次钱
	总计	0.00	48.12	100%	48.12	100%	—
	借到的无息贷款	31.38	34.52	16%	44.98	8%	向在镇里的朋友借过四次钱，在失业的时候和要回老家的时候
	借到的有息贷款	3.00	71.13	33%	71.13	13%	两笔从村里的放贷人那里借的钱，用于家用以及他们在镇里的生活费
负债	预支工资	0.00	20.92	10%	20.92	4%	因为工作不稳定，基本上预支不起房租
	拖欠房租	0.00	41.84	19%	148.54	28%	失业五个月期间付不起房租
	非正式的　商店赊账	0.00	46.55	22%	251.57	47%	—
	总计	31.38	214.96	100%	537.14	100%	—
经济净值		-31.38	-166.84		流水总额 585.26	—	—

印度德里的一个工厂监工之家

萨迪什·潘戴（Satish Pandey）最开始是从比哈尔出来的，但从1988年起就在德里安了家。那一年老家发大水，把家里小农场的庄稼全冲毁了，于是他就出来找工作了。他是我们研究样本中唯一一名研究生，在1991年的时候成了一个化工厂的正式员工，经历了两次升职后，在2001年的时候他每月的工资是73美元。他和自己的弟弟住的平房产权是自己的，隔壁那间也是他的，租出去后可以赚租金。他的妻子和孩子们在大多数时候都待在村里跟他的兄弟们、兄弟的妻子们以及他们的父母待在一起。由于这家人依靠农场的收入就可以满足基本需求，萨迪什寄回家的钱就用于生命周期相关的开支，以及像盖一所砖瓦房这样的投资。

虽然他的工资（相对而言）较高，又稳定，而他又有很多理财需求（大部分是为了在村里的盖房和婚礼等事情，但也为了来德里的访客以及平房改建），萨迪什几乎跟正式的金融服务提供商没有任何关联。除了他雇主为他创建的政府养老基金外，他还有一个银行账户，但基本处于休眠状态，这说明他的现金流动太快，没办法存在银行账户里。作为替代，在非正式的"互惠"交易之外，他通过有息借款和RoSCAs以及ASCAs这样的集体理财项目来积累大额资金。除了他直接寄回村里的钱之外，他很喜欢不断从扩展中的交际网络中借钱。他对不能为借钱提供保证的存款不感兴趣。

表 A2-7　在研究年份开始和结束时的经济净值（按市场汇率换算成美元）

		初始值	终值	在组合中占比	流水	占组合流水比	备注
资产	正式的	福利基金	604.44	733.08	54%	128.67	13%	从工资里直接扣缴的政府养老金（雇主也支付同样的数额）
	非正式的	借出去无息贷款	0.00	0.00	0%	41.84	4%	三笔小额的"互惠借款"，很快就还回来了
		RoSCA 存款	-150.63	4.18	0%	154.81	15%	拍卖型 RoSCA，他在我们调查开始之前已经拿走了自己的份额
		ASCA 存款	-86.82	0.00	0%	86.82	8%	他是一个同事共同组建的 ASCA 的管理人，在调查开始之前，他借的钱已经超过了存的钱
		等回家的钱	0.00	621.34	46%	621.34	60%	为了家里房子的改建，往家寄了三笔较大数额
	总计		366.99	1 358.60	100%	1 033.48	100%	—
负债	非正式的	借到的无息贷款	83.68	225.94	47%	569.04	43%	他为了在德里的花费（接待访客、修理平房）以及回老家借了七次贷款，在三个月内还清
		借到的有息贷款	322.18	219.67	46%	102.51	8%	两笔留存下来的贷款，他定期支付利息
		预支工资	0.00	0.00	0%	334.73	26%	为了回老家预支了五次，是从两个月的薪水里预支的
		商店赊账	0.00	34.52	7%	296.03	23%	两名邻居经常在他这赊账
	总计		405.86	480.13	100%	流水总额	100%	—
经济净值			-38.87	878.47	流水总额	1 302.31	—	—
						2 335.79		

印度北方邦东部乡村的一个农民之家

图尔西达斯（Tulsidas）的父母从他的舅舅那里继承了 10 英亩肥沃的农田，那时候图尔西达斯还小，而这极大地改变了这家人的命运。他们本来世代以牧羊为生，但在研究年份里，这个联合家庭（图尔西达斯、他的妻子、他们的两个儿子以及儿子的妻子还有六个孙子女）不太关注牧羊，而越来越关注改善他们的农场。图尔西达斯的长子特里维尼（40 岁，上学到 10 年级）曾经在孟买打过几次短工，每次都是在几个月的时间做看守人，作为农场收入（在我们研究期间大概平均每月不到 36 美元）的补充。他每次回来的时候都带着大约 105 美元的积蓄。在我们调查期间，特里维尼不想再离开年迈的父母和规模壮大的家庭，想在当地找一份付薪水的工作，但没有成功。

按照当地的标准，这家人的 10 英亩农场很大，这让这家人能够从多种渠道接触到正式的信用机制，主要是政府控制的银行和农业合作社。这家人依赖村内外广泛的朋友圈借小额的现金、商品和服务，他们完全不借有息贷款，在急需用钱的时候，可以变卖谷物或者羊来变现。因为他们拥有农田和牲口，而且又能拿到便宜的银行金融产品，所以这家人还没表现出对日益发展的团体现金储蓄产品的兴趣。

在这一年中，这家人的净现值下滑得厉害。这主要是因为债务的增长。两笔大的银行贷款让负债增加了。这家人存钱很少，而且把互惠的无息借款作为主要的金融资产。他们在年初借出去的钱在研究期间被陆续归还。

表 A2-8　在研究年份开始和结束时的经济净值（按市场汇率换算成美元）

		初始值	终值	在组合中占比	流水	占组合流水比	备注
资产	正式的 银行存款	5.23	5.23	20%	0.00	0%	全年休眠
	非正式的 借出的无息贷款	85.77	20.92	80%	64.85	100%	借出了一笔比较大的数额给村外的一个朋友，大部分在几个月里还了，还有少部分没还清
	总计	91.00	26.15	100%	64.85	100%	—
负债	正式的 银行贷款	684.64	1192.47	87%	1960.79	59%	主要是两笔用地契抵押的较大数额贷款，年息13%
	非正式的 借到的无息贷款	0.00	8.37	1%	1215.90	37%	五笔小额的，还有一笔是从杂货商朋友那里借的大额的，用未还银行贷款
	商店赊账	92.05	145.82	11%	103.97	3%	经常为杂货赊账
	赊账购买服务	10.46	18.83	1%	12.55	小于1%	磨面粉和看医生
	预购存粮	0.00	6.28	0%	14.64	小于1%	从邻居那里少量获取，以保证谷物低价
	总计	787.15	1371.77	100%	3307.85	100%	—
经济净值		-696.15	-1345.62	流水总额	3372.70	—	—

印度北方邦东部乡间的一个卖罐人之家

菲扎尔（Feizal）当时 40 岁（第三章讲到过），是一个比迪（便宜香烟）工厂经理的儿子，没受过教育。他在母亲的村子库什帕哈拉分到了一块宅基地，这是村委会 1985 年判给他的。当我们与他见面时，他正骑着自行车走街串巷卖铝罐，他唯一的儿子则在给裁缝做学徒，他的妻子和七个女儿中较年长的几个都靠卷比迪烟计件赚钱。在研究年份开始时，这家人靠菲扎尔和他儿子外出干活攒了不少钱，但在年中的时候，他们的命运却发生了大转折：菲扎尔骑自行车出了事故，摔断了腿，不能干活。家里不希望花太多钱（忙着存钱给女儿结婚），就去看了一个土方大夫，结果腿伤反而更严重了。他们最后被迫只能花费将近 250 美元（整家人一年收入的三分之二）去看医生和住院。在绝望中，菲扎尔不得不与自己疏远许久的父亲和好。他父亲答应为他出一半的医疗费。而在这一年剩下的时间里，这家人只能在没有菲扎尔收入的情况下过活。

尽管遭遇了这样的不幸，但家里的净现值只是减少了，并没有转为负数。他们取得这种成果的手段部分是靠完全避免借有息贷款。虽然小额贷款在邻居中间已经很流行，但这家人也一直没有参加，因为菲扎尔认为，他能从当地的批发商那里筹集到足够的资本来应急。如果要从其他渠道借更昂贵的贷款，这就意味着要更努力工作，更快挣钱，但在遭遇了这次事故之后，这种情况不太现实。为了支付事故带来的大额医疗费，家里预支了儿子在裁缝师傅那里的工钱，并取用了银行的存款。但他们仍然选择不打破与私人揽储商的存款协议，而是从邻居那里借了几笔小额的无息借款。

表 A2－9 在研究年份开始和结束时的经济净值（按市场汇率换算成美元）

			初始值	终值	在组合中占比	流水	占组合流水比	备注
资产	正式的	银行存款	152.72	10.46	11%	167.36	59%	外出打工的积蓄以及一笔到期的定期存款都放在这个账户上，在菲扎尔出车祸后取了出来
	非正式的	存钱在一个揽储公司那里	33.47	71.13	73%	37.66	13%	私人的揽储公司，提供投资在地方公司里的协议储蓄产品
		存钱在一个揽储人那里	62.76	0.00	0%	62.76	22%	儿子把自己的工资存在雇主那里
		赊账卖出的货款	9.41	16.32	17%	18.41	6%	卖给附近村民的铝罐
	总计		258.36	97.91	100%	286.19	100%	—
负债	非正式的	预支工资	0.00	13.60	26%	97.28	23%	儿子从裁缝雇主那里预支工资
		赊账购买服务	0.00	0.00	0%	125.52	29%	菲扎尔出事故后的医药费，后来是他父亲偿清的
	总计		20.92	53.14	100%	430.75	100%	—
经济净值			237.44	44.77	流水总额	716.94	—	—

印度北方邦东部乡间的一个裁缝之家

库什帕拉是默汗（Mohan）父亲居住的村子，默汗在母亲和她新组的家庭中长大之后，回到了这里。默汗（35岁，没受过教育）认为到这里是一个能展现他熟练裁缝技巧的机会，于是在当地市镇上开了一家店。默汗过去曾在孟买工作过，月薪55美元，比他现在通过开店挣的钱稍微多一点。他回到村里是因为想和自己的老婆孩子生活在一起。在我们调查的前期，默汗的妻子迈努姆（Mainum）病了，身上一直痛，不能干活。她的病难以确诊（可能是坐骨神经痛或骨结核），需要不断去瓦拉纳西和阿拉哈巴达，最后还去了米尔扎普尔。她在那里与娘家人一直待到研究结束。她的健康问题成为耗费家庭资源的主要原因。

迈努姆是当地MFI的会员，在这一年中，她偿还了第一笔贷款，又新贷了一笔两倍的贷款。这对夫妇想要尝试快速还款计划但没有成功（比如，本来要50个星期还清，现在改成24个星期还清，利息相同），被迫又回到之前较慢的周期。但因为迈努姆的健康问题耗费了他们的收入，就连这个周期他们都还得很吃力。随着她的情况日趋恶化，这对夫妇从亲戚朋友那获得了一些帮助，默汗延迟支付了欠店面房东的房租。他们偶尔还从放贷人那里借钱，但他们认为MFI提供了新的出于一些实验性的、非紧急性的目的进行借钱的机会（而之前他们借钱主要都是为了应急）。默汗的收入很稳定，这意味着他们在贷款被挪作家用（而不是生意上）的情况下也能还款。但迈努姆的健康问题确实改变了一切。正如表A2-10显示的，他们的负净值状况随着时间的推移更严重了，这主要是因为债务大幅上升了。

表 A2－10　在研究年份开始和结束时的经济净值（按市场汇率换算成美元）

			初始值	终值	在组合中占比	流水	占组合流水比	备注
资产	正式的	MFI 的存款	2.09	0.75	2%	8.03	8%	与贷款配套的小额存款，年终可以抵扣没付的还款
	非正式的	赊账提供服务	4.84	30.33	98%	95.19	92%	给朋友做好了衣服，但他们还没付钱
	总计		43.93	31.08	100%	103.22	100%	—
负债	正式的	MFI 贷款	13.08	6.28	5%	213.64	36%	因为妻子生病，这对夫妻还款艰难
		借到的无息贷款	5.14	69.67	56%	118.83	20%	用来给妻子治病，还店租以还 MFI 贷款借的钱
		借到的有息贷款	0.00	4.18	3%	10.46	2%	两笔借款，一笔用于消费，另一笔用于买药
	非正式的	拖欠房租	29.29	36.61	30%	222.80	37%	他会在现金流允许的情况下还一些房租。但年底因为各项成本增加没有办法做到
		赊账获得服务	2.09	0.00	0%	2.09	0%	—
		商店赊账	3.84	6.80	6%	28.56	5%	—
	总计		54.44	123.54	100%	596.38	100%	—
经济净值			-10.51	-92.46	流水总额	699.60	—	—

南非卢庚格尼乡间一个照顾
艾滋病致孤儿童的寡妇之家

在第四章提到的诺姆沙（Nomsa）是一名77岁的女性，照顾着她的四个孙辈，其中两个是一年前她女儿死于艾滋病后过来和她一起住的。这家人住在山脚下一条路的尽头处。家里的房子有分开的两间，但都年久失修、摇摇欲坠了。在这两个孩子到来之前，诺姆沙可能还可以被视为比较富有，但现在一家五口人都只能靠她每月114美元的政府养老金生活。她尝试了好几次从社工那里申请一份关爱补助，但都遭到了拒绝。女儿的葬礼又让她雪上加霜，因为之前为了维修自己的隆达瓦尔（传统的圆形平房），她已经欠了当地商店的钱。她成功地支付了葬礼的费用，但却没办法在一年内还清欠款。她依靠卖点菜园里的菜和从放贷人那里借些钱来维生，但她其实有点糊涂了，记不得自己到底欠谁钱。

她的理财组合大部分是由从各种借贷渠道产生的贷款组成的，这就解释了为什么在年终的时候她的净值为负。请注意她使用了有息和无息借款的组合，有从放贷人那里来的，也有从储蓄互助会来的。在找不到其他途径时，她从放贷人那里借钱。不过，她大抵还是能掌控目前的贷款数量的，每次一得到养老金就赶紧还一部分。她的经济状况从我们遇见她开始到研究终结时也没有实质性的改变。尽管她的经济状况不理想，但令人震惊的是，她的资金流水却相当高，在14个月的时间里，她各种理财工具进进出出的金额超过了5 300美元。

表A2-11 在研究年份开始和结束时的经济净值(按市场汇率换算成美元)

			初始值	终值	在组合中占比	流水	占组合流水比	备注
资产	正式的	银行存款	0.00	23.08	24%	3 581.46	73%	她的养老金是打到银行账户里的,然后很快就被取出来
	非正式的	储蓄互助会的存款	0.00	71.54	75%	133.08	3%	她参加了两个储蓄互助会
		家里的存款	0.00	0.23	小于1%	1 141.92	23%	她把养老金全取出来,用来买必需品,然后就把剩下的钱存在家里供家用
		彩礼互助会	—	—	—	68.91	1%	她参加了两个彩礼互助会
	总计		0.00	94.85	100%	4 925.37	100%	—
负债	非正式的	借到的无息贷款	0.00	58.46	32%	19.77	5%	从邻居和亲戚那里借了一笔钱
		借到的有息贷款	22.00	100.00	55%	84.88	20%	四笔贷款,月息在25%到30%之间
		商店赊账	75.92	23.38	13%	193.35	46%	她经常在村里的两家店赊账
		从储蓄互助会借钱	0.00	0.00	0%	124.45	29%	从另一个互助会借的钱,月息30%,她并不是这个储蓄互助会的会员
	总计		96.92	181.84	100%	422.45	100%	—
经济净值			-96.92	-86.99	流水总额	5 347.82	—	—

南非卢庚格尼乡间一个参加了
很多个葬礼互助会的妇女之家

诺兹萨（Nozitha）是一名65岁的妇女，和自己的两个女儿、一个外甥还有五个孙辈儿住在一起。他们住在穿越卢庚格尼森林地带的一条尘土飞扬的公路沿线。就在她家门口，地势下陷成为峭壁，路的对面是翠绿的山丘，点缀着圆形的隆达瓦尔和扁平的盒状平房。家里所有的人都靠诺兹萨每月114美元的养老金生活，不过在7月和10月，两个最小的孙辈儿分别领到了政府每月26美元的儿童补助。诺兹萨的另一个女儿（没在家里住）有时候会给她一些钱或食物或菜园里用的铁丝网，但诺兹萨认为这并不够。她最操心的是要缴纳自己参加的七个葬礼互助会的份子钱。比如，其中一个正式的计划是有人会操办她的葬礼——会有人每个月上门收取每月75美分。而另一个非正式的机构是一个葬礼互助会，需要她每月交1.53美元，但如果漏交了一期就要补3.08美元。她很怕漏交，所以会借钱来交葬礼互助会的份钱并用于购买日常食品。在研究年份里，她还从ASCAs借过钱，并在当地商店里赊过账。她还赊账买了一些其他东西，比如小鸡和橱柜等。

尽管在这一年里她能得到两个孩子额外拿到的补助的帮助，但她的经济净值还是持续滑向负值的深渊。在她每个月拿到的166美元补助金里，光给葬礼互助会的钱就达到了19美元。这是不是值得呢？她的丧葬工具的组合与村里其他人的比起来确实算得上"物有所值的"——她每个月交的每1美元将来都能换来价值45美元的葬礼服务。但是，即使是这七个葬礼互助会加起来的赔付值也没办法涵盖家里每一个人的葬礼费用。四个成年人每人需要约1 500美元花在自己的葬礼上，五个孩子每人需要750美元。这就意味着这家人的葬礼总花费达到9 750美元，而诺兹萨参加的这么多葬礼互助计划也只能涵盖大概一半的金额。

表 A2－12　在研究年份开始和结束时的经济净值（按市场汇率换算成美元）

		初始值	终值	在组合中占比	流水	占组合流水比	备　注
资产	正式的						
	养老保险	—	—	—	30.84	5%	她买了两份不同的养老保险
	非正式的						
	家里的存款	18.46	9.54	100%	527.30	78%	她的养老金发现金发放的，买了必需品之后，剩下的就存在家里供日常开支
	婚礼互助会	—	—	—	116.89	17%	她参加了五个不同的互助会
	借出去的无息贷款	0.00	0.00	0%	1.62	小于 1%	她借了一笔小钱给一个邻居
	总计	18.46	9.54	100%	676.65	100%	—
负债	非正式的						
	借到的无息贷款	0.00	58.46	32%	11.84	2%	从亲戚和邻居那里借了五笔贷款
	放贷人的贷款	20.00	100.00	55%	77.69	12%	三笔贷款，月息 25% 到 30%
	商店赊账	76.92	23.38	13%	240.84	39%	她经常在村里两家店中的一家赊账
	储蓄互助会的借款	3.00	0.00	0%	118.46	19%	五笔从不同的储蓄互助会借的钱，月息 25% 到 30%
	在其他商店的赊账	0.00	0.00	0%	175.99	28%	从六个不同的商店赊账买了东西
	总计	96.92	181.84	100%	624.82	100%	—
经济净值		−78.46	−172.30	流水总额	1 301.47	—	—

南非迪普斯鲁特的一对老夫妻之家

　　在我们认识他们的时候，玛丽（Marry）和詹姆斯（James）分别是63岁和56岁，住在南非约翰内斯堡郊外的迪普斯鲁特镇。迪普斯鲁特镇散乱地分布着各种类型的房子：一排排危险而简陋的木屋，被由政府建造的结实有序排列的一系列单间平房分隔开来。这对夫妻就住在后面这种新房子的一间里。他们的房子在其中一排的末端，建在山腰上。他们以前和自己的两个儿子住在一起，但在2003年12月，两个孩子都进了城。在研究年份里，玛丽和詹姆斯从小破房里搬进了一间这样的新房。他们的叔叔住在他们原来的破房子里，但不交租金。詹姆斯原来有份很好的工作，是快递员，但在1995年下岗了。他收到了一个精减人员福利包，但用这笔钱在郊区买了一幢房子并修理了一下。玛丽也在2003年11月下岗了，原先她是一个清洁工，但她没拿到福利包。2004年8月她又开始工作，每月工资46.15美元。詹姆斯也时不时打点临工。在其他的时候，他们靠詹姆斯的兄弟姐妹来接济。可能嫌事情还不够糟，一年前他们的孙子死了。当地的丧葬公司让他们赊账办了葬礼。我们刚遇到他们的时候，他们欠着丧葬公司107.70美元，但慢慢地一点点在还。8月，他们碰到另一个必须要捐助的葬礼，他们从一个朋友那里借了61.54美元。之后他们又从邻居那里借了很多次小钱，以致人们已经开始拒绝他们再借了。

　　即使在孙子去世之前，他们两夫妻也必须紧紧巴巴地用钱，但表中的数字还是展现了这两次葬礼如何加剧了他们的负净值状况。他们大多数的钱款交易都是向邻居和朋友借钱。这是一个经典案例，展现了住在边缘地区的一对老夫妻的生活，而两个突发事件就把他们推入了严重贫困的状态。尽管他们有了政府提供的一个"新家"，在资产上可以被视作富有，但他们的现金流状况实在是很严峻。

表 A2－13 在研究年份开始和结束时的经济净值（按市场汇率换算成美元）

		初始值	终值	在组合中占比	流水	占组合流水比	备 注
资产	正式的	银行存款	0.00	0.00	0%	0.00	0%	在他们有工作的时候开立了两个银行账户，但失业后就关闭了
	非正式的	在家存钱	20.00	23.00	100%	432.69	99%	他们在家找了个隐秘的地方藏钱，用于家用
		婚礼互助会	—	—	—	5.05	1%	他们参加了一个互助会
	总计		20.00	23.00	100%	437.74	100%	—
负债	非正式的	借到的无息贷款	0.00	50.77	69%	154.41	63%	从邻居和亲戚那里借了 12 笔钱作家用
		商店赊账	0.00	23.08	31%	92.31	37%	这是欠那家杂货公司的钱，他们已经还了一部分
	总计		0.00	73.85	100%	246.72	100%	—
经济净值			20.00	−50.85	流水总额	684.46	—	—

南非迪普斯鲁特一位非常棒的理财能手之家

在第四章中谈到的西尔维娅（Sylvia）是个非常自律的妇女，39岁，住在南非约翰内斯堡郊外的迪普斯鲁特镇一间小破屋里。她的小屋收拾得很干净，虽然还住了另外两个人，而且是在拥挤的棚户区，但有一面墙上有好几扇窗户，家里光线很好。她为两位客户当保洁工，每月能挣大概370美元。她的理财组合中最值得注意的是一个她从2003年6月就开始参加的ASCA。这个ASCA里一共有33名会员，每人每月交30美元份子钱，然后每月按照月利30%把钱借出去。西尔维娅的外借时间表十分紧凑。但是从2004年7月到2004年11月，她就总共借钱给了16个人，每人平均借款约60美元。不幸的是，西尔维娅并没有从这个组织挣到她所期望的那么多钱。首先，因为有些从她这里借钱的人并没有还钱，她就必须自掏腰包补上缺口，这削减了她能拿到的数额。其次，他们的保管员在从银行拿钱回来的路上遭到抢劫被杀了。幸好她随身只携带一部分ASCA的钱，所以西尔维娅最终还拿到了一部分钱，246美元。如果借款人没有违约，保管员也没有遭劫的话，她本应该能拿到这个数字的两倍。

ASCA并不是西尔维娅存钱的唯一方式。每个月她都让自己的雇主把工资分别打到她的两个银行账户里。有一个她拿来作家用，另一个她从来不动用。单从银行收费上来看，开两个账户更加花钱，但这让她能够自己形成良好的机制，每月把工资的一半存起来。她还参加了一个正式的储蓄计划，这个计划直到她女儿长到16岁要上大学时才到期。她还在家里留了一部分钱，这需要她极端自律地制定预算安排。另外，她还在积极还清自己上个圣诞节刷的两张信用卡。西尔维娅是一个很棒的理财典范，她利用各种途径来存钱，而这样做的回报就是，在一年之中，她的资产净值翻了一倍多。

表A2－14　在研究年份开始和结束时的经济净值（按市场汇率换算成美元）

		初始值	终值	在组合中占比	流水	占组合流水比	备注
资产	**正式的**						
	银行账户	1 373.38	2 086.28	62%	10 353.54	54%	她一共有四个银行账户，其中一个是长期储蓄账户
	储蓄年金	153.85	369.23	11%	182.71	1%	她为女儿准备的教育基金
	丧葬保险	—	—	—	68.95	小于1%	她有一份正式的丧葬保险
	非正式的						
	在家里存钱	84.62	483.08	15%	4 875.23	25%	她的补助金是现金发放的，买完日用品之后就存在家里
	ASCA的储蓄	0.00	246.00	7%	1 206.88	6%	她参加了五个形式各异的互助会
	在现储人那里存钱	0.00	153.85	5%	153.85	1%	她把一些钱放在住在乡下的一个婶婶那里
	养礼互助会	—	—	—	68.95	小于1%	她参加了四个养礼互助会
	借出去的有息贷款	0.00	0.00	0%	2 404.38	12%	这一年里她一共借出去42笔钱
	总计	16 11.85	3 338.44	100%	19 314.49	100%	—
负债	**正式的**						
	信用卡	214.46	0.00	100%	248.17	99%	她有两张信用卡，这一年里她渐渐还清了欠款
	非正式的						
	商店赊账	0.00	0.00	0%	1.33	1%	她在当地商店里赊账过一次，因为没带现金，但很快就还了
	总计	214.46	0.00	100%	249.50	100%	—
经济净值		13 97.39	3 338.44	流水总额	19 563.99	—	

南非兰加一间小平房里的一对夫妻

萨博（Thabo）是个26岁的年轻男子，和他妻子祖基斯瓦（Zukiswa）和两个孩子一起，住在南非开普敦郊外兰加镇的一间小平房里。兰加镇有很多种建筑物：公寓群、一家人住的两室一厅的房子、肮脏的小宾馆，以及似乎无穷无尽的拥挤在一处的小棚屋。在我们去拜访萨博时，我们必须先找到棚户区的入口，然后才能在棚屋之间仔细辨识出细小的道路前行。萨博的棚屋是在一处院落里，跟一些邻居们挨在一起。他的棚屋还不错，有两间房。旁边有一处可移动厕所和水管为这片区域服务。

萨博在工地上做工，每星期能赚107.69美元，他的工钱都直接打进银行账户里。他存钱的方式是自动把工资里的23美元每周转入定期账户（这是在第四章里我们谈到的约瑟用的方式。）。在前一年里，他用这种方式成功地存下了923美元，用掉了其中的553.85美元，还剩370美元。到我们的研究年份结束时，他应该又存了923美元甚至更多。他和他的朋友们把这种方式视为一个储蓄互助会。尽管每个人都是在自己的银行账户里独立存钱，但他们会分享信息，交流怎么去设立账户，并彼此鼓励。他想存起这笔钱来买一所房子。值得注意的是，去年12月他在一家商店里用信用卡花770美元给孩子们买了些衣服，他打算今年12月花掉更多。他不打算拿自己的积蓄来还这笔债务。他认为留下储蓄以备不时之需更重要。

我们注意到在萨博的理财组合里有一个很有意思的特点。他自己的银行账户里有去年存下的转为定期的931.63美元。然而他上一个圣诞节的信用卡债务累积到了可观的686.77美元。当我们问他为什么不用银行里的钱还掉信用卡的债务时，他说，银行里的钱是用来应急的，他不想冒险用掉。他还是选择一点点慢慢偿还卡债。另外值得注意的是，其他家庭都会在自己家里存钱，但萨博却没有。他说他怕遇上偷盗和火灾，这在萨博住的地方都很常见。他最终希望能利用自己的积蓄买一所房子，但他也担忧这需要花上很长的时间。他的生活方式简朴而保守，这种存钱方式正在帮助他积累财富，虽然速度比西尔维娅慢一些。

表 A2－15　在研究年份开始和结束时的经济净值（按市场汇率换算成美元）

			初始值	终值	在组合中占比	流水	占组合流水比	备注
资产	正式的	银行存款	931.63	2 165.71	94%	11 297.40	99%	他用一个银行账户来接收工资，然后转到另一个银行的另一个账户上定存起来
		公积金	105.73	147.84	6%	44.84	小于 1%	他雇主向他提供了一笔公积金
	非正式的	借出去的无息贷款	6.38	0.00	0%	61.38	1%	他借了一笔钱给一个邻居，慢慢被还了回来
	总计		1 099.74	2 313.55	100%	11 403.62	100%	—
负债	正式的	信用卡	1.54	686.77	100%	14 999.00	100%	他有一张与一家著名商户联名的信用卡
	总计		1.54	686.77	100%	14 999.00	100%	—
经济净值			1 098.2	1 626.78	流水总额	26 402.62	—	—

注　释

第一章

1. 为大概了解这些争论，关于援助驱动策略最为有力的主张见 Sachs 2005，针锋相对的是 Easterly（2006）。Wolf（2005）讨论了全球化，而像 Stiglitz（2005）则讨论了其局限。

2. 如果我们把覆盖了 43 户的格莱珉二期日志也算进去（参见第六章），那总数就是将近 300 户。

3. 我们在此提到的国家，以及我们收集日志的三个国家（孟加拉国、印度和南非），都没有发生战争或冲突，而且都拥有能发挥作用的、得到公认的政府以及运转正常的经济。我们在本书中的一些阐述可能不适合脆弱的或"失败的"国家，或没有货币经济的区域。我们的宏观结论都基于针对一系列广泛的个体和机构的研究之上，我们在书中会相应地引用一些案例。

4. 在非常重要的新研究中，Krislert Samphantharak and Robert Townsend（2008）将这一观点运用到了来自泰国的月度资料中，为在家庭和公司之间做类比提供了有力的方法论基础。

5. 千年发展计划有八个目标——从极度贫困（界定为按照 1993 年的以美元为计价的 PPP，每人每天生活费低于 1 美元）减半，到制止艾滋病蔓延以及提供普遍的初级教育，其目标实现期是到 2015 年。这是全球所有国家和主要发展机构都同意的目标。参见 http：//www. un. org/millenniumgoals。

6. 关于如何把当地货币计价的收入换算成每日的美元数额，请见一份绝佳文献，Sillers 2004。更多关于世界银行国际比较计划的信息以及资料更新可见 www. worldbank. org。关于相同事项的一种类似的计算方法可见《经济学人》的 Big Mac index，在 http：//www. economist. com/markets/bigmac/about. cfm。表 1－4 中 1993 年和 2005 年的数据是利用国际货币基金组织的 International Financial Statistics 中的消费价格指数计算的。2005 年利用 PPP 调整的比较数据是写作时最新的。

7. 越来越多的文献表明，交给女性的收入与交给男性的相比，更有可能被用在教育、儿童的营养以及住宅上面（参见 Thomas 1990, 1994；Hoddinott and Haddad 1995；Khandker 1998；以及 Duflo 2003）。Hossain（1998），Hulme（1991），Gibbons and Kasim（1991），以及 Khandker, Khalily, and Kahn（1995）也发现，交给女性的小额贷款与交给男性的相比，更有可能得到偿还。相关的综述，参见 Armendáriz de Aghion and Morduch（2005）。Nava Ashraf（2008）提出，取向上的某些差异可能不仅基于性别，也与家中理财结构的控制权有关。

8. 请注意，这与发达国家中发现的模式不无相似。2004 US Survey of Consumer Finances 显示，非金融资产在总资产中的占比，在低收入家庭中远远高于高收入家庭。

9. 中位数家庭显示在这 10 个月中其金融资产净值增长了 14%。但这并不是因为这些资产的价值改变了，就如同我们认为富人的股票投资组合升值一样。相反，是这些家庭以每月 1.4% 的速度添加他们的金融财富。通过长时间追踪家庭，我们发现，南非的家庭实现这种快速增长的方式，是努力把每月收入的 20% 存起来。我们将在第四章讨论帮助他们达到这个目标的工具。

10. 关于此项分析的更多细节，可以在附录中被找到。

11. 我们说的"半正式供应商"，是指微型金融机构以及其他非银行提供商，比如非政府组织，它们向贫困客户提供服务。这些机构有时候被称为微型金融机构（MFIs）。

12. 参见 Aleem 1990 对放贷者以及 Ardener 1964 对储蓄互助会的讨论。两篇文献和例子都由 Armendáriz de Aghion and Morduch（2005，第二章和第三章）以及 Rutherford（2000）做了进一步讨论。

13. 平滑消费指的是这样一些努力，在面对收入不稳定的情况下，削平消费上大的波动。消费能够由比如借钱或存钱的方式，以及从正式或非正式机构获得保险的方式来加以平滑。有关非正式保险的文献的更多情况，可以在比如 Townsend 1994；Deaton 1992 以及 Morduch 1995, 1999, 2006 中找到。

14. 在南非，我们的起始调查样本很大，有 181 户。在研究年份中，有些家庭搬走了或者放弃了，最后我们获得的全年理财日志的份数是 152。本书中使用的大多数南非的资料都出自这 152 份日志。

15. 在南非，消费者市场调查大量借鉴了 Living Standard Measures（LSMs），按照富裕程度进行分组。这个标准完全是按照可见商品来计算的。在当地的环境中，LSM 1－5 都被认为消费获取不足。我们为我们的日志记录家庭中每一家都计算了 LSM 值，发现有 90% 处于 LSM 5 或以下。

16. 每个国家的五个家庭理财组合能在本书附录二中看到。更多家庭的背景和理财组合，以及利用理财日志资料进行的更多课题的研究，请见 www. financialdiaries. com。

17. 贫困家庭面临的主要问题就是选择过少，如今，有些当地市场微型金融供应商已经大有增长，它们之间的竞争也有了相当大的增长，这包括秘鲁、尼加拉瓜、菲律宾和孟加拉国。真实的竞争将越来越激烈，但仍然远远不够。

18. 参见 Aleem 1990 对放贷者的调查，它有助于解释供应侧的成本。另有一批文献试图从需求侧来理解价格，方式是测量资本回报率（参见 Banerjee and Duflo 2004；Udry and Anagol 2006；de Mel, McKenzie, and Woodruff 2008；Morduch 2008）。

19. 在南非，以林波波省为大本营的小企业基金会（Small Enterprise Foundation）正雄心勃勃地打算扩张，其他一些微型金融机构也是如此。

20. 大量新的研究为我们提供了关于基础服务的低质量、不可靠和腐败问题的新观点，有些还提出了新的解决方法。Bertrand et al.（2007）记录了印度的驾驶执照许可系统中存在的腐败。Das, Hammer, and Leonard（2008）描述了基础医疗的低质量和不可靠。Banerjee and Duflo（2006）提出了应对教育和医疗健康缺位的可能方法。

第二章

1. 储蓄计划表明了类似的低余额。在 2003 年中期，SafeSave（Bangladesh）的账户余额均值是 22 美元，Bank Rakyat Indon, esia（BRI）是 75 美元。参见第六章中所谈 Armendáriz de Aghion and Morduch（2005）。

2. 这些美元数据都按照官方汇率转成了当地货币，这可能会让资产的实际价值显得有点低。如果转换成 PPP 后的购买力的话，孟加拉国的资产中位值将上升到 293 美元，印度是 637 美元，南非是 1 128 美元。南非日志记录家庭的金融资产中位值，换句话说，将可以在当地买到在美国需要花 1 128 美元买到的东西。

3. 这个模式在其他地方同样也是有效的。孟加拉国坦盖尔的 BURO 在 2000 年底表示，其客户的储蓄账户金额只比 2 700 万达卡少一点儿，而一年前，这个数字还不足 200 万达卡。而尽管年度结余没有增长多少，在这一年间，账户的主人们一共存了 6 200 多万达卡，取出了 6 000 多万达卡。参见 Armendáriz de Aghion and Morduch（2005），以及 Rutherford, Sinha, and Aktar 2001。

4. 参见 Case and Deaton 1998，关于南非的转移支付系统及其对低收入家庭来说的好处。

5. 因为伊斯兰历和公历之间存在差异，斋月每年会提前两星期来到。在研究年份内，斋月在 11 月来临，碰巧和排灯节一道。

6. 更多关于 National Credit Act 的信息可见 National Credit Regulator 的网站，http：//www. ncr. org. za/。

7. 参见 Collins 2008。

8. David Hulme 曾在 2006 年访谈了孟加拉国的五名人力车夫。五人都是租的车。有两人曾经有自己的车，但被偷了。另外一个人曾经借了很多钱买了一辆，可是车坏了，就又转让出去了。

9. 关系银行（Relationship Banking）这个概念在贫困人口的金融世界里是具有真实含义的，与在富人的世界中一样。微型金融机构放出的无抵押贷款的偿还率非常高，这说明，物质上的贫困并没有摧毁对合约的尊重，甚至可能还增强了。

10. 基姗（农民）信用卡是印度国家银行发行的此类产品中的第一款，已经成为其他印度银行发行的类似产品的统称，虽然其他产品也有各自的名称。

11. 参见 Schreiner and Sherraden 2006。

12. 这个事例出自 Prahalad 2005，16 – 17。

13. 如果遭遇突发事件，各个家庭都可能会没办法偿还贷款，正如下一章将会表明的。参见 Johnston and Morduch 2008 中来自印度尼西亚的额外证据，展现了低收入家庭拿贷款来做的多种用途。他们发现，贫困家庭所贷的款项大约有一半都被用在了非商业用途上，包括消费、教育和医疗健康。

14. 参见 Sinha et al. 2003。

第三章

1. 材料来自 World Bank World Development Indicators，编制时间是 2008 年 7 月。在 2000 年，5 岁以下儿童的死亡率在孟加拉国是 92‰，印度是 89‰，南非是 63‰。相比之下，美国在 2001 年的数据是 8‰。

2. 另一方面，由于风险普遍存在，这也阻止了孟加拉国的家庭通过投资让自己的生活更好。

3. 在一大批学者关于贫困的研究中，贫困与脆弱性的交互作用都是一个主要议题。在对非洲的研究中，尤其值得关注的是牛津经济学家 Stefan Dercon and Marcel Fafchamps 的研究。可参见 Dercon 2006 中收录的论文。Morduch（1995，1999）在考虑到政策干预的前提下勾勒了大致的研究进展。

4. Abhijit Banerjee and Esther Duflo（2007）的研究广泛利用了 World Bank household surveys，从而呈现了关于穷人经济生活的一幅宏观图景。这篇论文详

述了研究数据的细节，大致取材于 1988 年至 2005 年间做的 World Bank and Rand Corporation surveys 展现了 13 个发展中国家的上万户贫困家庭的支出情况。

5. 一般性的问题提出于 Morduch's（1999）的关于非正式风险共享模式的优点和缺点的论文中。他设问：“非正式保险是否设置了安全网呢？”并自行回答：“是的，但不够牢固。”这篇论文还指出了相关的隐形成本：金融上的、家庭经济方面的，以及情感上面的。参见 Townsend 1994 对村庄级别的风险共享的正式测试，以及 Deaton 1992，1997 在科特迪瓦、加纳和泰国做的类似工作，还有 Morduch 2005 在印度，Udry 1994 在尼日利亚，Grimard 1997 在科特迪瓦，Lund and Fafchamps 2003 在菲律宾，以及 Dubois 2000 在巴基斯坦。Morduch 2005 对南亚的工作做了一次批判性的回顾，Morduch 2006 则为广义的调查项目做了一份容易理解的介绍。Townsend（1994）之后的乡村保险研究关注的是应对村庄内的收入分化状况，而不是通常来说更大的一个问题：收入骤减对整个村庄或地区的冲击影响。

6. 本节大量依据了 Sinha and Patole 2002。这篇论文介绍了在一个印度乡村地区进行的一次对金融机构及产品的研究，理财日志项目也在这个地区开展过。

7. LIC agent's manual 指出，预付金最少的可获得产品是在当时需要每季度交 9.4 美元的那个，这很可能就是伊斯梅尔所使用的产品。参见 Sinha and Patole 2002。

8. 另一方面，对地少的和处于边缘的农民来说，频率不高但金额更大的预付可能更好管理，但必须要与季节性的现金流配合。当然，这些都会给 LIC 的代理人们带来额外的成本，因此就需要更高的费用。

9. 参见三角洲人寿保险公司（Delta Life Insurance）的案例研究，由 McCord and Churchill（2005）所作。

10. McCord and Churchill（2005）将开发保险计划视作保险公司与微型金融机构之间的合作。他们指出，风险、管理和专家技能都非常需要，因此典型的微型金融机构无法提供完全合理的保险产品。

11. 关于死亡对于南非家庭所具有的财政含义的细节，参见 Collins and Leibbrandt 2007。

12. Dorrington et al.（2006）描述了艾滋病对南非各个地域的影响。他们估计，不满 60 岁的成年男性死亡率从 1990 年的 36% 跃升到 2008 年的 61%，成年女性从 1990 年的 21% 跃升到 2008 年的 53%。

13. 参见 Booysen 2004 关于艾滋病与收入和贫困程度之间的关系的研究。

14. Jim Roth（1999）所做的研究发现了证据，表明格拉汉姆斯顿市镇里的葬礼耗费相当于月平均收入的 15 倍。

15. 比较显著的几个例子有 Avbob，耆卫保险（Old Mutual）和标准银行

（Standard Bank）。

16. 有证据表明，葬礼互助会也以令人非常惊讶的类似形式存在于世界其他地方。Dercon et al.（2004）调查了埃塞尔比亚和坦桑尼亚的非正式丧葬保险。他们指出，村民们彼此间一般都很熟悉，而且都有亲戚关系，作者认为这能缓解非正式的风险。不过，这些葬礼互助会里的合同与一般的保险合同还是有非常相似的地方，都有总章和执行原则。Dercon 等人还注意到，大多数团体都会收取一笔入会费，这与大多数的保险模式是不一致的，而且表明，经济上的稳定与否确实是这些团体面临的一个问题。正如在南非一样，他们还发现会员身份非常常见，大多数人都同时属于一个以上的团体。

17. 资料可见 FinScope 2003，更多细节可参见 www. finmark. org. za。

18. 南非长久以来都是利用邮局的广泛网络来开立储蓄账户以增加国内有银行账户人数。我们发现，大多数理财日志家庭都会同时有一个邮局储蓄账户和一个商业银行账户。

19. 有关这一分析的更多细节，参见 Collins and Leibbrandt 2007。

20. 严格来讲，这个互助会是不允许贷款出去的。但这个案例显示，规则有时候是会被打破的，这也是为什么互助会某些时候会出现流动性危机的原因之一。滕比一直被催着赶紧还钱，要在这笔贷款被所有会员知晓之前解决掉此事。

21. Lim and Townsend（1998）给出了证据，利用来自三个印度村庄的资料证明了储蓄在应对风险时的重要性（在案例中具体被存储的是谷物实物）。在他们的例子中，自我保障再次成为最主要的应对手段，而不是大众保险。

22. 健康保险中的经典道德风险问题可见 Pauly（1968），Morduch（2006）在贫困社区的小额信贷的情境下扩展了相关讨论。

23. 证据来自 Ghate 2006 中所引 International Labour Organisation，2006。

24. SEWA 保险机制可见 Ghate（2006）。

25. Barrientos and Hulme（2008）提供了有关安全网的更宽泛视角。

26. Roth Garan and Rutherford 2006 对此展开了讨论。

第四章

1. 作为在创制针对穷人的金融产品方面的进步迹象，南非的六个日志记录家庭通过一个特殊的项目得到了住房贷款买到了房子。另外，也有更多在养老基金方面的努力。比如第六章中描述的，长期储蓄计划（被叫作养老金，但实际上更像是宽泛的储蓄机制）已经成为格莱珉银行一种广受欢迎的新产品。格莱珉银行还长期提供多年期住房贷款，一般用于扩建和维修房屋，我们在第六章中描述的一些孟加拉日志记录家庭宣称自己购买了这项服务，或曾购买过这项服务。

2. 行为经济学综合了来自心理学和经济学的观点。要避免的教训之一是，假设人们拥有完美的能力，能依据完全正确的预见和理性判断来行动，这正是20世纪经济学的一种思维定式，但这个假定忽视了富人和穷人都会碰到的来自自制力的挑战。另一个教训是合同与理财机制被呈现的方式会影响其被接受和使用。参见 Thaler and Sunstein 2008，其中提供了关于行为经济学新思维的简明易懂的概述。

3. 参见 Banerjee and Duflo 2007。他们发现，每人每天依靠不足 1 美元生活的家庭，平均会把 56%到 78%的家庭收入用在食物上，城市区域的比例会稍微低点。

4. 在南非，各户的收入平均值是每月 425 美元，但平均值会掩盖收入上的巨大差异，甚至在最贫困的区域也是这样。在我们调查的南非的三个地区，有三分之二的样本家庭收入高于（通常是大大高于）印度和孟加拉的样本，但有三分之一的家庭的收入很低甚至不足 50 美元。

5. 大多数南非穷人在年老时都要依靠政府提供的一份按月发放的老年补助。参见 Collins 2007。

6. 参见 Banerjee and Duflo 2007。

7. 研究表明，节庆是世界各地的穷人主要的消费因素。参见 Banerjee and Duflo 2007，其中引用了多项研究成果，表明在若干发展中国家，有一半多的家庭会在过节的时候花钱。Fafchamps and Shilpi（2005）发现，尼泊尔的家庭会在节日时大笔花钱，作为一种在更加富裕的家庭面前强调自身价值的方式。

8. 参见 Deaton 1997 对近年来针对发展中国家的储蓄和风险共享经济的分析的综述。

9. 例如，参见 Laibson, Repetto, and Tobacman 2003。

10. Bauer, Chytilova and Morduch（2008）细致观察了这种模式，利用的是从南印度卡纳塔卡邦村庄里收集的资料。第一步，他们开展了调查，以确定一些在自律力方面存在很大问题的家庭，这些家庭一般都存在储蓄障碍。他们表明，存在自律问题的家庭比其他家庭更倾向于去利用以强制的规律的周付款模式运作的微型金融机制。虽然贷款的成本比储蓄更高，但对这些家庭来说却是一种有效的积累方式。

11. 关于这些事项的绝佳表述，我们推荐读者参考 Mullainathan 2005。

12. 参见 Ashraf, Karlan, and Yin 2006。他们用随意抽取并加以控制的测试模式来评估了这种"共识"储蓄产品的影响力：某银行的 1 800 名客户被随机抽取来提供机会开立或不开立某种新的账户（他们每个人已经都有了一个标准账户）。在得到机会开立新账户的客户中，有 28% 接受了。12 个月后，接受新账户这组客户的储蓄值比对照组的高出了 80%。如果换算成实际开立账户的客户增长率，那就达到了 300%，这在储蓄上的增长是相当大且有意义的。

13. 行为经济学总结出的更多教训，可参见 Laibson, Repetto and Tobacman 1998；Laibson 1997；and O'Donahue and Rabin 1999a, 1999b。

14. Anderson and Baland（2002）认为，在内罗毕的贫民区，女人们利用非正式储蓄和借款互助会，部分是为了让钱不会被丈夫拿到乱用。Mary Kay Gugerty's（2007）在肯尼亚西部的研究强调人们利用非正式互助会来帮助加强自律。

15. 关于 RoSCAs 和相关联的一些机构，参见 Rutherford 2000。关于经济学界对这些非正式机制的文献的介绍，参见第三章谈到的 Armendátriz de Aghion and Morduch 2005。

16. 本节的这个以及其他例子都来源于 Stuart Rutherford 一批非理财日志的研究。

17. 正如 Rutherford and Wright 1998 以及其后 Rutherford 2000 中所阐述的一样。

18. 与存钱互助会和 RoSCAs 相比，ASCAs 从各方面来看都更加复杂，也更难运转良好，因为钱只能慢慢积累起来，而且需要保持对账户数额增长的书面追踪，所以有文化的人，通常也是家境更好的人会成为簿记，因为他们会记账，但甚至其中人品最好的也会不免对账面上的钱有所垂涎，虽然这些钱对他们的穷苦邻居的价值比对他们更大。随着最近微型金融的发展，孟加拉国乡村对 ASCAs 的利用在日益减少。

19. 有关人们对 RoSCAs 态度的引人入胜的描述，参见 Vander Meer 2009. Vander Meer 在 21 年间研究了 60 个台湾的乡村 RoSCAs。

20. 研究"心理账户"已经成为行为经济学的一个主要课题，参见 Thaler 1990。使用心里账户的人可能会指定某个特定的账户或手段用于特定的目的（比如转钱给亲戚），再指定其他一些账户分别用于其他的目的（比如家用或学费）。这样做可能会增加成本，但能够把自律性注入，让钱能安稳地用于特定目的。

21. 自此以后，小额借贷商已经改进了他们的产品，第六章显示了他们的努力。

22. 肯尼斯的 RoSCA 和菲律宾的 ubbu-tungnguls 都不太寻常，因为它们把一系列单对单的合同实际上统合成了一个社会事件：单份合同可能会破裂，但不会影响到整体的机制运行，其他部分仍然可以共同运转数年之久。

23. 与其一年期贷款相比，格莱珉银行的长期住房贷款的还款率更低，债务注销率更高。

第五章

1. 对康帕银行（Compartamos）利息率的研究由 RichardRosenberg（2007）完成。Cull, Demirgüç-Kunt, and Morduch（2009）描述了康帕银行的上市及公众的反应。

2. Muhammad Yunus（2007）提出了最为激烈的批评之一。350 家机构的利息率的调查资料可见 Cull, Demirgtiq-Kunt, and Morduch（2009）。与上述发现一致，Aleem（1990）发现，巴基斯坦的非正式放贷机构的高利息率反映了其真实的放贷成本，尤其是针对特殊的市场的不正常贷款进行检查和追踪所产生的成本。这一普遍的价格模式在其他地方也如出一辙：例如 Prahalad（2005）比较了孟买的贫民区穷人和中产阶级所付的价格。他发现，穷人在诸如水、电话费、药品和大米这样的基本生活用品上所付的钱多很多，在微型金融方面，40%甚至更高的年利率也是常事，而境况较好的客户的借贷利率都低于 10%。（Cull, Demirguaunt, andMorduch 2009）。

3. Udry and Anagol（2006）估计，加纳的小农生产者在传统作物上的资本回报率是每年 50%，但在非传统作物上的回报率是每年 250%。Banerjee and Duflo（2004）估计，小公司的资本回报率是每年 74% 到 100%。De Mel, McKenzie, and Woodruff（2008）估计斯里兰卡的小公司的回报率至少有 68%，但女性创办的相对较低。参见 Morduch（2008）对小微企业资本回报率研究的综述。

4. Karlan and Zinman（2008）研究了南非一家消费贷款商所提供贷款的利率敏感性。该机构针对分期信用贷款征收极高的利息。利息率接近每月 12%。利息敏感度调查的方式是寄出 5 万份信用贷款邀请给客户。这些信中提供的利息率是随机的（但有一定范围），希望研究的问题是，当价格在什么水平时会影响他们申请新贷款的兴趣。事实表明，借贷人对利息率是有感觉的，尤其是对利息增加，不过感觉并不强烈。Dehejia, Montgomery, and Morduch（2007）在达卡贫民区的一项研究中发现了其对短期利息率的相当大的敏感性。当时，一家小额贷款商把年利率从 24%提高到了 36%，但穷人们对更长期的借贷需求还是很强。

5. 在这种计算方式中，我们将每月、每星期或每天的利息率与其在每月、每星期或每天的效力挂钩。

6. 计算公式是（（1+（30/100）^{12}12）−1）×100＝2 230%，这最接近实际利

率水平。

7. 参见 Patole and Ruthven 2001。

8. 利率计算方式如下：他那 32 美元贷款的总还款额是 37.5 美元，这意味着需支付利息 5.5 美元。如果他在 50 天内还清，那他的年化利率为（（5.50÷32）×（365÷50））×100=125%。如果他在 330 天内还清，那他的年化利率就是（（5.50÷32）×（365÷330））×100=19%。这两个利率都不是复利。

9. 情况并非总是如此。有时候借贷商可能来自很远的省份甚至是国外，比如为菲律宾北部山村提供服务的南亚人。在印度的很多邦中，甚至在孟加拉国的内陆地区，借贷商仍被称为 Kabuliwallahs（阿富汗喀布尔来的人），如同他们在英国殖民时代被称呼的那样。在这一章中，我们引用了一个来自印度中部马哈拉什特拉邦的族群的例子，他们为德里贫民区的人们提供借贷服务。

10. 在南非的样本中，我们发现了一些非常隐蔽地安排了的有息贷款。可能是向某个放贷人或某个 ASCA 借钱。

11. 查克·沃特菲尔德（Chuck Waterfield），是一位长期坚持的微型金融倡导者，他一直呼吁要让微型金融的价格更加透明。参见他的网站 www.mftransparency.org。

12. 参见 Rutherford 2000，13-17。

13. 记住这一点很重要，其利息计算是发生在 220 天里的。因此平均值应该是 220÷2 = 110。因此，计算公式应该是（（20÷110）×（365÷220））×100=30%。

14. 参见 Aryeetey and Steel 1995，也可见 MicroSave 网站 www.microsave.org。

15. Armendátriz de Aghion and Morduch（2005）分析并（揭穿了）经济学家们的认为借贷商的利息率可以通过违约风险来合理解释的主张。

第六章

1. 格莱珉二期的情况在 Dowla and Barua 2006 中得到了详细描述。BRAC 成立于孟加拉国 1971 年独立战争前夕，Martha Chen 1986 至今仍然是对 BRAC 的哲学以及早期简史的绝佳描述著作（BRAC 最初指 Bangladesh Rural Advancement Committee，但正如我们已经提到的，如今它们是独立的。）Rutherford（2009）描述了 ASA 令人瞩目的崛起以及它如何从一家民权非政府组织发展而来。福布斯的"50 大微型金融机构"榜单将 ASA 排在首位——见 Swibel（2007）。

2. 这个计划是怎么产生的，我们又是怎么执行的，相关解释可以在附录中找到。我们很感谢格莱珉银行以及其他微型金融机构在日志记录过程中的大力支持和协助。

3. 在现实中，半英亩原则已经没有被很严格执行了，但这个原则的目的在于集中关注最穷的村民，这仍然是该银行的信条。

4. 格莱珉银行收取贷款价值的10%作为"强制"利息。这笔利息起初是在贷款期结束的时候收取的。但格莱珉银行不久就决定把这笔费用也像贷款本身一样，分50等分按周收取。这就产生了一笔稍高于20%的年利率，如果我们考虑到强制储蓄的影响的话，那这个利息还要更高一点。

5. 参见 Yunus 2002。

6. 格莱珉银行还提供按照个别借款者需求量身定制还款计划的服务，但（至少在2005年）一线员工很少会实施这种可能性。

7. BURO 与 BRAC 一样，不再是一个缩写，而直接就是名字。

8. 只要她贷了款，她也就会存更多的款，因为格莱珉银行会不断把每笔贷款的一小部分存入会员的储蓄账户。

9. 在37户贷了格莱珉银行这种贷款的日志记录者中，他们一共在三年内借了13 225美元，偿还了11 347美元，还剩4 455美元没有偿还。他们付的利息一共是2 056美元。

10. 参见 Rutherford 2006, the MicroSave Briefing Notes on Grameen II。综述中第7点用来记载获得微存许可的段落。全篇综述可见 www.microsave.org。

11. 格莱珉银行相对其他先驱机构在研发储蓄产品（主要指相对 BURO 和 ASA 而言）的主要优势在于，它拥有法律许可，它被正式批准动用来自公众的存款。大多数其他孟加拉国的微型金融机构在法律上是非政府组织，因此只能从其会员借贷人那里获取存款。

12. 关于这种结构如何能够帮助人们存钱的证据可以在第四章中提到的菲律宾的共识存款的研究中找到，参见 Ashraf, Karlan, and Yin 2006。

13. GPS 是格莱珉银行存款增长的主要来源，也是一个重要的新资金来源。不过，我们也承认，这项创新是在相对来说比较好的经济态势下推出的，还没有在经济衰退、膨胀或社会不稳定的情况下得到考验。

14. 关于微型金融传统模式（包括群体借贷）的批判性观点，参见 Dichter and Harper2007 中专栏作家的评论。

15. 在2007年末的某段时期内，ASA 每月要接收12万到16万名新会员，但其中有10万~12.5万人关闭了他们的账户。由斯图尔特·拉瑟福德在2017年11月和 ASA 总裁 Shafiqual Haque Choudhury 交谈所知。

第七章

1. 参见 Duflo, Kremer, and Robinson 2006。

2. 参见 World Bank 2008, chap. 1。

3. 比如，来自国外的对微型金融的投资在 2004 年至 2006 年间增长到了起初的三倍。参见 Reille and Forester 2008。

4. 关于对无分支银行早期经验的评述，参见 Ivatury and Mas 2008。

5. 新的实地调查采用了来自医学研究的一些方法，尤其是随机对照试验方法，来测试金融创新的逻辑和价值。近期，纽约大学、耶鲁大学和哈佛大学一群经济学家组成的 Financial Access Initiative 以及 Innovations for Poverty Action，都组建起来开始扩展在拉丁美洲、非洲和亚洲的相关实地试验。与微型金融提供商们一道协作，研究者们会调查比如借贷人对利息率有多敏感、结构化储蓄工具的价值，以及伴随贷款的商业培训会有怎样的影响。更多信息可参见 www. financialaccess. org。

6. 规则允许动员储蓄非常重要。如果可信赖的微型金融机构无法获准吸储，那穷人就被迫要把钱存到风险更大的地方。各国政府必须要通过节制信用有问题的揽储者并让穷人有机会到更有组织的机构去存款的方式平衡风险。参见 Wright and Mutesasira 2001。

7. 参见 www. safesave. org。为了让大家更全面地获取信息，我们要指出 Rutherford 和 Morduch 都是 SafeSave cooperative 的成员，而且都是董事会成员。

8. SafeSave 这家由 Stuart Rutherford 在达卡的贫民区创立的微型金融机构，通过银行员工规律的、既定的寻访，获得了成功。在其提供的某些贷款产品中，借款人可以自由选择何时以及每次偿还多少贷款，并且可以随时按照意愿修改条款，因为他们的代理人每天都会来访。更多信息，参见 www. safesave. org 以及 www. thepoorandtheirmoney. com。

9. 孟加拉国目前没有相关法律准许安全储蓄合作社迅速扩张，因此这项服务仅有首都贫民区的 13 000 名顾客能够享受。

附　录

1. 参见 Ardener 1964；Geertz 1962；Bouman 1989；以及 Hulme and Anm 2009 等文章。Rutherford（2000）也描述了一系列的非正式机制。

2. 世界银行是发展中国家家庭情况大型调查的领军机构，主要是通过其 Living Standards Measurement Survey program，其中部分关注了理财状况。其他重要的大型调查包括 RAND Family Life Surveys 以及 International Food Policy Research Institute 发起的调查。FinScope 提供了关于理财服务使用情况的年度调查。它涉及非洲以及其他地区的一系列国家（参见 ww. finmark. org. za）。这项调查在记录人们在多大程度上使用包括非正式服务在内的各种理财服务上非常有价值，但它只是在某个时间横截面调查各家庭使用情况，没有对同一批家庭的追踪调查。

3. 主要有 Hulme and Mosley 1996。

4. Rutherford 2000.

5. 对印度理财日志记录调查的计划甚至还早于孟加拉国的，它们组成了 Department for International Development（DFID）资助的研究项目的一部分，该调查由曼彻斯特大学实施。奥兰达·鲁思文（Orlanda Ruthven）与 DFID 在德里工作，主持了这项研究并得到了桑杰·伊斯兰（Sanjay Sinha 和来自 EDA 乡村系统的米奈尔·颇头（Meenal Patole）的非常有价值的帮助。这是一家德里的私人咨询公司。

6. 在孟加拉国，它们由 S. K. Sinha 以及 Saiful Islam, Rabeya Islam, and Yeakub Azad. 领导。在印度则是 Susheel Kumar and Nilesh Arya。在南非的七人小组是 Tshifhiwa Muravha, Busi Magazi, Lwandle Mgidlana, Zanele Ramuse, Nomthumzi Qubeka, Abel Mon-gake and Nobahle Silulwane。

7. 我们请田野工作者们试图与每一位家庭成员在一年中进行一次私人谈话，也包括与小孩。

8. 在孟加拉国，这份礼物是一件莎丽服或裙子或一盒肥皂；在印度，这种礼物是根据规定的价格来选择的，在南非我们给出的礼物相当于一个月的收入。在南非，我们还会送出当地一家超市每年两次的折扣券。在孟加拉国，我们还会送一些现金给那些实在陷入困境无法帮我们继续调查或遭遇痛苦事件的家庭。在开始访谈之前，我们没有告诉受访者礼物是什么。我们认为，如果这样做的话，就会改变我们之间关系的性质，变得好像受访者是为了钱才这么做的。

9. 请注意，南非和印度的城市样本的缩减都比乡村样本的要严重。这种情况的原因之一，是城市样本一般都更加富有，我们发现更加富有的家庭更倾向于退出。此外，城市家庭更富有流动性，有好几个家庭都是突然搬离了我们调查的区域。

10. 在南非，我们得到了 Participatory Wealth Ranking（PWR）manual 的大量引导，这是由小企业基金会（Small Enterprise Foundation），一家当地扶贫的微型金融机构编制的。关于更多 PWR 的运作细节，参见 Simanowitz 2000 以及 Van de Ruit, May, and Roberts 2001。注意，孟加拉国的城市日志记录家庭不是按照富有程度来选择的，他们总是搬来搬去，因此有时候我们并不了解情况。相反，我们是根据一组标准随机选择的。

11. 在调查结束之后，我们发现富有程度确实能让我们得到一个关于某些最穷的、最富的以及中间的家庭在每个社区情况的截面分析，不过这个排位并不是精确的预测指标。

12. 有人可能会问，在我们收集了理财日志之后，会发现这些对富有程度的观点在多大程度上能真正反映实际富有程度呢？在南非，富有程度排位基本能普遍预测富有程度和收入，但不太精确。例如，某家被视为不太穷的家庭最后可能是有点穷的，但极少有被视为不穷的家庭最后发现很穷。在孟加拉国，在一年的调查结束后，我们大概修改了 15% 的家庭的富有程度排位。

13. 反复的提出意见不是为了激怒我们的受访者，而是想要让他们知道，如果回答得太含糊，那就必须回答更多的问题。

14. 想要获得 12 个月的资料，我们建议要收集 15 个月的资料。头三个月的收集工作用来建立信任和了解背景，但不算正式分析，因为还不精确。我们还发现，在南非，如果是在宗教或文化节庆时期，现金流动相关的信息就会不太准确。注意在表 A1－1，中，错误率在研究期快结束时走高，因为当时接近圣诞季，各家各户都很忙碌（不太有兴趣接受采访!），而且他们的支出也比较大。

15. 有关这些争论的更多信息，参见 Cull, Demirgüç-Kunt, and Morduch（2009）。

16. 我们很高兴还有其他人独立地在其他地方复制了理财日志记录的研究方法，包括在马里和马拉维。Samphantharak and Townsend（2008）同时建立了编制家庭损益表和现金流量表的理论基础。

参 考 文 献

Aleem, Irfan. 1990. "Imperfect information, screening and the costs of informal lending: A study of a rural credit market in Pakistan." *World Bank Economic Review* 4 (3): 329–49.

Armendáriz de Aghion, Beatriz, and Jonathan Morduch. 2005. *The Economics of Microfinance.* Cambridge: MIT Press.

Anderson, Siwan, and Jean-Marie Baland. 2002. "The economics of ROSCAs and intrahousehold allocation." *Quarterly Journal of Economics* 117 (3): 963–95.

Ardener, Shirley. 1964. "The comparative study of rotating credit associations." *Journal of the Royal Anthropological Institute* 94 (2): 201–29.

Aryeetey, Ernest, and William Steel. 1995. "Savings collectors and financial intermediation in Ghana." *Savings and Development* 19 (1): 191–212.

Ashraf, Nava. 2008. "Spousal control and intra-household decision making: An experimental study in the Philippines." Unpublished manuscript, Harvard University.

Ashraf, Nava, Dean Karlan, and Wesley Yin. 2006. "Tying Odysseus to the mast: Evidence from a commitment savings product in the Philippines." *Quarterly Journal of Economics* 121 (2): 635–72.

Banerjee, Abhijit, and Esther Duflo. 2004. "Do firms want to borrow more? Testing credit constraints using a directed lending program." CEPR Discussion Paper No. 4681.

———. 2006. "Addressing Absence." *Journal of Economic Perspectives* 20 (1): 117–32.

———. 2007. "The economic lives of poor households." *Journal of Economic Perspectives* 21 (1): 141–67.

Barrientos, Armando, and David Hulme. 2008. *Social Protection for the Poor and Poorest*. London: Palgrave.

Bauer, Michal, Julie Chytilova, and Jonathan Morduch. 2008. "Behavioral foundations of microcredit: Experimental and survey evidence from rural India." Unpublished manuscript, Financial Access Initiative. Available at : www.financialaccess.org.

Bertrand, Marianne, Simeon Djankov, Rema Hanna, and Sendhil Mullainathan. 2007. "Obtaining a driver's license in India: An experimental approach to studying corruption." *Quarterly Journal of Economics* 122 (4): 1639–76.

Booysen, F. 2004. "Income and poverty dynamics in HIV/AIDS-related households in the Free State province of South Africa." *South African Journal of Economics* 72:22–45.

Bouman, Fritz J. A. 1989. *Small, Short, and Unsecured: Informal Rural Finance in India* New Delhi: Oxford University Press.

Case, Anne, and Angus Deaton. 1998. "Large cash transfers to the elderly in South Africa." *Economic Journal* 108 (450): 1330–61.

Chen, Martha Alter. 1986. *A Quiet Revolution: Women in Transition in Rural Bangladesh*. Dhaka: BRAC Prokashana.

Chen, Shaohua, and Martin Ravallion. 2007. "Absolute poverty measures for the developing world, 1981–2004." World Bank Policy Research Working Paper No. 4211.

Collins, Daryl. 2007. "Social security and retirement: Perspectives from the financial diaries." Unpublished manuscript. Available at : www.financialdiaries.com.

———. 2008. "Debt and household finance: Evidence from the financial diaries." *Development Southern Africa* 25 (5): 469–79.

Collins, Daryl, and M. Leibbrandt. 2007. "The financial impact of HIV/AIDS on poor households in South Africa." *AIDS* 21, Supplement 7: S75–S81.

Cull, Robert, Asli Demirgüç-Kunt, and Jonathan Morduch. 2009. "Microfinance meets the market." *Journal of Economic Perspectives*.

Dehejia, Rajeev, Heather Montgomery, and Jonathan Morduch. 2007. "Do Interest Rates Matter? Credit Demand in the Dhaka Slums." Working paper, New York University Wagner Graduate School.

Das, Jishnu, Jeffrey Hammer, and Kenneth Leonard. 2008. "The quality of medical advice in low-income countries." *Journal of Economic Perspectives* 22 (2): 93–114.

Deaton, Angus. 1992. *Understanding Consumption*. Oxford: Oxford University Press.

————. 1997. *The Analysis of Household Surveys: A Microeconometric Approach to Development Policy.* Baltimore: Johns Hopkins University Press for the World Bank.

Dehejia, Rajeev, Heather Montgomery, and Jonathan Morduch. 2007. "Do Interest Rates Matter: Evidence from the Dhaka Slums." New York University, Financial Access Initiative working paper.

de Mel, Suresh, David McKenzie, and Christopher Woodruff. 2008. "Returns to capital in microenterprises: Evidence from a field experiment." *Quarterly Journal of Economics* 123 (4): 1329–72.

Dercon, Stefan, ed. 2006. *Insurance against Poverty.* WIDER Studies in Development Economics. Oxford: Oxford University Press.

Dercon, Stefan, Tessa Bold, Joachim De Weerdt, and Alula Pankhurst. 2004. "Group-based funeral insurance in Ethiopia and Tanzania." Centre for the Study of African Economies Working Paper Series 227, Oxford University.

Dichter, Thomas, and Malcolm Harper. 2007. *What's Wrong with Microfinance?* Rugby, UK: Practical Action.

Dorrington, R. E., L. F. Johnson, D. Bradshaw, and T. Daniel. 2006. "The demographic impact of HIV/AIDS in South Africa: National and provincial indicators for 2006." Centre for Actuarial Research, South African Medical Research Council and Actuarial Society of South Africa, Cape Town.

Dowla, Asif, and Dipal Barua. 2006. *The Poor Always Pay Back: The Grameen II Story.* Sterling, VA: Kumarian Press.

Dubois, Pierre. 2000. "Assurance complete, hétèrogénéité de préférences et métayage du Pakistan." *Annales d'Economie et de Statistique* 59:1–36.

Duflo, Esther. 2003. "Grandmothers and granddaughters: Old age pension and intra-household allocation in South Africa." *World Bank Economic Review* 17 (1): 1–25.

Duflo, Esther, Michael Kremer, and Jonathan Robinson. 2006. "Understanding technology adoption: Fertilizer in western Kenya, evidence from field experiments." Unpublished manuscript, MIT, Harvard University, and Princeton University.

Easterly, William. 2006. *The White Man's Burden: Why the West's Efforts to Aid the Rest Have Done So Much Ill and So Little Good.* New York: Penguin.

Fafchamps, Marcel, and Forhad Shilpi. 2005. "Cities and specialization: Evidence from South Asia." *Economic Journal* 115 (503): 477–504.

FinScope. 2003. "Summary report: Findings of the FinScope study into [sic] financial access and behavior of the South African population 2003." Available at: www. finscope.co.za./documents/2003/Brochure2003.pdf.

Geertz, Clifford. 1962. "The rotating credit association: A 'middle rung' in development." *Economic Development and Cultural Change* 10 (3): 241–63.

Ghate, Prabhu. 2006. *Microfinance in India: A State of the Sector Report*. Delhi: Care India, SDC, Ford Foundation.

Gibbons, David, and S. Kasim. 1991. *Banking on the Rural Poor*. Center for Policy Research, University Sains, Malaysia.

Grimard, Franque. 1997. "Household consumption smoothing through ethnic ties: Evidence from Cote d'Ivoire." *Journal of Development Economics* 53: 391–422.

Gugerty, Mary Kay. 2007. "You can't save alone: Testing theories of rotating saving and credit associations." *Economic Development and Cultural Change* 55: 251–82.

Hoddinott, John, and Lawrence Haddad. 1995. "Does female income share influence household expenditures? Evidence from Côte d'Ivoire." *Oxford Bulletin of Economics and Statistics* 57 (1): 77–96.

Hossain, Mahabub. 1988. *Credit for Alleviation of Rural Poverty: The Grameen Bank of Bangladesh*. Institute Research Report No. 65. Washington, DC: International Food Policy and Research Institute.

Hulme, David. 1991. "The Malawi Mundii Fund: Daughter of Grameen." *Journal of International Development* 3 (3): 427–31.

———. 2004. "Thinking 'small' and the understanding of poverty: Maymana and Mofizul's story." *Journal of Human Development* 5 (2): 161–76.

Hulme, David, and T. Arun. 2009 *Microfinance: A Reader*. London: Routledge.

Hulme, David, and Paul Mosley. 1996. *Finance against Poverty*. London: Routledge.

International Labour Organisation. 2006. "Answering the health insurance needs of the poor: Building tools for awareness, education and participation." May 29–31. Subregional Office for South Asia, New Delhi.

International Monetary Fund. Various years. *International Financial Statistics*. Available at: www. imf.org.

Ivatury, Gautam, and Ignacio Mas. 2008. "The early experience with branchless banking." Consultative Group to Assist the Poor, CGAP Focus Note 46.

Johnston, Donald, Jr., and Jonathan Morduch. 2008. "The unbanked: Evidence from Indonesia." *World Bank Economic Review* 22 (3): 517–37.

Karlan, Dean, and Jonathan Zinman. 2008. "Credit elasticities in less-developed economies: Implications for microfinance." *American Economic Review* 98 (3): 1040–68.

Khandker, Shahidur. 1998. *Fighting Poverty with Microcredit: Experience in Bangladesh*. Washington, DC: World Bank.

Khandker, Shahidur, Baqui Khalily, and Zahed Kahn. 1995. "Grameen Bank: Performance and sustainability." World Bank Discussion Paper 306.

Laibson, David. 1997. "Golden eggs and hyperbolic discounting." *Quarterly Journal of Economics* 112 (2): 443–77.

Laibson, David, Andrea Repetto, and Jeremy Tobacman. 1998. "Self-control and saving for Retirement." *Brookings Papers on Economic Activity* 1:91–196.

———. 2003. "A debt puzzle." In *Knowledge, Information, and Expectations in Modern Economics: In Honor of Edmund S. Phelps*, ed. Philippe Aghion, Roman Frydman, Joseph Stiglitz, and Michael Woodford. Princeton: Princeton University Press.

Lim, Youngjae, and Robert Townsend. 1998. "General equilibrium models of financial systems: Theory and measurement in village economies." *Review of Economic Dynamics* 1 (1): 59–118.

Lund, Susan, and Marcel Fafchamps. 2003. "Risk sharing networks in rural Philippines." *Journal of Development Economics* 71 (2): 261–87.

McCord, Michael, and Craig Churchill. 2005. "Delta life, Bangladesh." Good and Bad Practices Case Study No. 7, CGAP Working Group on Microinsurance, ILO Social Finance Programme, Geneva.

Morduch, Jonathan. 1995. "Income smoothing and consumption smoothing." *Journal of Economic Perspectives* 9 (3): 103–14.

———. 1999. "Between the market and state: Can informal insurance patch the safety net?" *World Bank Research Observer* 14 (2): 187–207.

———. 2005. "Consumption smoothing across space: Tests for village-level responses to risk." In *Insurance against Poverty*, ed. Stefan Dercon. New York: Oxford University Press.

———. 2006. "Microinsurance: The next revolution?" In *Understanding Poverty*, ed. Abhijit Banerjee, Roland Benabou, and Dilip Mookherjee. New York: Oxford University Press.

———. 2008. "How can the poor pay for microcredit?" Financial Access Initiative Framing Note Number 4. Available at: www.financialaccess.org.

Mullainathan, Sendhil. 2005. "Development economics through the lens of psychology." In *Annual World Bank Conference on Development Economics 2005: Lessons from Experience*, ed. François Bourguignon and Boris Pleskovic. New York: World Bank and Oxford University Press.

O'Donahue, Ted, and Matthew Rabin. 1999a. "Doing it now or doing it later." *American Economic Review* 89 (1): 103–21.

O'Donahue, Ted, and Matthew Rabin. 1999b. "Incentives for procrastinators." *Quarterly Journal of Economics* 114 (3): 769–817.

Patole, Meenal, and Orlanda Ruthven. 2001. "Metro moneylenders: Microcredit providers for Delhi's poor." *Small Enterprise Development* 13 (2): 36–45.

Pauly, Mark. 1968. "The economics of moral hazard: Comment." *American Economic Review* 58 (3): 531–37.

Prahalad, C. K. 2005. *The Fortune at the Bottom of the Pyramid.* Upper Saddle River, NJ: Wharton School Publishing.

Reille, Xavier, and Sarah Forester. 2008. "Foreign capital investment in microfinance." Consultative Group to Assist the Poor, CGAP Focus Note 43.

Rosenberg, Richard. 2007. "CGAP reflections on the Compartamos initial public offering: A case study on microfinance interest rates and profits." Consultative Group to Assist the Poor, CGAP Focus Note 42.

Roth, James. 1999. "Informal micro-finance schemes: The case of funeral insurance in South Africa." International Labour Organization Working Paper No. 22.

Roth, James, Denis Garand, and Stuart Rutherford. 2006. "Long-term savings and insurance." In *Protecting the Poor: A Microinsurance Compendium*, ed. Craig Churchill. Geneva: International Labour Organization.

Rutherford, Stuart. 2000. *The Poor and Their Money.* Delhi: Oxford University Press.

———. 2006. "MicroSave Grameen II briefing notes." Available at: www .microsave.org.

———. 2009. *The Pledge: ASA, Peasant Politics, and Microfinance in the Development of Bangladesh.* New York: Oxford University Press.

Rutherford, Stuart, and Graham Wright. 1998. "Mountain money managers." Unpublished report for European Union.

Rutherford, Stuart, S. K. Sinha, and Shyra Aktar. 2001. *BURO Tangail: Product Development Review.* For DFID Dhaka, available from BURO, Dhaka.

Sachs, Jeffrey. 2005. *The End of Poverty: Economic Possibilities for Our Time.* New York: Penguin.

Samphantharak, Krislert, and Robert M. Townsend. 2008. "Households as corporate firms: Constructing financial statements from integrated household surveys." , Unpublished manuscript, University of California, San Diego, and University of Chicago.

Schreiner, Mark, and Michael Sherraden. 2006. *Can the Poor Save? Saving and Asset Accumulation in Individual Development Accounts.* New Brunswick, NJ: Transaction.

Sillers, Donald. 2004. "National and international poverty lines: An overview." Unpublished manuscript, U.S. Agency for International Development. Available at: www.microlinks.org.

Simanowitz, Anton. 2000. "A summary of an impact assessment and methodology development process in the Small Enterprise Foundation's Poverty-Targeted Programme, Tašhomisano." Paper for the Third Virtual Meeting of the CGAP Working Group on Impact Assessment Methodologies. Available at: http://www2.ids.ac.uk/impact/files/planning/simanowitz_AIMS_paper.doc.

Sinha, Sanjay, Tanmay Chetan, Orlanda Ruthven, and Nilotpal Patak. 2003. "The outreach/viability conundrum: Can India's regional rural banks really serve low-income clients?" ODI Working Paper 229:41.

Sinha, Sanjay, and Meenal Patole. 2002. "Microfinance and the poverty of financial services: How the poor in India could be better served." Working Paper 56, Finance and Development Research Programme, Institute for Development Policy and Management, Manchester University.

Stiglitz, Joseph. 2005. *Globalization and Its Discontents*. New York: Norton.

Swibel, Matthew, and Forbes Staff. 2007. "The world's top 50 microfinance institutions." *Forbes*, December 20. Available at: www.forbes.com.

Thaler, Richard H. 1990. "Anomalies: Saving, fungibility and mental accounts." *Journal of Economic Perspectives* 4 (1): 193–205.

Thaler, Richard H., and Cass R. Sunstein. 2008. *Nudge: Improving Decisions about Health, Wealth, and Happiness*. New Haven: Yale University Press.

Thomas, Duncan. 1990. "Intra-household resource allocation: An inferential approach." *Journal of Human Resources* 25 (4): 635–64.

Thomas, Duncan. 1994. "Like father, like son or like mother, like daughter: Parental education and child health." *Journal of Human Resources* 29 (4): 950–89.

Townsend, Robert M. 1994. "Risk and insurance in village India." *Econometrica* 62 (3): 539–91.

Udry, Christopher. 1994. "Risk and insurance in a rural credit market: An empirical investigation in northern Nigeria." *Review of Economic Studies* 61 (3): 495–526.

Udry, Christopher, and Santosh Anagol. 2006. "The return to capital in Ghana." *American Economic Review* 96 (2): 388–93.

Vander Meer, Paul. 2009. "Sustainable financing for economic growth: Roscas in Chulin Village, Taiwan." Unpublished manuscript.

Van de Ruit, C., J. May, and B. Roberts. 2001. "A poverty assessment of the Small Enterprise Foundation on behalf of the Consultative Group to Assist the Poorest." CSDS Research Report, University of Natal.

Wolf, Martin. 2005. *Why Globalization Works*. 2nd ed. New Haven: Yale University Press.

World Bank. Various years. *World Development Indicators*. Washington, DC: World Bank. Available at: www.worldbank.org.

World Bank. 2008. *Finance for All? Policies and Pitfalls in Expanding Access*. Washington, DC: World Bank.

Wright, Graham, and Leonard Mutesasira. 2001. "The relative risks to the savings of poor people." MicroSave Briefing Note No. 6, MicroSave, Nairobi, Kampala, and Lucknow. Available at: www.microsave.org.

Yunus, Muhammad. 2002. *Grameen Bank II: Designed to Open New Possibilities*. Dhaka: Grameen Bank.

———. 2007. *Banker to the Poor*. New York: Public Affairs.